D1600129

¡NO PIENSE COMO UN HUMANO!

Respuestas canalizadas a preguntas básicas

Kryon
Libro II

LEE CARROL

¡NO PIENSE COMO UN HUMANO!

Respuestas canalizadas a preguntas básicas

Kryon
Libro II

EDICIONES OBELISCO

Si este libro le ha interesado y desea que le mantengamos informado de nuestras publicaciones, escríbanos indicándonos qué temas son de su interés (Astrología, Autoayuda, Ciencias Ocultas, Artes Marciales, Naturismo, Espiritualidad, Tradición...) y gustosamente le complaceremos.

Puede consultar nuestro catálogo en www.edicionesobelisco.com

Colección Nueva Consciencia
KRYON II. ¡NO PIENSE COMO UN HUMANO!
Lee Carroll

1.ª edición: junio de 1997
11.ª edición: junio de 2014

Tíulo original:
Kryon II. Don't Think Like a Human!

Traducción: *José M. Pomares*
Diseño de portada: *Julián García Sanchez*

Edita: Ediciones Obelisco S.L.
Pere IV, 78 (Edif. Pedro IV) 3.ª planta 5.ª puerta
08005 Barcelona-España
Tel. 93 309 85 25 - Fax 93 309 85 23
E-mail: info@edicionesobelisco.com

ISBN: 978-84-7720-563-0
Depósito Legal: B-24.543-2008

Printed in Spain

Impreso en España en los talleres gráficos de Romanyà/Valls S.A.
Verdaguer, 1 – 08786 Capellades (Barcelona)

¿Ha soñado alguna vez con sentarse a los pies de un ángel o de un gran maestro y hacerle toda clase de preguntas? Pues bien, esto es eso. En el primer libro, Kryon contó muchas cosas acerca de cómo funciona el Universo, y qué significan todas las nuevas energías para nosotros, pero tengo tantas otras cuestiones básicas que plantear..., lo mismo que los lectores del primer libro.

No puedo desperdiciar esta primera oportunidad para hacer más preguntas, mientras usted puede compartir las respuestas de las preguntas planteadas por mí, y por lectores seleccionados.
Ese es el tema de este libro.

Prólogo

El primer libro de Kryon, Los tiempos finales, *nos presentó el concepto de la alineación de la Tierra, y el papel de Kryon en la alineación en el pasado y en el presente. Esta es la cuarta visita de Kryon a la Tierra y, una vez más, su función consiste en efectuar el ajuste de alineación que será el último antes de la graduación del planeta. Aquí es donde intervenimos nosotros: hemos producido un cambio en el plan, un cambio inesperado que no era lo que estaba previsto.*

Se nos está ofreciendo un regalo cuando una fuente como Kryon se comunica con nosotros. Eso es posible porque Lee Carroll permitió que sucediera en su vida y porque Jan Tober, su esposa, lo animó (suavemente) hasta que sucedió. ¡El espíritu funciona notablemente!

He presentado a Kryon en distintos números de la revista Connecting Link. *Y continuaré haciéndolo así porque sus palabras son vitalmente importantes.*

Lea ahora y permítase a sí mismo expandirse hacia la energía que es Kryon. Permita que él le honre por el trabajo que usted ha hecho aquí, «mientras está aprendiendo». Y permita que Kryon, que está «de servicio», sea su maestro ahora durante un período de tiempo. Exploren sus propios sueños. Lean las respuestas a las preguntas que ustedes mismos han planteado. Sientan el Amor.

Susanne Konicov
Editora
Revista *Connecting Link*

Prefacio

Canalización de Kryon
¡No piense como un humano! Libro II

Del escritor

Deseo animar a todo aquel que lea esto ahora a buscar el *Kryon Libro I.* Aunque toda la información de Kryon es interesante e iluminadora, sigue una secuencia natural de aprendizaje y comprensión que se presentó cuidadosamente en el orden adecuado. Estoy convencido de que esta lectura le servirá más si antes encuentra y lee el Libro I, en el caso de que no lo haya hecho ya. Si ya lo ha hecho, le ayudará en lo que sigue a continuación.

Tal y como mencioné en el Libro I, soy una persona muy práctica y pragmática. Como hombre de negocios me pasé la mayor parte del tiempo en el ámbito de las pantallas de computadoras, bregando con los números, planificando la correspondencia y otras cosas similares. No tengo tendencia a la frivolidad y soy muy, pero que muy escéptico respecto de todo aquello que no pueda tocar y sentir. Eso me ha mantenido alejado de la lectura de toda clase de libros metafísicos, y nunca me he encontrado en reuniones donde la gente intervenga para mediar en grupos, esperar que se levanten las mesas o se doblen las cucharas. Cuando Kryon entró en mi vida se produjo una situación de gran humor cósmico acerca de este hecho, y ahora comprendo por qué.

El Universo necesitaba a alguien con un corazón abierto y

una mente vacía..., ¡y vaya si lo encontró! La situación de humor cósmico tuvo como resultado el hecho de que yo me comprometí a hacer esto antes incluso de que llegara; pero, naturalmente, eso yo no lo sé mientras estoy aquí. Yo represento la actitud de innumerables humanos a los que jamás se encontraría en una sesión de espiritismo, a menos, naturalmente, que estén muertos y asistan a ella de ese modo (humor terrestre). Y así se mantiene la proverbial duda de Tomás, incluso mientras continúo canalizando a esta gran entidad amorosa llamada Kryon.

Esto es como debería ser, pues me sirve bien a mí el ser de este modo. No sólo hace que sea honesto, sino que se ocupa de que las cosas sucedan con un grado de integridad hacia este proceso, una integridad que, de otro modo, podría ser simplemente aceptada como parte del curso de las cosas. Mis sentimientos son que esta experiencia difícilmente es repetible... y que todavía tengo que localizar el curso a seguir.

He aquí lo que sé: desde que se editó el *Kryon Libro I*, me han estado ocurriendo cosas extraordinarias, tanto a mí como a quienes me rodean. El libro fue leído y aceptado por los trabajadores y por los no trabajadores por igual. Recibí innumerables cartas procedentes de todo el hemisferio Norte. Fueron muchos los que me buscaron y quisieron verme más de cerca. Me reuní con individuos y grupos y me limité a dejar que la información y el amor fluyeran..., y eso ha significado una gran diferencia en muchas vidas.

Aprendí a comunicarme con mis guías, y los encontré receptivos..., hasta el punto de que actualmente tengo la sensación de estar creando mi propia realidad. Explicaría cosas y pediría ayuda para crear acción, y la conseguiría a veces en el término de un solo día. Esto es algo muy poderoso. Acepté mi nuevo poder y continúo trabajando diariamente con él..., y luego descubrí lo lógico que era ese poder.

¿Cómo puedo explicar lo que siente mi corazón? Me he encontrado con una paz inmerecida, «demasiado pacífica para lo que sé que sucede a mi alrededor». Esto es una verdadera afirmación, y puede parecer como si yo necesitara de ayuda psicológica, pero así de literal. Me siento mucho mejor de lo que debería bajo las circunstancias que a partir de ahora habrían producido normalmente menos paz, o incluso ansiedad..., y eso no es todo. Empiezo a sentirme equilibrado por primera vez en mi vida. Veo a los demás de un modo diferente, y a menudo mi corazón experimenta y transmite un gran amor por ellos, y al mismo tiempo veo lo apropiado en todas las cosas, incluso en la muerte. ¡Mi nivel de tolerancia se ha disparado! Aquellos acerca de quienes me encantaba quejarme se han convertido, sencillamente, en otros preciosos seres humanos en el período de aprendizaje, y me encuentro realmente comprendiendo aquello por lo que estaban pasando, y las cosas que hacían y que previamente me volvían loco, ya no me presionan ni me impulsan a actuar. Me encontré ofreciéndoles energía de pensamiento. ¡Qué magnífico cambio de propósito! Y lo mejor de todo es que funciona.

Algunos dicen que se trata de un proceso masivo de desensibilización, de una introspección hasta el punto de ignorar todo aquello que te rodea, como el síndrome de la ostra. Para mí, se trata exactamente de lo contrario: es la extensión hacia el exterior, envuelto en el mar, que abarca una plena comprensión de los principios universales, que crea una mayor sabiduría para la reacción mientras se está en el período de aprendizaje, que abre la puerta a la curación y al verdadero cambio en el futuro de nuestro planeta. Esto puede que parezca un poco grandioso, lo sé, pero esa es la dirección que han de tomar las cosas, y lo noto como algo muy natural.

¿Por qué cuento todas estas cosas? Porque me encuentro en una extraña dicotomía de la mente. Continúo experimentando las fuerzas invisible e «irreales» hasta ahora a medida que me muevo por esta nueva era de mi vida, sintiéndome cómodo con todo puesto que está sucediendo en la realidad y no se trata de nada imaginado. Y, sin embargo, se me plantean muchas preguntas acerca de «¿cómo es posible?».

Dispongo de una base mucho más amplia para trabajar, ahora que Kryon ha ofrecido tantas explicaciones acerca de cómo funcionan las cosas para nosotros, y he experimentado «la causa y el efecto» como prueba de que todo esto es exacto, pero sigo teniendo muchas, muchísimas preguntas acerca de todo aquello que veo a mi alrededor.

He decidido seguir adelante con este libro y plantearle a mi socio (Kryon) las más complicadas preguntas que tengo acerca de muchas de las cosas que me parecen extrañas o intangibles. ¿Por qué sucede de este modo? ¿Qué es lo que hacemos con tal y tal cosa? ¿Quiénes son esas otras entidades que nos rodean? Muchos lectores también han escrito para hacer preguntas similares acerca del primer libro, y también incluiré aquí algunas de esas preguntas.

Prepárese porque voy a hacer algunas preguntas «delicadas», porque este tema es demasiado importante como para no plantearlas. Como en ocasiones anteriores, he escrito esto antes de la canalización, de modo que usted y yo podamos compartir la información al mismo tiempo.

I. Sobre el amor

¡Saludos! Soy Kryon, del servicio magnético. Antes de permitir que se planteen las preguntas, deseo volver a familiarizarle con mi energía, y acercarle más a la vibración de mi socio, que está canalizando ahora estas palabras.

Soy del servicio magnético, y existo exclusivamente para el propósito de servirles a ustedes, que son tiernamente queridos y exaltados entre las entidades. Ustedes son los que se encuentran en período de aprendizaje, y son ustedes los especiales que caminan sobre este planeta. Estoy aquí para responder a sus obras, que han sido muy significativas en los últimos 50 años. Han cambiado ustedes su futuro, y se encuentran ahora situados en un lugar en el que pueden hacerlo de nuevo. Créanme, todo el Universo conoce la situación de lo que ustedes llaman planeta Tierra. Con mis cambios, pueden acceder a un poder incrementado, y esa es la razón por la que he permitido la comunicación, de modo que puedan ustedes comprender lo que deben hacer a continuación.

Mi socio les ha advertido que completen las comunicaciones anteriores. Son críticas para su propio crecimiento y explican mucho acerca del por qué estoy aquí, y qué es lo que está sucediendo actualmente. Les servirá bien el buscar las primeras series, si es que no las han visto ya.

Mi querido humano, si cree que ha elegido este libro por accidente o casualidad, es que no comprende realmente cómo funcionan las cosas. Pues yo soy Kryon, y le conozco..., y usted me conoce. Si estas palabras, o las de escritos pasados, le hicieron sentirse como «en casa», eso es así porque su sí mismo superior ha reconocido intuitivamente la escritura de un amigo. Le amo tiernamente, como le aman todas las entidades que están aquí, en servicio, como el Kryon. Le pido que permita sentir mi presencia en su corazón, que se permita a sí mismo experimentar la paz que puede ser suya cuando se desprende del temor que prevalece incluso ahora en la mayoría de los humanos.

Los antiguos le dijeron que «los mansos heredarán la Tierra». Afortunadamente, la palabra «manso» fue una pobre elección como forma de traducir el concepto. De hecho, el manso heredará el planeta, pero debe usted saber lo que realmente significa ser manso: el manso humano sólo se somete al poder del amor. Es decir, una persona mansa elige retroceder con sabiduría cuando otros cargan contra él con cólera. Una persona mansa elegirá evaluar a otra con el criterio del amor, antes que con el de la riqueza, la posición o la situación. Una persona mansa es alguien realmente sin ego, y es lenta a la hora de defenderse a sí misma, incluso cuando se ve atacada verbalmente. Ello es así porque una persona mansa tiene la sabiduría para comprender que el ataque verbal no causa daño alguno, y que eso no es más que el resultado del desequilibrio existente en el atacante. Una persona mansa enviará amor hacia todos aquellos que la atacan, y procurará con regularidad encontrar el equilibrio respecto de la Tierra, con tolerancia, incluso ante lo intolerable.

¿Quién es la persona mansa? Esta persona mansa se encuentra entre las más poderosas del planeta. Esta persona mansa es aquella que ha reconocido el amor como la fuente de todo poder, y lo crea con él. Esa persona cambia lo negativo en positivo, y lo maligno en bondad. Esa persona tiene el poder para curar a los individuos, y los grupos compuestos por estas personas pueden cambiar el propio planeta. Todos los guerreros palidecerán en comparación con esta persona mansa, pues el poder de una de estas personas equilibradas será igual al de legiones de todos aquellos que no sienten amor.

Acudo ante ustedes representando este poder y con la noticia de que ese poder puede ser finalmente suyo. Esa poderosa persona mansa es usted. Deje a un lado sus temores de los fantasmas del período de aprendizaje y aspire a alcanzar este poder. Les apoyaré con mis cambios y sus guías le proporcionarán todo aquello que necesite para continuar. ¡Comprendan ustedes quiénes son! ¡Comprendan ustedes quiénes son! ¡Comprendan ustedes quiénes son! (*No existe mayor énfasis que cuando Kryon repite algo tres veces.*)

El amor es el campeón de los tiempos. Es el vínculo del Universo y es el secreto de su teoría unificada. Está presente a nivel celular, preparado para liberarse con la acción apropiada. Es incondicional, y es único. Proporciona paz allí donde antes no existía. Proporciona descanso allí donde antes no era posible. Es sabio. Es el sol dentro del sol, y es de una fuente singular. No existe nada más grande que esto, y ningún mal o cosa negativa se le puede comparar, y depende de ustedes el aceptar y tomar la nueva energía.

Debe saber esto, amigo mío: no puede usted invertir esta verdad de lo que ya sabe en el fondo. Permanecerá con usted en su consciencia mucho después de que haya dejado este libro. Hace sonar la verdad porque es. ¡Aspire a alcanzarla!

Kryon

2. Preguntas «La confusión»

Pregunta: Kryon, honro su presencia y su amor, y reconozco los sentimientos de tenerle conmigo ahora, como siempre. Me ha traído hasta este punto de desear saber más acerca de cómo funcionan las cosas, y todavía tengo numerosas preguntas multifacéticas, del mismo modo que usted ha ofrecido respuestas multifacéticas en el pasado. Permítame empezar con una pregunta muy básica.

El otro día me encontraba en una tienda metafísica y me sentí desconcertado al ver una verdadera aglomeración de diversos sistemas y métodos, todos los cuales me contemplaban desde las estanterías. Por citar sólo unos pocos, había libros y consejos de yoguis y maestros que sonaban (y ofrecían aspectos) muy diferentes y extraños. Había libros y métodos sobre astrología, tarot, reencarnación, regresión a una vida pasada, cirugía psíquica y ovnis, ¡todos en la misma estantería! Había a la venta rocas y gemas que se suponía debían de significar algo, o curar algo. Había runas y libros para la interpretación de las runas. Había métodos sobre curación por el color, curación por el sonido, curación por el olor y curación por el tacto. Había libros de pautas y colores que eran supuestamente significativos. Había historias de estrellas, cartas de estrellas, cartas de estrellas fijas, cartas solares y cartas de las fases lunares. Había información sobre auras, chakras, métodos de meditación y hasta sexo espiritual humano. Entonces, tragué saliva con verdadera dificultad al darme cuenta de que existía una «sección de canalización». Por lo visto había innumerables entidades haciendo exactamente lo que estoy haciendo ahora, con hileras de libros. Continuaba con libros sobre los antiguos de la Tierra, libros de los indios americanos, e incluso libros del espacio.

¿Qué significa todo esto? ¿Cómo podemos encontrar nuestro camino dentro de este galimatías de información aparentemente competitiva entre sí? ¿Cuál es la correcta? ¿Cómo podemos elegir?

Respuesta: ¡Saludos! Una vez más les hablo a todos ustedes con una voz todavía más clara que antes, gracias a la experiencia de mi socio con mi trabajo actual.

A través de todas estas respuestas, se encontrarán con un tema recurrente: se habla de su cultura, de sus materiales impresos, de las suposiciones que se alimentan con su forma de pensar. En los escritos pasados ya hablé de su religión en la Tierra, y de cómo ha sido amortiguada y configurada para que se adaptara a las necesidades de control de los hombres. No hay mejor ejemplo de ello que la postura de su cuestión (*de mi socio*).

A todos ustedes se les ha enseñado desde el nacimiento que deben entregar su poder a Dios, someterse a Él y ser serviles. Lo adoran inclinándose, humillándose y arrastrándose ante un Dios, debido a que se les ha enseñado que son indignos como humanos. Continúan buscando al Dios único, al sistema único, o la doctrina única que lo explique todo a su entera satisfacción. Habitualmente, esa doctrina termina por ser un conjunto de reglas o métodos para ganarse el favor de Dios, o para explicar claramente una simple relación de causa a efecto, relativa al castigo o a la recompensa.

Querido mío, cuando usted entró en la librería, ¿quién le dijo que tenía que elegir una religión de entre las expuestas en las estanterías? No era este un lugar con doctrinas competitivas entre sí en el que se le exigiera «elegir» una, o que abrazara una creencia. Permítame plantear la siguiente pregunta: cuando estaba en la escuela, como persona joven, ¿en qué asignatura «creía»? ¿Cuál de ellas aceptaba al mismo tiempo que desechaba todas las demás? ¿Se trataba de la ciencia, o de la historia, o del taller de comercio, o del idioma? Esa es una pregunta estúpida (podría usted decir)... ¡En efecto!, lo es. Estaba usted en la escuela, como un humano joven, ávido y *capacitado* para aprender acerca de su mundo y de su trabajo, y para formarse en consecuencia. Jamás se le ocurrió pensar en elegir una asignatura, y muchos menos en subyugarse a ella y rechazar todas las demás.

Pues lo mismo sucede ahora con su espiritualidad. Permítame ser muy claro sobre esto. La librería en la que se encontraba es como una «tienda de hardware» de las formas mecánicas y universales como son las cosas. Si hubiera podido encontrar allí las partes y piezas de todo el conocimiento, sería usted, en relación con la forma como funcionan las cosas, como una «pieza de Dios» capacitada caminando sobre el planeta. No dejaré de recordárselos continuamente: ustedes son los especiales. Ustedes son los que están capacitados, y yo estoy aquí precisamente para servirles. Sobre esta Tierra no hay entidades más grandes que aquellas que están aquí en período de aprendizaje. ¡Créame! Todos los demás están aquí para servirles en su estancia. Ese conocimiento le ha sido bloqueado, se le ha ocultado en su realidad fantasmal del período de aprendizaje, aunque no por ello deja de ser menos cierto. Su dualidad es su ámbito de descubrimiento.

Las estanterías combinadas configuran sus enciclopedias del conocimiento. Todas las cosas de las que hablan son apropiadas..., ¡todas ellas! Sí, hay curación en las piedras, y en los colores, y en los sonidos, y en los dibujos. Como ya les he informado antes, el verdadero poder lo alcanzarán aquellos pocos que finalmente las conjunten. Por el momento, e incluso tomándolas aparte, siguen siendo válidas. ¿Se curan los humanos con ellas? La respuesta es que sí. Existe propiedad en la astrología, que es el estudio del alineamiento magnético de la impronta de su nacimiento. Existe verdadero valor en aprender de los métodos del tarot y de las runas. En estos momentos, son como termómetros de su crecimiento, y reflejan realmente la exactitud al nivel más elevado, siempre y cuando se usen e interpreten correctamente. Hay mucho que aprender, si lo desea, acerca de cómo se equilibra físicamente su cuerpo, por lo que es válido el estudio de las auras, chakras e incluso del sexo espiritual humano. El sexo no se les ha dado simplemente como una forma biológica de procreación. También tiene la intención de ser un puente espiritual entre la mujer y el hombre, de vincularlos espiritualmente al mismo tiempo que aportaban las necesarias funciones biológicas.

Los libros de los antiguos, de los yoguis y chamanes, son sus cápsulas del tiempo de sí mismos para sí mismos..., ¿no se le ha ocurrido pensarlo nunca? Quizá esto le ofrezca una perspectiva completamente nueva acerca de la historia. ¿Qué papel cree usted que ha jugado en ella? ¿Podría ser usted mismo cualquiera de estos que se encuentran en las estanterías? Seguramente, esto le parecerá intrigante. Esto es algo que yo no puedo experimentar como el Kryon. Es únicamente suyo, y es revelador en su verdad. Enterrados en sus expresiones pasadas hay indicadores maravillosos acerca de por qué es usted tal como es hoy en la actualidad. La forma en la que es usted hoy también afectará igualmente a su siguiente expresión. Se trata de una mecánica compleja pero maravillosa acerca de sus lecciones en el karma, y debería usted desear saber más al respecto, puesto que eso le servirá inmediatamente.

En cuanto a la variedad de autores, sea consciente de que la verdad es la verdad, y se encontrará con principios coherentes a cada paso que de, aun cuando las culturas y las lenguas sean diferentes.

¿Los libros canalizados? Sé que tendrá más preguntas que plantear acerca de esto. La mayoría son reales. Algunos no lo son. Su propia intuición le dirá la verdad. Aquellos que son reales han sido canalizados en el nivel más elevado por parte de entidades de servicio y enseñanza que son muy diferentes; esa es la razón por la que la información resulta tan diversa. No se trata de algo necesariamente opuesto, sino sólo diferente en cuanto a sus perspectivas. Le diré más cosas sobre esto más adelante, pero le diré ahora, como ya lo he hecho antes, que las predicciones canalizadas no son necesariamente exactas, debido a los cambios ocurridos en la Tierra en los últimos años. Es posible que fueran exactas para el momento en que fueron escritas, pero quizá no lo sean necesariamente ahora. No obstante, algunas predicciones hechas hace más de mil años son nuevamente exactas, tras haber quedado vacías, a través de la acción humana, y haber regresado recientemente a la exactitud. ¿Le sorprende esto? Recuerde que ustedes se rigen por una limitada línea de tiempo lineal, mientras que el Universo no. Toda la información real canalizada siempre se da en perfecta energía de amor. No tengo necesidad de explicarle, socio mío, cómo afecta eso al resultado, ¿verdad? En la medida en que se trata de un canal procedente del espacio, ¿qué cree usted que es?

En los últimos escritos también le he ofrecido comprensión acerca de los ovnis. ¿Es acaso extraño que jueguen un papel tan importante en la metafísica? Recuerde la advertencia: las cosas todavía no comprendidas no son necesariamente malignas, extrañas o fantasmales, sino que, simplemente, no han sido comprendidas todavía. Permitan que estas cosas dispongan de espacio y de tolerancia, como harían sin duda si descubrieran de pronto una rama de una nueva ley física de estudio (algo que, a propósito, harán).

Para todos ustedes, la próxima vez que se acerquen a estas librerías, háganlo con amor y tolerancia, y luego descríbanse los unos a los otros cómo se sienten. ¿Qué libros les atraen más? ¿De qué cosas desean saber más? Como entidades de origen divino que caminan por el planeta en período de aprendizaje, ¿qué desean saber? Luego, elijan el material apropiado. Su don de discernimiento es especialmente agudo en esta nueva energía. No se tardará mucho en que el trigo quede separado de la paja en relación con las estanterías de estas librerías.

Pregunta: Usted dijo: «Su dualidad es su ámbito de descubrimiento». ¿Qué significa esto? He oído hablar a otros de «dualidad». ¿Qué es?

Respuesta: Se trata de un concepto de difícil comprensión para ustedes. Y es difícil porque se halla bloqueado a propósito para todos los humanos en período de aprendizaje. En los escritos anteriores he hablado acerca de ello una y otra vez, e incluso ahora aparece como algo enigmático para ustedes. Es el momento de que dejen ustedes de lado sus viejas formas de pensar y abracen las nuevas verdades básicas.

Les ruego que procuren mantener una mente clara y comprendan lo siguiente: todos ustedes son entidades elevadas que caminan sobre este planeta, disfrazadas de simples seres biológicos, y ese disfraz engaña a todo el mundo, incluso a ustedes mismos. Esa es la base de la dualidad. En realidad, cada uno de ustedes es dos personas. El «yo real» es la entidad elevada, cuyo poder y conocimiento conocen cada uno de ustedes, mientras que el «fantasma» es la cáscara de humanismo existente en el período de aprendizaje. La ironía que hay aquí es que ustedes perciben el fantasma de sí mismos como algo real, mientras que el yo real de sí mismos lo perciben como un fantasma. Y muchos de ustedes ni siquiera llegan a percibir al yo real. Los mayores descubrimientos que harán mientras se encuentren en período de aprendizaje se referirán a esta dualidad. Los mayores éxitos que podrían alcanzar en cuanto a crecimiento se basarán en la comprensión de cómo funciona la dualidad, con lo que finalmente llegarán a una toma de conciencia de los papeles invertidos del «yo real» y del «fantasma». Aunque ustedes no pueden ver a su verdadero yo superior (pues eso les privaría del propósito de su período de aprendizaje), pueden alcanzar un conocimiento activo y una comprensión de la realidad de quiénes son. Cuando eso suceda, podrán asumir su poder, y no antes. En consecuencia, su ámbito de descubrimiento es el de la autoconciencia y la verdad de la dualidad que existe dentro de cada uno de ustedes, y de aprender a incrementarla.

Tampoco puedo dejar de insistir suficientemente en esto: usted y aquellos que le rodean, seleccionaron sus propias circunstancias humanas mucho antes de que incluso llegaran a la Tierra. Las cosas que está haciendo ahora mismo forman parte de un plan puesto en marcha por usted mismo. Le ruego que no confunda esto con la predestinación. La predestinación no juega ningún papel en elloo. La verdadera predestinación crea problemas pero dicta soluciones. En la situación actual, sólo se han dado a sí mismos los problemas. Las soluciones ocurren a través de su autoconsciencia y realización. Se les da un problema y las herramientas y el poder para trabajar con ese problema. Cuando lo hagan, eso aumenta a su vez la vibración del planeta.

Pregunta: ¿Cómo es posible que nuestra autoconsciencia, y nuestro trabajo personal a través del período de aprendizaje cree un cambio en la vibración del planeta. Eso parece un poco demasiado grandioso. ¿Cómo es que sólo nos afecta individualmente?

Respuesta: Se trata de una pregunta sencilla. En los escritos pasados hablé de la importancia entre usted, personalmente, y la Tierra como un todo. Estoy aquí para hacer algo por la Tierra, pero eso se traduce directamente en el poder y la salud espiritual de usted mismo. El planeta es como un aula. Usted se encuentra en ella, y todo lo que ocurra en el aula le sucede a usted. También es cierto lo inverso. Cuanta mayor iluminación exista, tanto mayor será el equilibrio del planeta.

Finalmente, el aula se verá llena de estudiantes poseedores de conocimientos, y ya no se necesitará cuando esos estudiantes se gradúen. Durante el proceso de aprendizaje para alcanzar la graduación, el aula cambia lentamente a medida que hay más y más estudiantes que aprueban sus lecciones. Cuando usted asistía a la escuela, ¿no es cierto que podía entrar en un aula y saber en seguida a qué nivel se le estaba enseñando? ¿No le indicaba eso también cuál era el nivel de los estudiantes que se encontraban en el aula? El aula cambia a medida que crece el aprendizaje. Se descartan viejas lecciones, y se presentan otras nuevas y más avanzadas. El conjunto cambia con las partes, y son las partes las que definen el cambio.

La otra razón es que ustedes (como las partes) no se encuentran realmente solos durante el período de aprendizaje. Tienen funcionamientos realmente significativos con otros que les rodean (por diseño y por acuerdo establecido de antemano). En consecuencia, lo que ustedes perciben como crecimiento personal, cambia al grupo del mismo modo que cambia al aula.

Pregunta: Deseo plantearle más preguntas acerca de la forma en que funciona más tarde este grupo de karma, pero ahora desearía iniciar un diálogo acerca de los psíquicos y los canales. En primer lugar: ¿quién soy yo como para encontrarme haciendo esto? Si la respuesta parece ser una de autoservicio, o personal, entenderé que sólo es para mí, y no la incluiré en el libro.

Respuesta: La respuesta no es en modo alguno de autoservicio, ¡es la simple verdad! Usted estuvo de acuerdo en hacer esto antes de llegar. Ahora es el momento elegido, y aquí está usted. No hay nada más que eso. Buena parte de lo que ha hecho usted durante su vida, le ha preparado para hacer esto, tal y como estaba planeado. Su interés por la lógica no fue ninguna casualidad, como tampoco lo fue el hecho de que abrazara usted creencias cristianas fundamentales desde muy pequeño. Eso le mantuvo alejado de la metafísica, pero todavía dentro de la vibración del amor. Eso le convirtió en el «lecho» perfecto para permitir buenas traducciones, sin sesgos. En todo caso, tiene usted un sesgo hacia lo práctico y lo lógico, y eso nos lleva a por qué se le pide que haga las preguntas que está planteando ahora.

Pregunta: ¿Por qué no abandono mi cuerpo durante la canalización, como parece que hacen otros? Esto parece mucho menos espectacular para aquellos que asisten a las sesiones de Kryon. Y al no entrar en «trance», ¿cómo puedo saber que las cosas que traduzco son exactas?

Respuesta: Uno de los atributos de la nueva energía es la responsabilidad y la integridad. Empezará usted a observar que los canalizadores no tienen por qué «desprenderse» de su propia personalidad para dar paso a la de la entidad que transmite el mensaje. Se podrán transmitir mensajes más claros ahora que lleva usted todo el poder de su propia alma. El mejor canal es una asociación, mientras que antes era una «suplantación»; y tenía que serlo, puesto que no podían ustedes contener una situación que entremezclaba esa clase de poder con su antigua vibración. Con la nueva asociación llega también la plena integridad. Eso no quiere decir que no hubiera integridad antes, ¡difícilmente podía dejar de haberla! Pero antes un canal podía «entregarla» y reafirmar la información y las acciones como procedentes de alguien más. Ahora, en cambio, la asociación exige que quien se encuentra en período de aprendizaje asuma también la responsabilidad, puesto que él es un participante activo. La nueva claridad de la interpretación viene causada en realidad por el hecho de que su «yo superior» (que conoce todo aquello que yo conozco) verifique la traducción antes de exponerla. Esa es la comprobación de la integridad, y esto es algo nuevo. Este nuevo método resulta más difícil que hacerlo de la forma antigua, puesto que implica a su personalidad humana como totalmente consciente durante la canalización. Es más difícil en el sentido de que debe usted practicar el permanecer «dentro» de sí mismo durante la canalización, y es imperativo que el ego sea sublimado.

Pregunta: ¿Por qué creen algunos que un canalizador tiene que hacer tantos aspavientos y hablar con una voz extraña para ser creído? ¿Por qué algunos de los asistentes desean incluso que les hablen altivamente, como si fueran niños. ¿Cómo les sirve eso?

Respuesta: No juzgue a ningún individuo, tanto si es canalizador como si es asistente. Todo es apropiado para el momento. Para sentir que hay validez, muchos necesitan contar con una figura de autoridad simulada situada delante de ellos, con todos los atributos de un padre. Algunos deben experimentar el drama de lo que perciben como una figura situada fuera del mundo, para sentir la credibilidad del canal. ¿Rechazaría usted a cualquiera de ellos, y perdería así el precioso autodescubrimiento de los mismos? El trabajo de esos otros canales es tan válido como el de usted. Piense cuidadosamente antes de verbalizar la crítica acerca de la forma que tiene cualquier otro de aceptar al Espíritu. Querido socio, en el amor, queda usted advertido de esta cuestión.

Pregunta: Tengo que plantearle otra cuestión sensible que siempre me ha preocupado: ¿Por qué los psíquicos y canalizadores nunca parecen poder «alinearse» los unos con los otros en aquello que ven o predicen. ¿Cómo puede ser esto, si todos ellos «leen» el mismo universo?

Respuesta: No es una cuestión difícil, como tampoco lo es impropia, pero, una vez más, su percepción de lo que cabe esperar es lo que vicia sus propias reacciones. Seamos muy claros sobre esto: si pudiera usted ver su alma entera, y saber lo que hay al otro lado del velo, entonces no habría necesidad de que pasara aquí un período de aprendizaje. Siga este razonamiento y procure darse cuenta de que su conocimiento y sus percepciones sobre el «otro lado» se obtienen a través de filtros de pensamiento e intuición, y que raras veces se le ofrecen de una forma que sea concluyente. Imagine lo siguiente: si todos ustedes pudieran reunirse y demostrar de un modo absoluto que son una pieza de Dios que caminan por la Tierra durante el período de aprendizaje, disfrazados, entonces nosotros (*el Universo*) «encenderíamos las luces» y todos ustedes regresarían a casa, de modo que ya no sería necesaria el aula.

En cuanto a las interpretaciones y predicciones, siguen ustedes mirando a través del cristal oscurecido..., sólo que muchos de ustedes se dan cuenta de que el cristal se ha aclarado algo últimamente, permitiendo traducciones mucho más claras. Permítame ofrecerle una nueva percepción sobre los psíquicos y «videntes». Digamos que tres psíquicos desearan ver lo que hay al otro lado de la puerta (*en este caso, la puerta representa el velo*). No podrían abrir la puerta puesto que eso no estaría permitido. En lugar de eso, descubrirían que si se arrodillan, tienen la capacidad, que no tienen otros, de ver a través de los espacios existentes por debajo de la puerta. Así, los tres se arrodillan y miran por debajo de la puerta. A través de la rendija, a los tres se les muestra lo mismo: ven otra puerta, más pequeña, y la parte inferior de unos zapatos. A los tres se les muestra una imagen idéntica, pero ahora hay muchas cosas que extrapolar a partir de esa imagen.

Todos los psíquicos ven con una exactitud del cien por cien, y en este punto se les ofrece a todos una visión fugaz, verdadera y exacta del otro lado. Ese es su don, y todos ellos ven lo que se les ofrece como verdad. Un psíquico piensa que la puerta más pequeña es una abertura al propio yo superior, y que el tipo de los zapatos indica un guía masculino alto, que se encuentra de pie al otro lado de la puerta, dispuesto para ayudar. Otro psíquico piensa que la puerta más pequeña es una puerta cerrada, que conduce a la cueva del conocimiento, y que los zapatos pertenecen a un ángel femenino, que está de pie, a la espera, con una llave. El tercer psíquico, que es el más equilibrado de todos, no llega a ninguna decisión hasta que: 1) le pide al propio yo superior que verifique lo que está viendo, y 2) en caso de duda, consulta con otros de mentalidad similar, para conocer su opinión. ¿Por qué consultar con otros? Porque eso es lo que promueve la nueva energía. Ahora, hay un poder y una claridad añadidas, que se alcanzan gracias a los esfuerzos combinados.

Después de la verificación, el tercer psíquico es mucho más capaz de traducir, puesto que puede dejar de lado la suposición humana que tan a menudo se interpone en su camino. Descubre así que los zapatos sólo son zapatos, sin que nadie los lleve. Fue una pobre suposición terrenal por parte de los otros el haber llegado a la conclusión de que todos los zapatos deben tener una entidad que los lleve. ¿La puerta? El psíquico equilibrado se dio cuenta de que sólo es un espejo que refleja la parte posterior de la puerta bajo la que está mirando. No se abrirá en absoluto, ya que sólo es una ilusión. No todas las cosas que parecen puertas se abren. A continuación, pasa a traducir el significado de un par de zapatos y de la puerta reflejada, algo que habría pasado inadvertido por completo a los demás. En consecuencia, tiene usted a tres psíquicos válidos, todos los cuales vierón lo verdadero, pero sólo uno supo de qué se trataba en realidad. Para eso se necesita sabiduría, equilibrio y discernimiento. Un buen psíquico en la nueva energía tiene dos talentos: el primero de ellos es el ser capaz de «ver» por debajo de la puerta. El segundo es la capacidad para discernir lo que todo eso significa. Eso es exactamente lo que ocurrió con las falsas predicciones acerca de la inclinación de la Tierra. Tal como se ha afirmado en escritos anteriores, la inclinación sólo es magnética, y es mi trabajo. La idea del cambio fue «vista» con exactitud por muchos, pero no plenamente comprendida por todos.

El Universo es bastante literal. No todo es lo que parece desde su lado, aun cuando usted crea que puede haber encontrado la respuesta a un misterio. Primero tiene que desechar todas las suposiciones basadas en la Tierra. Eso es, básicamente, lo que está mal con todo su método científico actual. Les hablaré más al respecto, en el futuro, si así lo desean, pero será suficiente con saber que no pueden ustedes discernir las verdades universales físicas si aplican preceptos y suposiciones humanas a sus modelos lógicos.

Así que, como ven, hay mucha verdad que transmitir, como la que están recibiendo ahora, pero para ello deben dejar de lado sus suposiciones culturales basadas en la Tierra. Ahora pueden traducir libremente incluso cosas que no parecen tener sentido dentro de sus antiguas pautas lógicas, pero que algún día serán conocimiento corriente para todos ustedes.

Kryon

3. Personalidades en canalización

Antes de que hagan más preguntas sobre los canalizadores que les interesan, he aquí más información sobre lo que ha tenido lugar recientemente en la Tierra en relación con estas cosas: quizá sea interesante que observen ustedes que la mayor parte de su información canalizada en el pasado les ha llegado a través de entidades que han estado en período de aprendizaje sobre la Tierra, y que han regresado con información para ustedes. Eso no cambiará y, como ya he dicho, sigue siendo apropiado. Esto es algo que pueden verificar con suma facilidad, preguntando directamente a la entidad canalizada. Todas ellas tienen nombres, y algunos de esos nombres se corresponden con lo que fueron cuando estuvieron en período de aprendizaje, mientras que otros utilizan los nombres del sonido de tono (o tan cercano como pueden a su forma de escucharlos, como yo mismo hago). Casi todas ellas admitirán voluntariamente quiénes fueron mientras estuvieron en la Tierra.

Hay dos razones por las que esos canales son beneficiosos. La primera es que han pasado a través del período de aprendizaje en su planeta, son plenamente conscientes de la experiencia y pueden relacionarse con sus propias lecciones y fantasmas. Han experimentado la dualidad, y han residido en cuerpos como el suyo. Eso les ofrece una maravillosa plataforma de conocimiento desde la que poder trabajar, pues cuando trabajan con ustedes, ya saben lo que ustedes mismos sienten. La segunda razón por la que ha sido apropiado un antiguo «canal del período de aprendizaje», es porque estas fueron las únicas entidades que pudieron resistir el más bajo índice vibratorio de sus cuerpos en los tiempos pasados. Sin la nueva energía y el nuevo ajuste y «permiso» dado por sus trabajos, no podría existir ninguno como el Kryon. Esto significa, simplemente, que tuvieron que pasar por un período de aprendizaje al menos una vez, para poder regresar después y canalizar a través de un humano. Ahora, en la nueva energía, tienen ustedes la ventaja de disponer de ambas clases de canales. La nueva energía abre el flujo de información para *ambas* clases, incluso para aquellos que han estado canalizando con usted durante años.

Permítanme explicar que, por primera vez, el Kryon y otros como yo nos encontramos ahora libres para estar con ustedes, para canalizar mientras ustedes se encuentran en período de aprendizaje. Esto es algo nuevo y ustedes se lo han ganado apropiadamente. Ahora cuentan con entidades que les ofrecen información, que sólo están en servicio y que nunca se han encontrado en período de aprendizaje en ninguna parte del Universo. Nuestro propósito es el de ofrecerles nueva información que a los otros no se les permitió ofrecer en la vieja energía, y ofrecerles una nueva dimensión de comprensión. Tal como he afirmado, a los otros también se les permite hacerlo así ahora, pero no se sorprenda si algunos de los otros se marchan apropiadamente y, de hecho, vuelven al período de aprendizaje, una vez terminado su trabajo en el canal. Eso es algo clave para su servicio, es decir, para experimentar la lección en el Universo, para luego regresar como maestros canalizadores en los cuerpos de quienes encarnaron mientras estuvieron en el período de aprendizaje.

Como he explicado en otros escritos, el Kryon siempre ha existido, y mi único propósito es el de servir a todos aquellos que están en período de aprendizaje, como maestro magnético, o como algo que se describe mejor como un técnico en servicio. Poseo pleno conocimiento acerca del funcionamiento del Universo, así como un pleno conocimiento de la estructura de su período de aprendizaje, del mismo modo que ustedes cuando no se encuentran aquí. Su estructura no es muy diferente a la de los demás. No se sorprenda el día en que la entidad que sale de un ovni para saludarle, resulta que se parece mucho a usted mismo. Hay muchas variaciones, claro está, pero no tanto como la enorme amplitud de sus historias imaginadas.

Somos muchos de nosotros los que estamos en servicio, y nuestro servicio a ustedes también varía mucho, lo mismo que la información que ofrecemos, debido a nuestra especialidad. Mi especialidad consiste en explicar su dualidad, la importancia de su rejilla magnética, las reacciones de su cuerpo ante mi trabajo, las funciones de su impronta, y sus implantes. También puedo explicar cualquier cosa que sea apropiada acerca de sus vidas pasadas, y de la forma como funcionan las cosas, en general. No obstante, mi objetivo principal por el momento consiste en hacerles conscientes del nuevo poder del que disponen a través de la energía del amor, con el propósito de ayudarles a desprenderse de los temores fantasmales que todavía impregnan su consciencia interior.

Otros de nosotros poseen conocimientos muy diferentes que ofrecerles. Algunos ejemplos son: los profesores maestros, los técnicos maestros (como yo mismo), los guías, y los guías maestros, aquellos que están en período de aprendizaje y que regresan como maestros (canalizadores), los ángeles (que trabajan directamente con la fuente singular), y la vasta variedad de trabajadores internos. Existe tanta actividad y apoyo alrededor de ustedes, que se quedarían asombrados si la vieran. Una buena parte de esa actividad se dedica a conseguir que este planeta suyo funcione para el período de aprendizaje de ustedes. Existe un gran número de entidades que trabajan para cada humano que se encuentra en período de aprendizaje.

¿Empieza a captar un sentido de lo especiales que son ustedes? Incluso ahora que mi socio traduce esa última frase, siento dentro de él un atisbo de incomodidad. Más adelante, en este mismo libro, contestaré sus preguntas acerca de aquellos que ahora mueren en su planeta. Aquellos que mueren son la prueba de cómo está actuando ahora mismo el Universo en el ámbito de ustedes.

Son ustedes tiernamente queridos. Estamos aquí, con toda propiedad y corrección, para ustedes, y sólo para ustedes. Disponen ahora de la capacidad para comprenderlo plenamente, así como para seguir adelante con mucho más poder, iluminación y sabiduría. Están vivos en este momento en el período de aprendizaje porque ustedes mismos lo han elegido así. No es ninguna casualidad que ahora se encuentren aquí. Deben darse cuenta de esto y remontarse hasta el lugar para el que fueron creados y en el que deben estar. Hagan que esta encarnación sea una que puedan celebrar.

Kryon

4. Preguntas sobre canales terrestres

Del escritor

Las siguientes son preguntas acerca de ciertas personalidades que me son conocidas, o bien que están canalizando ahora sobre la Tierra, o que han ofrecido predicciones. Aunque no sea consciente de estas personas, le ruego que siga leyendo, pues dentro del cuerpo de las respuestas del Kryon encontrará una valiosa información general.

Pregunta: Siento curiosidad por saber qué tiene que contarme acerca del conocido como Ramtha. Esta entidad posee un perfil elevado a medida que pasan las entidades canalizadoras, y ha disfrutado de popularidad y fama durante muchos años. ¿Es apropiada esta entidad?

Respuesta: Debería saber que no hay entidades inapropiadas que canalicen para ustedes sobre la Tierra. La falta de propiedad puede existir sin embargo en aquellos humanos que pretenden ser canales, o en aquellos que emplean la negatividad para servirles, mostrando el lado oscuro. Con Ramtha existen una propiedad total y se está ofreciendo buena información.

Ramtha, que me es conocido como la entidad de tres sílabas llamada RAM-MA-THA, es de los más altos en servicio. Sus atributos son casi los de un renegado, pero esto no hay implicada negatividad o separatismo, sino sólo la libertad. Ramtha es libre de servir en un ámbito no estructurado por todo el Universo, mientras que yo soy plenamente estructurado y respondo a los períodos de aprendizaje de ustedes. Todo esto es como debe ser. Ramtha es de la clase de servicio acerca del cual he hablado antes. Es una entidad que pasa a través del período de aprendizaje (o de varios), y que luego regresa para ofrecerles lo que cree que ustedes necesitan, basándose para ello en su experiencia mientras estuvo sobre su planeta. Es, de hecho, un maestro y, como tal, tiene libertad. Sus mensajes son específicos para aquellos que lo necesitan, en contraposición con un mensaje más general, como el mío. Siempre enseña a partir del amor (como lo hacemos todos).

Ramtha es un canal singular y sólo funciona a través de un individuo humano. Se trata de un viejo concepto de energía, y tuvo que ser de este modo, aunque es posible que dentro de poco experimente cambios. Es libre de marcharse en cualquier momento que lo desee, y cuando lo haga, quizá decida volver a visitar el período de aprendizaje con ustedes o hacerlo en cualquier otra parte del Universo. Esta clase de servicio es muy especial, como bien pueden ustedes imaginar, pues hay implicada aquí una gran variedad, y se exige para ello mucho conocimiento.

Pregunta: Dijo usted que Ramtha era un canal «singular» y, sin embargo, Ramtha enseña a otros a canalizar su energía. En el Libro I, también dijo que los canales de Kryon se limitaban sólo a nueve, pero luego dijo que todo el mundo puede acudir a usted en busca de ayuda. ¿Cómo funciona esto?

Respuesta: Me resulta imposible explicar plenamente el funcionamiento de todo esto, pero puedo hablarles de la intención y, en consecuencia, podrán ustedes comprender los resultados. Este proceso tiene muchas capas. La superior es el canal singular de Ramtha o, en mi caso, los nueve humanos que están canalizando el Kryon en la Tierra. Las otras capas son de energía similar, pero sin la fuerza de la exigencia para escribir o formar. Piensen en la capa superior como el ofrecimiento original de la verdad y de la energía, y en las capas siguientes como el compartirlas. Todos ustedes pueden convocar la energía de cualquier entidad a la que se le haya ofrecido la apropiada capacidad y permiso para compartirla. Sólo unos pocos de ustedes pueden compartir información original con autoridad e integridad.

Muchas entidades de servicio total en la nueva energía pueden tener múltiples traductores humanos de primera capa. El número es limitado a aquellos que tienen contratos para hacerlo así. Como ya se ha mencionado en escritos anteriores, el Kryon está siendo traducido por nueve humanos en la Tierra en este momento (*busque los ámbitos actuales en la Tierra, según aparecen descritos en el Libro I*). Sucede lo mismo con Solara. Esta preciosa entidad también está ofreciendo mensajes y enseñando a nivel mundial en ámbitos que quizá no habrían quedado expuestos a los actuales escritos occidentales. También es posible que ninguno de ustedes lleguen a conocerse nunca entre sí (*aquellos que canalizan la misma entidad*).

Mi socio debe saber también lo siguiente: si hubiera usted rechazado esta ventana de oportunidad ofrecida por el Kryon, habría pasado al siguiente humano situado en la fila. Estos mensajes son demasiado importantes como para verse detenidos por el ego de cualquier humano que se encuentre en período de aprendizaje. Felicito a todos aquellos de ustedes que han visto las ventanas y han pasado a través de ellas.

Pregunta: La mujer que canaliza a Ramtha ha sido criticada por algunos, por su estilo de vida y por su acumulación de riqueza durante su tiempo de canalización. ¿Qué puede usted decir acerca de eso?

Respuesta: La evaluación que ella hace del Universo no es crítica. Es famosa por haber entregado su vida a esta búsqueda. Otros humanos han reaccionado ante su postura, y los no creyentes serán siempre intolerantes, puesto que sospecharán inmediatamente la existencia de fraude. Permítanme hacerles la siguiente pregunta: ya les he ofrecido el método para alcanzar sustento y abundancia mientras se encuentran en período de aprendizaje, a través de una buena comunicación con los guías. Les he dicho que es su recompensa el ser capaces de tener paz y ausencia de preocupación acerca de todas estas cosas. ¿Les negarían entonces este mismo don a otros trabajadores, mientras que lo acepta para sí mismos? Y también, ¿qué necesitarían en forma de pago terrenal si les pidiera que abandonaran sus estilos de vida y enseñaran por mí, y perdieran con ello parte de los años que les quedan en esta vida? Este canal humano ha hecho todas estas cosas y, evidentemente, se le ha dado sustento y abundancia. Enfoque su actitud hacia ella con la tolerancia de amor de la que he estado hablando. Ella es tiernamente querida, y se la debe celebrar. ¿Pueden verla ustedes como yo lo hago?

En casi todas sus grandes religiones sobre la Tierra existe una gran riqueza terrenal acumulada, incluso en aquellas que sirven a los hambrientos y a los pobres. Si han llegado a aceptar esto, ¿por qué habría de ser diferente para aquellos que están en otro servicio? La mecánica del «amor» es la misma aquí, pues el Universo es literal, y ve y honra la comunicación sincera, sin sesgos, tanto desde el uno como desde los muchos. Como ya se ha dicho ante, pueden ustedes ver los resultados de la oración extendidos sobre todo el planeta, y los nombres que los humanos dan a la religión o a la secta que realiza el trabajo no tienen la menor importancia. La clave es el amor. El trabajo y la comunicación realizados con amor obtendrá resultados, y no se equivoque respecto de esto: ustedes se merecen sentirse cómodos y tener abundancia mientras se encuentran en el período de aprendizaje. Ramtha también lo enseña así. Encontrarán este mismo tema en todos los maestros de la nueva energía, pues se trata de una verdad básica.

Pregunta: Cuando en el planeta hay tantos sumidos en la pobreza y que se mueren ahora mismo, ¿cómo puede ser esto realmente así? Parece un poco increíble.

Respuesta: Es cierto que todos ustedes están aquí para pasar por el karma y por las lecciones asociadas con él. Eso es correcto para todas las partes del mundo. Observarán que he dicho que se «merecen» sentirse cómodos y tener abundancia. Los humanos que niegan la dualidad, que permanecen desequilibrados, que rechazan el amor, que abrazan la negatividad y que eligen repetir y repetir el karma no tendrán comodidad ni paz hasta que inviertan este proceso. Quienes merezcan una recompensa no la recibirán mientras no se eleven hasta la plataforma y la tomen por sí mismos.

Queridos míos, ¿se dan cuenta ahora de la importancia del mensaje que les traemos? Comprendan su dualidad. Comprendan su poder. Comprendan su período de aprendizaje y den pasos hacia la tolerancia y la comunicación amorosa con sus guías. Es así de simple. Cada uno de ustedes tienen una situación muy diferente, pero la dualidad es absolutamente universal entre los humanos. Este mensaje es para todos, incluso para aquellos que pasan hambre y se mueren en el tercer mundo. La razón por la que se ve primero en occidente es porque ustedes, que disfrutan de mayor comodidad, pueden unirse y dar una buena verbalización en la oración y la meditación para los demás. Ya les he ofrecido la mecánica para esto en los primeros escritos. Utilícenla ahora para ayudar a los demás.

Pregunta: Hay otra cuestión por la que tengo curiosidad. Hábleme de *Solara*. No he leído los libros canalizados, como me ha dicho que haga, pero aquí encuentro una fuerte conexión conmigo.

Respuesta: No es nada extraño que usted «sienta» la conexión. Solara es de la nueva energía. Esta entidad, canalizada también por una mujer, es del tipo que describí y que está al servicio total. El verdadero nombre es muy diferente del de «Solara», pero es apropiado para su lengua y tiene algunos de los mismos atributos de tono que indican quién es. Solara es un color dorado para ustedes, del mismo modo que el Kryon sería un color cobrizo, tal como se ha descrito en escritos anteriores.

Hay muchas diferencias semánticas dentro de los canales, dependiendo de sus traducciones personales. Al fin y al cabo, usted (*mi socio*) utiliza su propio cerebro biológico y su educación cultural para traducir mis comunicaciones de pensamiento. Se lo digo porque no deseo que usted o quienes lean esto, se confundan en cuanto a las etiquetas de los nombres de las entidades universales. Las etiquetas de los nombres que les dan a ellos, a los guías, ángeles, maestros, etcétera, no son importantes. Lo importante es su vibración. ¿Es amor total? En tal caso, utilice el discernimiento para evaluar su propósito, y los habrá compartimentalizado, como necesitan hacer los humanos para sentirse bien respecto de ellos.

Solara es del orden más superior. Solara es una profesora maestra (o ángel para algunos). Esta entidad se relaciona con usted (*mi socio*) puesto que la «sensación» es la misma que la mía. El amor es abrumador ya que esta entidad habla a través del humano que ha elegido para realizar el trabajo. Sucede lo mismo que con usted, porque usted siente el mismo amor que ella experimenta, puesto que sus vibraciones son muy similares.

Mi servicio es diferente y más específico que el de Solara, pero ambos tenemos en común atributos muy específicos. Ambos sólo somos entidades de servicio. Es decir, ninguno de nosotros hemos sido humanos en la Tierra. Los dos estamos aquí, en la nueva energía, para ofrecer educación específica y enseñar en el amor. Ninguno de nosotros habríamos podido estar aquí antes de ahora. Solara llegó antes de que llegara yo mismo, con toda propiedad, para enseñarles una visión general acerca de cómo funcionan las cosas. Como profesora maestra, a Solara se le permite ofrecerles instrucción en la información estelar. Esta información se da en el amor, del mismo modo que mi información específica también se da en el amor sobre sus vidas individuales. Observen atentamente las similitudes. La vibración del amor está por todas partes. Ambos hablamos de cambios vibratorios. Ambos hablamos de la ventana del cambio de energía, y de sus nuevos poderes, y ambos hablamos de una nueva dimensión para el pensamiento y la iluminación humanas. Esta maestra también ha predicho mi propio trabajo..., búsquenlo.

Solara también ofrece al canalizador la misma «superposición» que tiene usted (*mi socio*), algo de lo que usted no ha hablado con nadie. Sería fácil para usted convertirse en el Kryon y dejar su antigua vida atrás. Esta es la unicidad que siente por mí, y la forma necesaria en la que debemos existir juntos para que usted haga su trabajo.

Pregunta: Hace tres años yo estaba sentado pasivamente delante del doctor Frank Alper, que canaliza una entidad a la que llama Adamis. Él fue el primero que me habló de usted por su nombre. Posteriormente, a llegado a respetar su lectura conmigo. Hábleme de Adamis.

Respuesta: Adamis es realmente un pionero. Qué desafío tuvo que afrontar esta entidad al encarnarse y, mientras estuvo en la

Tierra, reconocer la dualidad de un modo tan completo que pudiera canalizarla mientras estaba en período de aprendizaje, y todo esto es también de la vieja energía. Esta querida entidad es celebrada constantemente en el nivel más elevado. Adamis es un alma muy antigua de la Tierra que estableció el contrato para pasar esta encarnación en un papel que fue el de predecesor de las cosas que habían de venir. Debía hacerlo así encajando, puesto que la historia de su vida pasada es tan rica en elevar a la civilización. Es el deseo de todos nosotros que cada uno de ustedes lleguen a reconocer la dualidad hasta el grado en el que puedan obtener información de esta manera. Si cualquiera de ustedes se convierte en «uno» con su alma mientras está en período de aprendizaje, se marchan inmediata e instantáneamente, puesto que el período de aprendizaje ya no les sirve más ni a ustedes ni al planeta. Lo que ha hecho esta entidad, sin embargo, es establecer la comunicación con los guías, de un modo tan íntimo con su alma, que de ello han resultado traducciones buenas y claras, para beneficio de muchos a lo largo de los años, incluido usted mismo (*mi socio*).

Además, Adamis está aquí, en la Tierra, por última vez. Al igual que yo mismo, él también tiene atributos técnicos y continuará en servicio para la Tierra hasta el final. Me conoce y yo le conozco. Aquí hay mucho amor, así como una gran cantidad de humor cósmico, que algún día ustedes comprenderán.

Pregunta: Finalmente, ¿qué podemos hacer con las predicciones del antiguo Nostradamus?

Respuesta: Nostradamus difícilmente pueda considerarse un antiguo, pero en su terminología fue un profeta histórico cuyas predicciones parecen haber tenido exactitud a lo largo de cuatro siglos. Esto es importante: deje ahora de lado su trabajo. La nueva energía ha vaciado su visión. Él fue exacto, pero el trabajo de ustedes al elevar la vibración del planeta hasta el estatus de la nueva energía, también ha cambiado el futuro de todos ustedes. Tal como se ha descrito para ustedes en escritos pasados, sus mapas y predicciones de las líneas de sus costas después del 2001, y los mapas de los indios hopi son diferentes. Aun cuando ambos fueron canalizados al más alto nivel, las predicciones hopi son más claras, a pesar de que fueron las primeras. Todo esto representa todo aquello de lo que he estado hablando: que el futuro es un objetivo en movimiento, sujeto al trabajo de ustedes, y que su línea de tiempo lineal es un fantasma respecto de la realidad universal actual.

Una vez más, esa es la razón por la que yo estoy aquí. Su nueva vibración es la situación que ustedes mismos se han ganado y su recompensa por el trabajo que han realizado al aumentar la energía del planeta. No crean a nadie que les diga exactamente lo que va a suceder a su planeta en un momento determinado. Todo esto se encuentra en transición, y depende por completo de ustedes el cambiarlo.

Kryon

5. Vidas pasadas - Vidas futuras

El hecho es que todos ustedes comparten la circunstancia de haber estado muchas veces en la Tierra. En escritos anteriores ofrecí explicaciones acerca de cómo muchas de sus expresiones funcionan juntas como un sistema, utilizando karma (superposición) y «puertas» de acción para encontrar una forma de que trabajen ustedes a través de sus encarnaciones. (*Los tiempos finales – Capítulo uno*). También pueden darse cuenta de que uno de los temas recurrentes de estas traducciones es lo mucho que se les honra por ello. Hab de esto una y otra vez y continuaré hablando hasta que llegue el momento de marcharme. No puedo resaltar lo suficiente lo mucho que son ustedes amados, y cómo son celebrados por aquellos de nosotros que nos encontramos en servicio. La razón es muy sencilla: han elegido ser los *guerreros de la luz*. Son ustedes los que constituyen la diferencia y crean el cambio. Todos los demás de entre nosotros nos encontramos apoyándoles, pero son ustedes los que tienen que realizar el trabajo. Toda la estructura de la Tierra, toda la historia registrada de la Tierra, y todo aquello que consideran como humano gira alrededor de esto. Esto es un trabajo crítico para el Universo. La razón por la que es tan importante para el Universo permanecerá velada durante un poco más, y no es importante para ustedes en este momento, pero deben saber que su trabajo tiene para nosotros un propósito mucho más grande que el de iluminar simplemente su planeta. Les ruego que me crean cuando se lo digo así.

El «plan» universal general consiste en situarlos en un período de aprendizaje en la Tierra, con la dualidad previamente descrita, y con las herramientas para efectuar el cambio personal. Se les han dado atributos y desafíos complejos, y su reacción ante esos desafíos es el trabajo que desarrollan. Cuando la reacción es positiva, y eligen iluminarse a sí mismos y trabajar a través de ellos, entonces elevan personal y colectivamente la vibración del planeta, que es el objetivo. Si no lo hacen así, entonces repetirán el período de aprendizaje con una superposición más pesada.

Cuando se encuentran en los márgenes, preparados para entrar en el período de aprendizaje, son entidades completas, honradas y continuamente servidas por todos nosotros, iguales a cualquier entidad que tenga sus atributos en el Universo. A cualquier parte adonde vayan se les reconocerá y honrará instantáneamente por su trabajo, por su despliegue de colores o distintivos de lección. Trazan los planes juntos y luego entran en los momentos apropiados para poner en práctica el plan del período de aprendizaje. De este modo, *es usted el arquitecto de sus propias lecciones y, en consecuencia, siempre dispone de las respuestas a las lecciones, dentro de sí mismo*, ocultas en la dualidad, disponibles casi en cualquier momento en que usted mismo elija, a través de la autorrealización y la comunicación con su alma.

Como ya se ha traducido previamente, mi trabajo consiste en crear el equilibrio magnético de la Tierra, para que se corresponda con su trabajo. El magnetismo es el «sofá» en el que se ha instalado la consciencia y la biología humanas para toda su existencia. Es crítico para su equilibrio, y permite la iluminación. Yo estuve aquí para establecer el magnetismo antes de su llegada, y estuve aquí otras dos veces desde entonces, para ajustarlo. Esta es la cuarta y última vez que estoy aquí en el planeta, tal como lo conocen.

Quizá siga pareciéndoles extraño que hayan estado aquí una y otra y otra vez. Este hecho queda muy bien suprimido por su impronta en el momento de nacer, y esa es la razón por la que sigue siendo controvertido hasta la actualidad, dentro de los círculos del liderazgo espiritual. No obstante, así es como debe ser, pues hacerlo de otro modo no serviría a los propósitos de la dualidad. Cada uno de ustedes tiene pleno conocimiento de todas sus encarnaciones, pues su entidad del alma las conoce a todas. Su entidad del alma también lleva consigo el plan del período de aprendizaje (mientras está en la Tierra), la historia pasada, y las respuestas para que ustedes se gradúen. Si esto es así (pueden preguntar), entonces ¿por qué no se preguntan a sí mismos acerca de ello? En verdad que eso es toda la búsqueda. El 90% del trabajo consiste en obtener iluminación para llegar al lugar en el que se den cuenta de que pueden pedir. Pedir el conocimiento sólo representa el restante 10%. Todos ustedes pueden tener acceso al conocimiento de vidas pasadas y utilizar ese conocimiento para aclarar el karma. Eso se instauró así como un método para ustedes, y se ofrece como una forma de ayudarles con paz en su situación actual.

Hay varias formas de aclarar los atributos kármicos. Cuando los aclare, se le da un implante para neutralizar la parte de su impronta que les asignó el karma en primer lugar.

1. Una forma de aclarar o desprenderse del karma es la más antigua y la más dolorosa: consiste en el método de «pasar por ello». A menudo, eso exige un sacrificio durante toda la vida y en ocasiones la terminación (la muerte).
2. Otra forma es a través de la realización de que existe. Eso sólo puede producirse a través de la iluminación. Cuando se encuentra en un lugar de equilibrio, la lección kármica queda revelada muchas veces ante usted a través de la intuición, o de los sueños, o incluso a través de singulares situaciones de tensión que de repente «aclaran» las cosas para usted. Una vez que se haya dado cuenta y haya reconocido el atributo kármico, entonces queda casi desprovisto de él. Es entonces cuando tiene que afrontarlo con firmeza e identificarlo por completo con objeto de desprenderse de él. Piense en ello como una búsqueda entre hierbas altas de los remedios a ciertos dolores y achaques que tiene. Una vez que se descubre el remedio, se lo aplica a su cuer-

po para desprenderse del dolor mediante esa hierba específica. Luego, continúa buscando la hierba para el siguiente remedio, hasta que ha desaparecido todo el dolor.

3. Otra forma de aclarar un atributo kármico se halla relacionada con la anterior, pero cuenta con la ayuda añadida de otro humano equilibrado. Como ya se ha traducido previamente, no puede ayudarse fácilmente a sí mismo si no está equilibrado y a veces se necesita de los demás para llegar hasta ese estado en el que pueda continuar curándose a sí mismo. Esa es la razón por la que resulta apropiado que los llamados facilitadores continúen trabajando con usted. Aun cuando en la nueva energía esos trabajadores de sistemas pueden ser el catalizador hacia la ayuda a muchos humanos para que sean plenamente equilibrados y se encuentren en el camino apropiado. Sea consciente, sin embargo, de que esos trabajadores de sistemas tienen que darse cuenta de los cambios introducidos por mi propio trabajo (*Los tiempos finales – Capítulo dos*). Con el cambio en el magnetismo y en la oportunidad de iluminación cambiarán también muchos de los síntomas de los individuos, y se podrán acelerar la mayoría de los procesos. Aquellos trabajadores de sistemas que ignoren esto descubrirán que su trabajo se hace más lento e inefectivo.

4. La última forma de lograr aclarar por completo el karma es a través del implante neutral; esta fue la información básica contenida en la primera serie de traducciones. Este es su nuevo poder, y es realmente una herramienta poderosa y muy útil hacia la transmutación de lo negativo en positivo dentro de su propio planeta.

Ahora, hay algo que ninguno de ustedes está experimentando y que me divierte: ya he aludido al hecho de que todos formamos parte del conjunto, y de que el número del conjunto no cambia nunca. No hay entidades nuevas. La dinámica del Universo existe con los números que siempre han existido. Esto es una información oculta a ustedes y debido a su impronta todavía tienen dificultades para comprender algo como el «siempre fue», pero es así. La lucha de la que forman parte es muy antigua, y sólo es dinámica en la medida de que *los jugadores cambian de rostros...*, de ahí su dualidad.

Lo que trato de decir es que mientras que continúan adorando y honrado a los antiguos por su sabiduría, y mientras intentan recuperar la información perdida y revelar los secretos ocultos, están efectuando su propia investigación. *¡Ustedes son los antiguos!* Ustedes son los mismos que utilizaron y ocultaron los secretos. Ustedes son los que dejaron mensajes y escritos para sí mismos. Seguramente tienen que experimentar una cierta sensación hormigueante al encontrarse de pie ante una tumba que es la suya, o al leer algún escrito antiguo que escribió usted mismo. Me divierto en el amor, pues sus improntas están funcionando tan bien que ni siquiera se reconocen a sí mismos en su propia historia terrenal.

Finalmente, permítanme hablar de la muerte. Es cierto que cada humano es biológicamente único. Es decir, nunca encontrará a otro que sea exactamente como su misma expresión una vez que se haya marchado. Esa es la razón principal por la que se llora el fallecimiento de una persona querida. Aquellos que no tienen concepto de la dualidad, y que no comprenden el funcionamiento de sus entidades en el período de aprendizaje, tienen que soportar grandes cargas con el fallecimiento de una persona querida. Para ellos, no hay propósito, ni esperanza, ni paz. Aquellos de ustedes con equilibrio e iluminación, que comprenden plenamente lo que ha ocurrido en la muerte, deberían seguir teniendo ceremonias apropiadas, pero eso debería hacerse entonces en forma de una celebración por la vida del individuo que acaba de fallecer, en lugar de como un recuerdo mórbido y vacío sin esperanza o propósito. Una parte básica de su impronta consiste en darse cuenta intuitivamente de que la «vida» continúa después de la muerte. Al contemplar todas las religiones terrestres, verá que casi todas ellas aportan esta creencia. Las tribus primitivas se marcharon por sí mismas durante cientos de años, para emerger finalmente en los tiempos modernos, asumir creencias similares aun cuando ningún otro individuo les ha dicho nada sobre religión. El darse cuenta de este hecho es algo intuitivo, y existe a nivel celular. Esta verdad velada se les ofrece de modo que puedan tener paz en el momento de la muerte humana. Aquellos que se resisten tenazmente a esa creencia son aquellos que han analizado y rechazado su intuición. Son los que se encuentran desnudos y son vulnerables a la negatividad, pues su intuición es el escudo que le protege de la oscuridad.

Cuando sea usted capaz de honrar su intuición, y también de sentir el amor que tenemos por usted, entonces podrá despedirse correctamente de alguien que ha fallecido. Cuando ustedes, como trabajadores, se reúnen para honrar la memoria de un amigo, empiecen por tener el valor de reestructurar su propia ceremonia y protocolo cultural. El funeral de la «nueva era» debería ser algo tan especial y diferente que sería necesario que todos tomaron buena nota de ello.

1) Ningún cuerpo físico o restos de cuerpo físico permanecerá presente. La envoltura ya no tiene significado alguno en este punto, y no es sagrada en ningún sentido. No sobrecargue tampoco a la Tierra con él.
2) Organice una celebración con todos los elementos que normalmente emplearía en un acontecimiento bendito.
3) Antes de realizar eso, procure un período de meditación apropiado, y después de la ceremonia hágalo en conjunción con los equilibrados que se hayan reunidos para celebrar al fallecido. Utilice estos momentos para rezar por el planeta, pues ese es el único propósito del período de aprendizaje del que acaba de fallecer y pasar por él. No se preocupe por la emoción que experimente. Todo es apropiado y no indica debilidad de espíritu, sino que, antes al contrario, muestra amor del espíritu y honra por el proceso.
4) No estimule ningún sentido de finalidad, y no permita ninguna verbalización de negatividad. No se demore en el pasado.
5) Si es usted capaz de ello, muestre buen humor en la ceremonia.

Algunas muertes serán más fáciles que otras, pero recuerde que toda muerte es apropiada, aunque no lo parezca en su momento. Si se encuentra en medio de una situación que parezca ser el horror definitivo para usted, allí donde se producen muertes inesperadas y aparentemente sin sentido, entonces, querido mío, su consciencia de la situación se verá doblemente elevada, pues existe un mensaje poderoso ahí, en el período de aprendizaje para usted. Esa es la señal de que se le está tratando a un nivel superior. También es un momento en el que muchos no «ven» la ventana bajo esta luz y la «cierran» en un momento en el que deberían moverse con rapidez. Claro que cuando se siente herido en el corazón y todavía se lleva las manos al pecho, con dolor y con pena, resulta difícil hacer otra cosa que no sea llorar. Pero, aun así, el Universo le ha otorgado el valor y la fortaleza para elevarse espiritualmente en este momento, y no hay mayor elevación que la que se produce en momentos como estos. Debe saber lo siguiente: cuando ocurra algo así, a usted o a quienes le rodean, debe estar seguro de que hay propósito y razón al pie de ello. Ninguna muerte es inapropiada. Todos ustedes son queridos sin medida, y están todos en un grupo por una razón. Para que las cosas sean todavía más extrañas para usted, está el hecho de que fue usted mismo el que ayudó a planificarlo todo, antes de llegar aquí. En consecuencia, considere la situación como de total amor, y reconcíliese en paz con el acontecimiento. Su incomodidad y soledad por la persona fallecida es apropiada y disminuirá con el tiempo, pero la entidad sigue viviendo, y hasta es posible que le ofrezca señales de ello en las semanas y meses que transcurran después de su muerte. El amor que siente por una persona fallecida es compartido y devuelto por la persona fallecida, incluso después de la muerte. No hay nada erróneo en dejarse empapar por el amor de aquel que se ha marchado, siempre y cuando no anhele usted el pasado. Eso es algo que puede ser muy pacífico y reconfortante.

Esta es la esperanza. Esta es la realidad del amor, pues el todo nunca cambia y continuamos adelante en el amor, y nos honramos los unos a los otros, pasando por los períodos de aprendizaje, uno tras otro, con un propósito singular, para juntarnos en la planificación de la siguiente encarnación y para celebrar la última.

Kryon

Han elegido ustedes ser los guerreros de la luz. Son ustedes los que constituyen la diferencia y crean el cambio. Todos los demás de entre nosotros nos encontramos apoyándoles, pero son ustedes los que tienen que realizar el trabajo. Toda la estructura de la Tierra, toda la historia registrada de la Tierra, y todo aquello que consideran como humano gira alrededor de esto. Esto es un trabajo crítico para el Universo.

6. Cuestiones sobre vidas pasadas

Pregunta: Ha mencionado el karma de grupo y ha asegurado que más adelante diría algo al respecto. ¿Cómo funciona?

Respuesta: Esto se encuentra en el corazón de la mayoría de las lecciones kármicas. Se trata también de uno de los mecanismos universales más complejos. Es algo plenamente comprendido y puesto en práctica por ustedes mismos, pero, desgraciadamente, resulta difícil explicárselo mientras se encuentran en período de aprendizaje, debido a su complejidad y a su incapacidad para comprenderlo plenamente.

Quizá algunos de ustedes tengan sentimientos intuitivos de que muchas de las personas que les rodean han estado con ustedes anteriormente, durante las vidas pasadas, de que su madre actual fue su hijo con anterioridad, y que antes que eso fue su hermana. Eso no es nada ilógico ni se corresponde con un pensamiento pobre. La verdad es que es mucho más probable que se trate de una hecho, antes que lo contrario. Si considera que tiene que trabajar a través del karma con aquellos que lo produjeron en primer lugar, entonces también tiene que darse cuenta de que ustedes trabajaron juntos para crearlo, y de que también tienen que trabajar juntos para aclararlo. Eso exige un esfuerzo de entidad de grupo y, en consecuencia, un karma de grupo. En las encarnaciones pasadas, quizá tuvo usted un padre que le pegó, o conoció a personas que fueron deshonestas con usted, o tomó decisiones que tuvieron como resultado la muerte o el sufrimiento de ciertos individuos. En estos tres ejemplos creó complejos lazos kármicos de grupo. Estos individuos y grupos regresan con usted en diferentes momentos, en forma diferente, para elaborar su relación respecto de su impronta kármica.

Por ejemplo, su experiencia pasada con su padre puede que fuera la causa de que usted se sintiera abandonado hoy. Este sentimiento prevalece en su vida, aparentemente sin razón alguna, hasta que sea capaz de demostrar amor por su hija, que puede ser su padre que ha regresado. A veces, el miembro del grupo no es más que un catalizador, y no regresa con usted. Se limita a plantar la semilla para que usted la elabore, y no juega ningún otro papel en el proceso de aclarar el karma. En otras ocasiones, cosa que sucede con mayor frecuencia, juegan un papel activo en aclarar el karma, pero no siempre como en el ejemplo del padre (siendo el objeto de la aclaración). No es exacta la idea según la cual el karma es siempre una inversión de papel de una vida a otra. Los asesinos no regresan para ser asesinados, y los que cometen malas acciones no vuelven para que se cometan malas acciones con ellos. Lo más probable es precisamente lo contrario, es decir, que a menudo cuenta usted con otra oportunidad para experimentar una mala acción por parte del mismo grupo y elaborarla y pasar por ella hasta ser iluminado. ¿Se da cuenta de que esa elaboración también puede afectarles a ellos? Eso también forma parte de la aclaración, o de la oportunidad para efectuarla. Todo esto está relacionado con la intuición, con el aceptar poder allí donde este se encuentre disponible, y con alcanzar finalmente la iluminación del sí mismo. Si toma usted malas decisiones que hieren a otros, quizá se encuentre de nuevo con la misma oportunidad, pero en esta ocasión contará con la posibilidad de permitir que la intuición y la conciencia sean las que gobiernen sus actos, en lugar de dejar que lo hagan el ego o la emoción.

En el caso de aquellos que le hicieron daño, quizá han regresado en posiciones similares de la vida, como una oportunidad para que usted reaccione de un modo diferente ante ellos, «aclarando» así el temor relacionado con los acontecimientos pasados. Los miembros del grupo aparecerán muchas veces en su vida sólo durante un corto espacio de tiempo, para ser simplemente los que pongan en marcha el proceso de la aclaración del karma, ayudándose a sí mismos a aclarar también su propio karma.

También existe una gran cantidad de karma impulsado por acontecimientos singulares. Un ejemplo de ello sería una muerte violenta porque la persona ha caído o se ha ahogado. La siguiente expresión puede encontrar en usted un gran temor a caerse o a ahogarse, a pesar de que no vea ninguna razón por la que eso debiera ser así. Se trata de temores que también hay que elaborar y por los que hay que pasar, y tienen mucho que ver con la confianza intuitiva en el funcionamiento del Universo en su vida, y no con aquellos otros que le rodean. Existen lo que he descrito como «fantasmas» de su expresión. Se trata de temores sin fundamento, y sólo existen con el único propósito de ser superados, es decir, aclarados.

La razón por la que todo esto es tan complejo es porque hay tremendos atributos interactivos entre los individuos y los grupos. Evidentemente, los grupos se superponen y si se ha encontrado alguna vez viajando de un lugar a otro durante toda su vida, quizá se pregunte cómo pueden relacionarse los grupos con usted, a pesar de lo cual eso es lo que hacen. Vaya adonde vaya, siempre encontrará a alguien que está en ese lugar para ayudarle de algún modo, y viceversa. Además de esta complejidad, existe la dimensión añadida del tiempo de la Tierra. Algunas entidades llegan para pasar sus vidas con usted. Algunas llegan para aparecer en su vida sólo durante un breve período de tiempo y luego se produce la muerte. Algunas llegan incluso con el único propósito de morir. En todos estos casos hay lecciones que aprender en relación con cada aparición y desaparición de esas personas en su vida y, como ya se ha dicho, hay lecciones de oportunidad especialmente poderosas que rodean un acontecimiento dramático, como la muerte, el trauma, la guerra, y los desastres naturales. Este factor de tiempo exige que las entidades esperen a reencarnarse, a veces durante toda una vida, de modo que pueden ser muy jóvenes, mientras que usted es mucho más viejo. Una vez que usted haya fallecido, ellas se relacionan con otro grupo, de modo que ¿se da cuenta de la complejidad que supone todo esto? Sería algo similar a un juego tridimensional de ajedrez con miles de piezas, a cada una de las cuales se le ha asignado un movimiento diferente. Una interactúa con muchas, y muchas interactúan con una.

Esa es la razón por la que cuando pierde a seres queridos o amigos, no tiene ni la menor idea de si van a regresar rápidamente o van a esperar hasta que la mayor parte del grupo se encuentre con esas personas. Además de todo esto, tiene que considerar también la posición física sobre la Tierra. Todos ustedes han formado parte de las grandes civilizaciones del planeta en uno u otro momento. En muchas ocasiones lo han hecho con el mismo grupo, pero no siempre ha sido así. Por regla general, los grupos tienden a permanecer juntos para facilitar el período de aprendizaje, a pesar de lo cual seguirá encontrándose con personas, incluso en las antípodas de la Tierra, a las que tiene la sensación de haber conocido, que pueden haber sido «acompañantes» para otra entidad que continuó su camino o se graduó. Un acompañante es alguien que se encarne en lugar de un miembro del grupo que ha terminado, para facilitar el mismo karma que esa otra entidad, que ya no puede regresar, tendría que haber contribuido a aclarar. El acompañante es una clase de individuo muy diferente, y a menudo aparecerá desequilibrado con respecto a la sociedad. Se trata de una forma humana de elaborar un karma que no es suyo, para beneficio de todos aquellos que lo rodean y que lo necesitan.

En relación con el fenómeno que ustedes denominan «intromisiones», hay dos escenarios posibles:

1) Cuando es apropiado, hay quienes se «hacen cargo» durante una encarnación, porque un humano previamente existente ha terminado con el karma y puede marcharse, pero para el Universo es más valioso, por razones de conjunción en el tiempo «cambiar de almas» dentro del mismo cuerpo, para permitir que otro acuda sin necesidad de someterse al nacimiento biológico. Esto es algo más común después de un coma prolongado, o de un sueño de alguna clase capaz de cambiar la vida.

2) También es común que la misma entidad se reencarne dentro del mismo humano durante su mismo tiempo de vida. Eso se produce a menudo después de una experiencia cercana a la muerte, o de un trauma de alguna clase en el que la muerte humana

pudo evitarse aparentemente, después de lo cual el individuo parece haber cambiado para siempre debido a la experiencia por la que ha pasado. El Universo utiliza estos dos métodos para acelerar la conjunción kármica de grupo.

Una cuestión evidente que puede plantear se refiere a la cifra física de humanos. Ya les he dicho que el todo nunca cambia, pero que ahora hay muchos más que antes, de modo que ¿de dónde han venido? La respuesta a esta pregunta es todavía más compleja: esas personas se encontraban en período de aprendizaje en otras partes, y probablemente en un grupo estelar. Recuerde que su servicio al Universo es el propio de uno que es un guerrero de la luz. Usted se mueve constantemente para entrar y salir del período de aprendizaje, y yo no especifiqué que eso se produjera siempre en la Tierra. Cuando se gradúe aquí, quizá pase a un período de aprendizaje en alguna otra parte.

En conclusión a su pregunta, querido mío, sea consciente de que todos aquellos que le rodean juegan un papel activo en su vida, y que se trata muy probablemente de almas antiguas que han estado muchas veces con usted. ¿Le permite eso tener una perspectiva diferente respecto de ellos?

Pregunta: Sé que ya ha contestado parcialmente la pregunta sobre las masas que están muriendo ahora en el planeta, pero ¿no podría elaborarla un poco más? Sigo teniendo problemas para comprender esto.

Respuesta: Siempre experimentará usted una reacción ante la muerte, incluso ante la muerte apropiada, pues representa el dolor y el sufrimiento de la Tierra, y la dureza biológica. No tenga nunca la sensación de que estará libre de esta empatía, pues forma parte de su equilibrio. Es apropiado y correcto que experimente pena por estas almas que se encuentran en un período de dureza, y es honroso que desee prevenir usted su dolor.

No puede hacer nada para impedir que grandes grupos de humanos perezcan en este tiempo. Eso es algo que ya se ha iniciado y que continuará así durante años. Ahora mismo, mientras lee esto, se están produciendo muchas muertes de las que ni siquiera se informa, y eso forma parte del escenario general para el planeta. En las series anteriores hablé de esto en más de una ocasión.

Ya le dije entonces que hasta el uno por ciento de todo el globo estuvo implicado durante un período de tiempo. Eso representa a grupos kármicos enteros. Grupos que no tienen ninguna esperanza de recibir iluminación o de continuar el camino. La ironía aquí es que, en la vieja energía, estos grupos podían permanecer. Ahora, en cambio, la nueva energía exige que partan. Para ellos no hay movimiento hacia adelante, y tampoco hay aprendizaje. Es apropiado y sus almas están ansiosas por continuar adelante.

Se trata de grupos que sabían que esto podía sucederles cuando llegaron, y se entregaron a un gran propósito con ese fin. Estos grupos especiales son los que le producen ansiedad, y van a experimentar un regreso inmediato como humanos bien dotados con el aura de color índigo. Su terminación va a ayudar inmensamente al planeta y eso forma parte de su nueva oportunidad y del proceso de transmutación tal como ha sido abordado previamente. Me doy cuenta y comprendo la paradoja que representa todo esto para ustedes, pues son criaturas de amor, nacidas en el espíritu, y tienen toda la intención de seguir propósitos humanitarios. Haga lo que pueda por ellos, pero no desespere con su dolor, puesto que tiene honor de propósito, especialmente para los niños. Obsérvelo todo en el seno de la sabiduría universal. Llore si eso le sirve de consuelo, pero finalmente llegue a una comprensión madura del modo en que funcionan las cosas en la gran imagen general.

Pregunta: ¿Hay algo nuevo que pueda decirnos acerca del mecanismo de funcionamiento de la vida pasada, y que pueda ayudarnos ahora o en el futuro?

Respuesta: Ofreceré comprensión para aquellos que tengan que enfrentarse con la aclaración del karma de vidas pasadas. Existe un atributo humano que es también un atributo del alma. Algunos de ustedes ya han determinado que un humano tiene un ciclo de tiempo mientras está sobre la Tierra, que es rápido o lento, o algo situado en un punto intermedio entre ambos. Ustedes lo miden en años. Lo utilizan como ayuda para explicar por qué una persona tarda tanto tiempo en efectuar cambios, o por qué otra lo hace tan rápidamente. Pero no es esta la variable que deberían esperar. Aunque el método para determinar el ciclo de un individuo es en su mayor parte correcto, lo que no saben es que el ciclo de tiempo también será el mismo para ese alma. Será el mismo para ese alma cada vez que llegue a adquirir expresión: fue el mismo en la última expresión, y será el mismo en la siguiente. Esto es un atributo del alma y se relaciona con la pauta de vibración universal, así como su ciclo de tiempo sobre la Tierra. Es uno de los diversos atributos que se llevan a la expresión y que pertenecen al alma y son permanentes. Este atributo no es biológico, sino que su origen es universal. No puedo explicar esta variable de pauta que pertenece a entidades como yo mismo, como usted, pues se refiere a una terminología y a conceptos que no le serán comprensibles mientras se encuentre en período de aprendizaje.

La nueva información es que existe también una pauta de vida cíclica que se conjunta con el ciclo del tiempo. Si sabe que una persona está en un ciclo de tiempo tres, entonces debería buscar vidas significativas de importancia kármica en grupos de tres, medidas hacia atrás a partir del actual. No cada período de vida es de una importancia kármica tremenda. De hecho, la mayoría de ellos no lo son. Por eso muchos humanos viven sin que nada de importancia suceda en sus vidas, sin aparentes alteraciones, tensiones, aprendizajes, aclarado del karma o iluminándose. Muchos períodos de vida se viven como períodos de descanso entre aquellos otros que son realmente significativos. Recuerde que el tiempo no es importante para nosotros. Sólo es un concepto terrenal y, por lo tanto, lo que a usted le parece un proceso prolongado y arduo, está todo en el «ahora» para nosotros. Su alma necesita de períodos kármicos ligeros.

Lo que eso significa para usted, como trabajador, es que puede examinar mejor los períodos de vida que hayan sido significativos. Si conoce el ciclo de tiempo de la persona, busque el mismo ciclo para períodos de vida significativos, aquellos que ahora están causando el temor y la preocupación. Esto es también un secreto para la clase de lecciones kármicas que intervienen en el proceso. Aquellos que posean ciclos de tiempo muy prolongados (como por ejemplo un nueve) tenderán a poseer atributos kármicos más pesados en cada noveno período de vida, y se mostrarán más inclinados a necesitar ayuda para aclararlos. Una persona con un ciclo de tiempo de dos tendrá más atributos desplegados en cada segundo período de vida, y será más capaz de aclararlos con la vida cotidiana. Busque la tragedia y el espectro físico con los ciclos de tiempo más prolongados y un karma más humano interrelacionado con los ciclos más rápidos. Todo esto son generalidades y, lo mismo que sucede con el karma, hay excepciones basadas en los grupos, pero, básicamente, esta información le servirá.

Pregunta: ¿Quiere decir que algunos de nosotros asumimos regularmente un karma más pesado que los otros? Eso es algo que, de algún modo, no me parece justo.

Respuesta: ¿Recuerda cuando le hablé de que sus suposiciones culturales se interponían en el pensamiento lógico y claro? Esto es un buen ejemplo de ello. ¿Quién le ha dicho que cada alma espera su turno en cada lección kármica? Difícilmente podría ser así. Del mismo modo que existe especialización en el servicio, también hay atributos dentro de su grupo de servicio. A este lado del velo, donde adquieren forma humana, todos ustedes son muy diferentes. ¿Pensó acaso que todas las entidades de mi lado son figuras envueltas en túnicas blancas con rostros inexpresivos?

Nuestra diversidad le asombraría. Tal y como les he descrito en el pasado nuestros colores son diferentes, cada uno de nosotros también tenemos nombres, formas, servicios y cosas en las que somos muy buenos. Usted conoce esas cosas, aunque están ocultas para usted. ¿Comprende que su biología sigue la pauta de una imagen mucho más grande? ¿Cree usted que se les proporcionaría tanta variedad de tipos de personalidad en la Tierra para luego, al regresar a este lado del velo, adquirir alguna clase de igualdad genérica mundana?

Les amo tiernamente y deseo informarles acerca de más cosas sobre el tema del karma y de cómo se relaciona con los períodos de vida. Deben saber estas cosas: su entidad del alma es un *especialista en período de aprendizaje*. En el nivel del alma, algunos están equipados para menores lecciones pesadas, y otros están equipados para una miríada de lecciones más pequeñas, del mismo modo que los humanos están equipados con atributos diferentes. Generalmente, esto funciona del siguiente modo: hay tres grupos básicos de consideración kármica: el grupo de uno a tres, el grupo de cuatro a seis, y el grupo de siete a nueve. No hay ningún ciclo superior al de nueve. Si encuentra a un humano que no encaje en un ciclo repetitivo, entonces puede encontrarse con unas pocas almas especiales que cuentan con múltiples atributos y que pueden variar de ciclos si así lo desean.

Quienes posean los ciclos del uno al tres son enviados con una apropiada impronta kármica para permitir una elaboración rápida de muchas lecciones, pequeñas pero potentes. Estas lecciones más frecuentes tienen que ver con interrelaciones con otros que se encuentran en período de aprendizaje. Estos son los que necesitan aclarar los atributos de lo que ha ocurrido con aquellos que los han maltratado, y con aquellos a los que ellos mismos han maltratado. Tienen graves problemas actuales, en este período de vida, con padres o hijos, o con parientes o amigos. Parecen ser víctimas perpetuas, o sienten la necesidad de golpear y vengarse, o de defenderse constantemente. Esta es la clase de karma que se corresponde con el grupo de uno a tres. Tal como cabría esperar, el uno recibe una dosis ligeramente diferente al tres. Quienes pertenecen a este grupo y pueden llegar a aclarar la impronta kármica se verán muy probablemente implicados en ayudar a otros sobre una base espiritual. Todos ellos necesitan aprender la importante lección de la tolerancia, algo difícil para todos los humanos.

El grupo de cuatro a seis está distribuido de un modo más uniforme entre todos los tipos de karma. Estos no sólo se encuentran con algunas de las situaciones humanas por las que tienen que pasar, como sucede en el grupo de uno a tres, sino que también tienen que considerar algunos otros acontecimientos más pesados. Son aquellos que también tienen que elaborar las lecciones relacionadas con más violencia, habitualmente de humano contra humano. Quizá quemaron a alguien hasta causarle la muerte en nombre de Dios o, peor aún, aprendieron a utilizar la negatividad para controlar a otros. Son aquellos que, a menudo encuentran una muerte terrible a manos de otros humanos. Entre ellos hay muchos líderes, y también muchos humanitarios. Su lección principal es la del perdón, de los otros y de sí mismos. De estos hay muchos más que de los otros.

El grupo de siete a nueve es el que recibe el karma más pesado de la Tierra. También aparecen en puestos de liderazgo de todo tipo, pero a menudo mueren violentamente, debido a accidentes como caídas, incendios, o porque se ahogan. Sus lecciones consisten en su mayor parte en superar el gran temor que llevan consigo desde los acontecimientos del pasado. El temor es tan grande que a menudo les hace aparecer desequilibrados en sus períodos de vida actuales. Ellos son los que más probablemente se sentirán mentalmente enfermos, o estarán totalmente desequilibrados. La razón de que esto sea así es porque llevan consigo atributos tan pesados, que habitualmente se exige acción de alguna clase para existir de un modo uniforme en el nivel más básico de la normalidad. La razón por la que se convierten por lo general en líderes es porque buscan el poder como un método para obtener el control sobre sus propios temores.

Yo no sería el Kryon si no recordara aquí la numerología. Los totales de cada grupo son 4, 1 y 7, respectivamente, lo que totaliza a su vez 3, que es el número de la manifestación y de la acción.

En todos los grupos existe algún temor, pues es una constante humana del karma. He hablado a menudo de los temores fantasmas del período de aprendizaje, y con ello me refiero a los temores seminales que todos ustedes llevan consigo, como el temor a que no se les tenga en cuenta, a ser abandonados, a sentirse solos, a caerse o a no alcanzar la altura de aquello que se espera de ustedes. Esos temores son comunes a todos.

Recuerde aquí el mensaje inmediato de mi trabajo: el nuevo poder de su implante neutral puede liberarlo de todos estos funcionamientos kármicos. Si no ha recibido esta nueva información, entonces búsquela. Esa es la buena noticia relativa a la nueva ventana de oportunidad para el planeta, y es para toda la humanidad. ¡Es el don que se han ganado!

Pregunta: ¿Se correlaciona todo esto con las computaciones del ciclo de tiempo que están realizando ahora los trabajadores modernos? ¿A qué bases de computación se está refiriendo?

Respuesta: Una entidad de ciclo de tiempo es información absoluta y no está abierta a grupos de variación computacional. No obstante, lo que sí varían son las capas de significado asociadas con los números que pertenecen a la fórmula.

La fórmula principal que están utilizando ahora, mediante los métodos del Nepal, son simples derivados del método ofrecido a aquellos que pertenecieron a la civilización del valle del Indo hace más de 4.000 años. Este grupo sólo permaneció durante 600 años, pero abrazó una fe universal que prevaleció y que finalmente se difundió por una zona muy extensa. Como sucede con otras muchas civilizaciones benignas, se mostraron abiertos a ser conquistados por otros de menor sabiduría, y fueron así diseminados. Aunque su doctrina permaneció dormida durante muchos años, experimentó un renacimiento mutado en algunas zonas, incluido el propio Nepal, y llevó consigo las semillas del sistema que ahora utilizan ustedes. Intenten elaborar hacia atrás, a partir de sus computaciones modernas, para descubrir esta base seminal. Eso les permitirá acceder a una mejor comprensión en la interpretación, pero no exijan necesariamente el cambio de su proceso actual. Al decir elaborar hacia atrás, me refiero a observar atentamente las suposiciones que existen dentro de la fórmula. Este examen revelará finalmente alguna información oculta acerca de cómo se utilizó originalmente el proceso, y se encontrarán así nuevas formas de aplicarlo e interpretarlo.

Si desean saber más sobre la iluminación del grupo del valle del Indo, descubran cómo establecieron y trazaron sus ciudades. Esta búsqueda les permitirá echar un vistazo fugaz al humor cósmico del que hablo tan a menudo, pues se relaciona con el trabajo del Kryon.

Kryon

Recuerde aquí el mensaje inmediato de mi trabajo: el nuevo poder de su implante neutral puede liberarlo de todos estos funcionamientos kármicos. Si no ha recibido esta nueva información, entonces búsquela. Esa es la buena noticia relativa a la nueva ventana de oportunidad para el planeta, y es para toda la humanidad. ¡Es el don que se han ganado!

7. Lemuria y Atlántida

Se les ha ofrecido mucha información acerca de Lemuria y Atlántida, pero la información de la que dispongo puede darle una perspectiva diferente. Ya les dije previamente que había estado aquí realizando mi trabajo en otras tres ocasiones. Ha llegado el momento de revelar los trabajos realizados. La primera vez que estuve aquí fue para crear el sistema de rejilla magnética, con la autorización del grupo que controla estas cosas. Fue una época maravillosa, llena con una gran ciencia y con obras espectaculares. La Tierra ya tenía la edad suficiente y era estable y estaba preparada para el sistema.

Dispuse de gran ayuda, y hubo algunos de ustedes que me ayudaron de una forma amplia para hacer que funcionara el sistema inicial. Fue en esta época cuando se estableció la cueva de la creación y se confeccionó una lista de todas las entidades que compartirían el planeta, tanto por arriba como por debajo. Fue un esfuerzo de planificación verdaderamente grandioso, y todo se hizo con amor y expectación. Sucede lo mismo con cualquier configuración planetaria, pero su planeta fue especial en el sentido en que iba a ser el «único planeta de elección libre». Ningún otro ha sido de este modo.

Su impronta y sus implantes están diseñados para mantener vuestra consciencia nublada y simple, y para hacerles buscar activamente la verdad. Esta misma situación les hace pensar en Dios y en el Universo como un lugar perfecto. Creen que todo está preplanificado, debido a lo cual muestran marcadas tendencias hacia una teoría de la predestinación. Nada de eso es así. Existe una gran cantidad de interacción que sólo es conocido en la medida en que sucede. He hablado de la mecánica del período de aprendizaje en la Tierra, y acerca de cómo se encarnan ustedes para aprender. Muchos de ustedes aprende, y otros no. El esfuerzo es el trabajo y la realización es el fruto, pero ninguna entidad conoce el resultado.

Como son ustedes mismos quienes determinan los períodos de aprendizaje, existe en funcionamiento un plan cuando se trata de aquellas personas con las que están, lo que les sucede mientras están aquí, quiénes son, dónde viven, y quién experimenta la muerte en la Tierra y cuándo. También existe un cierto control acerca de cómo funciona el planeta, tanto interna como externamente. Su forma de comportarse mientras están aquí depende por completo de ustedes, y es algo desconocido para cualquiera.

Se producen también grandes «trabajos» acerca de lo que sabemos (*el Universo*), qué sucederá naturalmente respecto de la Tierra en general, pero que no somos nosotros los que hacemos que se produzca. Así que, como ven, hay mucha planificación y trabajo que se han empleado en preparar el aula para sus períodos de aprendizaje, pero no se equivoquen por ello, porque nosotros no controlamos sus períodos de aprendizaje. Lo que sí hacemos, sin embargo, es controlar el aula. ¿Recuerdan que les dije lo honrados que eran por su trabajo durante el último medio siglo? Pues bien, eso no se predijo, y ha creado una gran excitación. Mi regreso era esperado, pero lo era para un ajuste completamente diferente. No puedo contener mi honor, celebración y amor al darme cuenta de que he regresado aquí para alinear, para el poder, en lugar de hacerlo para la terminación. Alrededor de ustedes se está produciendo una actividad interminable, algo que tiene que ver con todos estos cambios. Las entidades procedentes de todo el Universo llegan para servirles. Mientras que antes se estaban hundiendo en la oscuridad, ahora han surgido a la superficie para golpear con nuevo poder en la luz. No pueden ni imaginarse lo que eso significa para el plan universal. No pueden ni imaginarse cómo se les honrará cuando finalmente abandonen el período de aprendizaje en la Tierra. Sobre este tema, no hay energía suficientemente potente que pueda enviarles, que se pueda traducir adecuadamente.

Cuando terminamos de establecer las rejillas y los primeros humanos recibieron sus improntas del alma, fue algo maravilloso. Eso tuvo lugar mucho más atrás de lo que cualquiera de ustedes se da cuenta ahora, y en ninguna parte encontrarán pruebas de la existencia de esta primera civilización. Algún día, cuando la Tierra se agite y las pruebas salgan a la superficie, ustedes, como humanos encarnados, ya se habrán marchado.

Aun cuando en la Tierra había evolucionado muy pronto una biología humanoide, su tipo necesitó más tarde de una ayuda que recibieron por parte de otros tipos biológicos humanoides de alta vibración procedentes de otro planeta. Por el momento, no es importante que ustedes comprendan esto, como no sea para decir que su actual biología humana no es enteramente nacida en la Tierra, y que los seres queridos, que compartieron su semilla, les han observado durante eones, con amor y preocupación. Su semilla fue necesaria para que el ADN de ustedes respondiera al estímulo universal, y para efectuar la diferenciación de una consciencia entre bestias y humanos. Este es el verdadero «eslabón perdido» que no encontrarán hasta que finalmente se muestre por sí mismo.

Una vez establecida vuestra civilización, se esperaba que yo regresara para efectuar un ajuste, pues del mismo modo que actualmente no tienen un conocimiento previo acerca de lo que harían durante el período de aprendizaje, nosotros tampoco teníamos un conocimiento previo de cómo se comportaría su nueva biología en la energía creada del sistema de rejilla, tal como se estableció originalmente. Cuando fui convocado de nuevo, fue para terminar la vida y efectuar un reajuste. Eso quizá les resulte duro, pero fue apropiado y esperado. «¿Qué fue lo que ocurrió exactamente?» ,podrían preguntarse.

El sistema de rejilla de la época concedía demasiada tolerancia para la iluminación, mucha más de lo que habíamos anticipado. El sistema que tienen ahora está muy bien equilibrado para su lección del alma, y ha sido así durante miles de años. Se necesitaron dos grandes ajustes para conseguir el correcto, y el primero de ellos tuvo que ver con la terminación de la civilización de Lemuria y de la Atlántida. Aunque los pueblos estaban muy separados entre sí en la Tierra, y eran de edades diferentes, la mayoría de los humanos tenían algo en común: eran muy conscientes de la ciencia iluminada y algunos de ellos (*los atlantes*) estaban muy cerca de alcanzar una vibración de comunicación muy alta con sus entidades del alma, pero sin poseer el conocimiento de todo lo que eso significaba. Eso no servía en absoluto al período de aprendizaje, y la verdad es que se aprendía muy poco. En lugar de eso, todo les era dado (*absorbido naturalmente a través de un velo muy débil*). El velo no estaba en el lugar, cerca de los grados en los que tenía que estar, y la mayoría de los humanos encontraban respuestas automáticas a las pruebas, en lugar de tener que aprenderlas y ponerlas en práctica. Permitimos que eso se mantuviera así durante mucho tiempo, con la esperanza de que se produjera una autocorrección, para no crear el karma adicional que más tarde iría asociado con la terminación, pero las cosas no sucedieron de esa manera. La primera alineación de la rejilla causó una extraña combinación de iluminación y desequilibrio que dio como resultado una civilización de humanos dotados de una débil dualidad en algunos aspectos, y demasiado fuerte en otros. Eso permitió la existencia de la esclavitud junto a una elevada ciencia espiritual, y la aparición de un sentimiento de poder sin darse cuenta de cuál era su fuente. Además, y a través de la ciencia, los humanos de élite de la época alcanzaron un período de vida demasiado prolongado, y eso no resultaba productivo ni apropiado para aquello para lo que había sido designado el planeta. La élite vivía una vida muy prolongada, igual a cinco o seis generaciones de sus esclavos, que lentamente dejaron de parecerse a los humanos. La élite no compartía la ciencia. Acompañando a mi realineamiento se produjo la destrucción total de las masas de tierra asociadas con la civilización y se permitió el surgimiento de un breve período glacial cíclico, y de una acción concomitante de la corteza terrestre para que quedaran enterrados todos los restos del acontecimiento. A continuación permitimos que transcurriera un ciclo igualmente prolongado como el período de civilización previamente existente, con objeto de volver a equilibrar el planeta.

Permanecí aquí durante todo ese tiempo y, una vez más, tuvimos semillas de los otros para crear su biología apropiada. Luego, hacia el final de su último y breve período glacial, lanzamos de nuevo otro ajuste de alineación magnética mucho más sesgado hacia una menor iluminación inicial y autorrealización. En otras palabras, la dualidad (el velo) fue fortalecida. En los años que siguieron, fui convocado nuevamente para actuar en servicio del planeta (*mi tercera visita*), puesto que se necesitaba de una pequeña corrección para ajustarse a una vibración ligeramente superior. Esta vez existió una gran abundancia de karma que estaba siendo creado, pero muy poco karma que estuviera siendo elaborado. La dualidad se encontraba ligeramente desequilibrada sobre el lado fuerte (*ninguna consciencia del velo*). Eso creaba una población totalmente no iluminada y, una vez más, la Tierra no tenía verdadera oportunidad de elevarse en la vibración. Sólo unos pocos eran conscientes de que existiera alguna espiritualidad. El objetivo era no ser servido. Se me convocó de nuevo para efectuar el ajuste final de la alineación. Esta última alineación se produjo no hace mucho tiempo, y ustedes la registran en su historia como diluvio universal. A través de este tiempo se conservó y perpetuó la biología humana, y aunque se terminó con buena parte de la vida en la superficie, el diluvio no cubrió toda la tierra, tal como se les ha hecho creer. Esta última alineación es aquella en la que ustedes han crecido, y ha permanecido así hasta ahora, momento en el que está siendo cambiada de nuevo y realineada para permitirles asumir su poder y pasar a las fases finales de la graduación planetaria. Ahora ya conocen la cronología del grupo de Kryon, y las razones básicas de las cuatro visitas que les he hecho.

Mis queridos, sé que todo esto les parece fantástico, y no es importante que ustedes lo comprendan. Sólo se trata de sencilla historia y de hechos. Lo único que es importante es que comprendan el significado de por qué estoy aquí ahora. El estatus de la Tierra en este momento lleva consigo una vasta importancia del funcionamiento universal de las cosas. Esta fuente de amor de la que hablo de vez en cuando representa el corazón de todas las cosas. Nada puede separarnos nunca de esta fuente. Todo lo que ha sido antes, y todo lo que será en el futuro, se ha hecho para aumentar e incrementar esta energía de amor. Ahora, más que nunca, tienen ustedes el poder mientras están en la Tierra, para configurar colectivamente una diferencia para el planeta, para los demás y para sí mismos. Mientras lo hacen, el amor se verterá hacia ustedes y sus mentes se verán recompensadas con los más grandes dones humanos que hayan podido recibir alguna vez de nosotros, es decir, la paz de la singular fuente de amor, la paz de Dios, y la tolerancia y la sabiduría de eones de experiencia de la entidad.

Este don es muy poderoso, pues les permitirá continuar trabajando y viviendo dentro de la disposición a la que están acostumbrados, pero con un aumento del poder y de la paz. Estos son sus tiempos, comprados y pagados con miles de años de encarnaciones y de trabajo realizado por ustedes mismos. Afirmen este tiempo, porque tienen poder para hacerlo así.

Les amo tiernamente.

Kryon

Véanse las páginas 107, 153, 160, 275 y el Apéndice A para información sobre el «Templo del Rejuvenecimiento» de la Atlántida.

8. Cuestiones sobre nuestro pasado

Pregunta: Habló del karma que se creó con la terminación de los lemures y los atlantes. ¿Qué clase de karma llevamos ahora, en este período de la vida, debido a ello?

Respuesta: Todos aquellos de ustedes que formaron parte de aquellos tiempos tan antiguos (y había muchos de ustedes) llevan consigo el temor seminal de la terminación debido a la iluminación. Recuerden que el karma es una lección. El karma fuerte de la Tierra se manifiesta a menudo a través de sentimientos que no podemos comprender por el momento, como el temor al agua, a las alturas, a los espacios pequeños, al fuego, etcétera. Esos son los restos del trauma de experiencias de la vida pasada, y nos sirven (*al Universo*) cuando se den cuenta ustedes de qué es lo que los causa, y cuando conquisten el temor. Se trata del proceso de transmutación que eleva el nivel de la vibración del planeta.

Todo el karma se encuentra oculto hasta que queda al descubierto, y todo el karma se afronta mientras se está en el período de aprendizaje, como parte de la dualidad mientras se está en la Tierra. La terminación de Lemuria y Atlántida dejó una fuerte relación de causa a efecto entre iluminación y muerte. Este «temor seminal» sólo empieza a ser superado ahora, puesto que a partir de ahora comienzan a disponer de una clase de poder que es familiar para ustedes, y muchos de ustedes reaccionan a esto con temor. Permítanme ofrecerles un ejemplo acerca de cómo pueden sentirse ustedes, los trabajadores: quizá hayan estado realizando el trabajo durante muchos años, pero en este año se están haciendo letárgicos. Pequeñas dosis de depresión empiezan a introducirse en los períodos situados entre sus sesiones. De repente, les falta el deseo o la dirección, y existe una pesadez, de la que no se habla, pero que acompañan aquellas situaciones que tienen el mayor de los potenciales para el éxito. Se sienten actualmente alarmados ante el número de individuos que empiezan a tomar consciencia de la dualidad. Esto es una sensación extraña y, al mismo tiempo, familiar, y esperan a que descienda el hacha o, como dicen algunos humanos, «a que caiga el otro zapato». Actúan con el pleno conocimiento de que sus acciones son apropiadas, pero en lo más profundo de sí mismos se sienten incómodos. Eso es el clásico karma del temor, y representa el temor seminal de la terminación de Lemuria y Atlántida.

El consejo que les doy es el que les he dado siempre: entren en contacto con sus propios guías para alcanzar una paz inmediata sobre esta situación. Soliciten el implante neutral, o al menos afronten el temor y elabórenlo. Pueden pasar por una maravillosa experiencia curativa sobre este temor, y liberarse de él por completo, si lo afrontan y les piden a sus guías que, en un amor total, les ofrezcan el implante para liberarse de ese temor. Tal como se ha afirmado en escritos anteriores, muchos de ustedes están recibiendo a nuevos guías en estos momentos, guías cuyo único propósito es el de ofrecerles paz sobre este temor seminal que sólo recientemente ha sido concienciado. Estos nuevos guías son muy especializados, pues representan un servicio maestro que se ocupa de las lecciones kármicas de la autorrealización y el poder. Si pudieran ver la actividad que se produce alrededor de la Tierra, se sentirían asombrados.

Pregunta: Con toda esta actividad universal, ¿por qué nuestros científicos no pueden ver que realmente está aconteciendo algo? ¿Acaso está todo demasiado alejado como para que lo perciban nuestros sentidos?

Respuesta: Nunca les daré información que ponga al descubierto la dualidad, ni plantearé cuestiones para que los científicos terrestres se planteen problemas que supondrían un riesgo para el nuevo nivel de aprendizaje en el que ahora se encuentran. No obstante, sí puedo decirles que las entidades maestras dejan un residuo al llegar. Busquen actividad de rayos gamma que sea breve, muy intensa e inexplicable.*

Pregunta: Ha hablado de nuestros períodos glaciales cíclicos. Supongo que experimentamos una serie de ellos a lo largo de la historia. ¿Qué es lo que los causa?

Respuesta: Antes de contestar a esto, tiene que poner en la debida perspectiva la línea temporal del período de aprendizaje. Su Tierra ya era vieja y madura cuando se creó su civilización. Todos sus trabajos, y todas sus civilizaciones han tenido lugar durante los últimos 250.000 años de la Tierra y, sin embargo, la Tierra es mucho más antigua que eso. Durante todo el tiempo que he venido y me he marchado, sólo he observado un único ciclo glacial, pero ha habido muchos.

Sus ciclos glaciales son causados por el desplazamiento de la Tierra de su órbita alrededor del Sol para alcanzar una nueva elipse, muy parecida a la órbita del pequeño planeta exterior que ustedes llaman Plutón. No les indicaré la verdadera causa del desplazamiento de la órbita, pero será suficiente con decir que es cíclico, y que volverá a suceder. No obstante, les ruego que no se preocupen por esto, puesto que ese acontecimiento está lejano, muy lejano. Hubo un método en el tiempo que elegimos para establecer las rejillas cuando las establecimos.

Pregunta: Ha hablado de la cueva de la creación. ¿Qué es, y dónde está?

Respuesta: Esto es algo que tiene que ver con la «contabilidad de la energía», por usar un término humano. Se trata de un lugar muy sagrado donde se guardan los verdaderos nombres de las entidades para todos ustedes mientras se encuentran aquí en período de aprendizaje. Es algo necesario para la dualidad y se trata de un lugar muy real y físico sobre la Tierra. Está cuidado-

*Ver página 228

samente protegido y si los humanos se tropezaran de algún modo con él, serían terminados de una forma muy similar al humano que tocó el Arca de la Alianza. La famosa y antigua arca tuvo un atributo muy similar, y contenía una energía similar. Era un templo itinerante que contenía el equilibrio del poder de las entidades de las tribus con las que viajaban. Los humanos son capaces ahora de llevar todo el poder y la iluminación de la entidad, y lo único que tienen que hacer para ello es descubrirlo. Pero en aquel entonces no eran capaces de llevarlo consigo, y el equilibrio del mismo se conservaba en templos y en las rejillas. Las historias antiguas que han oído contar acerca de la magia y el poder existentes dentro de los templos, contienen una gran dosis de verdad. Por estas razones, sólo los sacerdotes podían entrar, y aunque esos sacerdotes no estaban en realidad más iluminados que los otros, se veían protegidos por sus guías maestros (cuyo servicio consistía en hacer precisamente eso). La intensidad era demasiado grande como para que pudiera resistirla la mayoría. Esta situación ha cambiado desde hace tiempo y ahora se produce menos que en ningún otro período de la historia un menor almacenamiento de poder de entidad.

La cueva se encuentra bajo una parte tropical de la Tierra, pero se halla en un lugar muy profundo e inalcanzable. No hay pasadizos o túneles que conduzcan hasta ella, y tampoco hay atributos humanos que permitan el acceso. Quizá le resulte interesante saber que usted (*mi socio*) ha sido llevado allí en tres ocasiones desde su nacimiento en este período de aprendizaje, y que es un lugar favorito para que sus guías lleven a los humanos cuando estos se encuentren preparados. Desde este punto de vista, es accesible a la mayoría de los humanos a un nivel astral, pero sólo durante los momentos en que reciben implantes o se producen cambios de guías, o cuando se llega o se sale. Una vez más, esto tiene que ver con el poder y la contabilidad de la entidad. Es el primer lugar que se ve al morir, y el primer lugar que se ve al ser concebido. Reluce con una luz blanca muy brillante y se encuentra muy atendido por aquellos que también están vestidos de blanco. Las experiencias humanas cercanas a la muerte se hallan relacionadas con esta cueva, y tratan casi exclusivamente del viaje a la misma, y de las experiencias de los sentimientos que la rodean. Los nombres y atributos universales de todos los que se encuentran en período de aprendizaje en la Tierra, se hallan almacenados aquí.

Les digo estas cosas libremente, con el absoluto conocimiento de que esta cueva no será descubierta. Ha sido situada en un lugar adecuado para la seguridad de ustedes. Quizá puedan medir finalmente su existencia gracias a sus instrumentos científicos, pero nunca podrán alcanzarla.

Pregunta: Cuando dice que fue «convocado» aquí, eso indicaría que contestó a un poder superior. ¿Quién lo envió y de dónde procede?

Respuesta: No hay «poder» más superior que la fuente singular, y esa la tienen ustedes dentro de sí mismos. Respondo a peticiones que me hace el grupo que supervisa a los planetas en período de aprendizaje. Soy un técnico al servicio de ese grupo, cuyo nombre puede traducirse muy libremente como «Hermanos de Luz». Como ya les he dicho con anterioridad, nombres como estos se hallan muy sujetos a la interpretación, puesto que no se trata de nombres absolutos en ningún idioma de la Tierra. Sería como dar nombre a un color y esperar que mantuviera exactamente ese mismo nombre a través de toda la historia y de todas las culturas y lenguas, independientemente de quién interpretara sus matices.

No existe estructura de autoridad. Todos somos portadores de la misma autoridad y sabiduría. No se trata de un concepto cultural terrestre, de modo que, mientras están ustedes en período de aprendizaje no puedo esperar que conozcan todo esto, o que lo comprendan. No obstante, es algo similar a su cuerpo biológico. No son ustedes conscientes de la existencia de un jefe que les diga a las partes de su cuerpo lo que tienen que hacer, pero son conscientes de la existencia de una unidad central que procura la coordinación de su equilibrio biológico. Ninguna de sus partes tiene que estar de acuerdo, y ninguna de sus partes se rebela. Todo funciona al unísono hacia el objetivo del mantenimiento de la vida, y todas las partes se respetan y trabajan conjuntamente con las otras. Su consciencia es la suma conjunta de sus partes, y les parecería una tontería pensar que su corazón no enviara la sangre hasta sus pies cuando éstos la necesitan, o que el hígado le dijera al cerebro que iba a formar un cuerpo propio.

No existe interacción de tipo humano que describa la interacción que mantienen las entidades del Universo. Todas las interacciones humanas de tipo político y emocional fueron creadas para su período de aprendizaje, y son típicamente suyas.

Yo soy del centro. Soy del «núcleo», o de la fuerza creativa central, de donde emana la fuente de amor. No pertenezco a ninguna parte específica del Universo, y no se me tiene que identificar con ningún otro grupo específico más que con aquel que está al servicio de ustedes.

Pregunta: Ha hablado antes de su «grupo de apoyo». ¿Está formado éste por los guías, o dispone de un verdadero grupo que trabaja con usted en la alineación de la rejilla? ¿Dónde están?

Respuesta: Es una de las preguntas más humorísticas que usted me ha planteado (*mi socio*). En el amor total, le saludo por su dualidad. No recuerda usted su propia orden, y no conoce su servicio a mí, tal es la maravilla de su sacrificio en el período de aprendizaje, y le amamos por eso.

Mi grupo de apoyo permanecerá velado a todos ustedes, pero puedo decirles que se trata de un gran contingente de entidades que trabajan conmigo para conseguir el realineamiento gradual de su magnetismo. Además, el trabajo de este grupo consiste en transmitir información a las entidades que llegan desde todo el Universo, en forma de los atributos de su nueva energía en este período. Mi grupo de apoyo se halla situado en la órbita de Júpiter, alrededor del sol.

Pregunta: ¿Puedo atreverme a preguntar quiénes son aquellos que nos ayudaron con la biología seminal desde otras partes del Universo?

Respuesta: Eso no es ningún secreto, y ha sido conocido desde hace algún tiempo. Son sus vecinos más cercanos, procedentes del grupo de estrellas que ustedes llaman las «Siete Hermanas». Ellos son sus verdaderos antepasados biológicos y forman parte de su misma familia. Esto seguirá siendo un conocimiento controvertido hasta el final. La razón es que la dualidad de ellos es mucho más débil que la de ustedes, y su planeta está en período de aprendizaje graduado, con una gran cantidad de iluminación, que son precisamente los atributos hacia los que creemos que se dirige el propio planeta de ustedes.

Eso significa que ellos han estado en un estatus graduado desde hace más de 250.000 años de su Tierra. Se encuentran en período de aprendizaje, pero en uno que se ocupa de otras cosas que no son el karma pero que exigen biología similar a la humana. Hay nacimiento y muerte, como en el planeta de ustedes, pero ellos han pasado por las pruebas, y existen casi exclusivamente para ofrecer ayuda seminal y, en ocasiones, para ofrecer intervención técnica y biológica, un proceso que no explicaré por el momento.

Les visitan con frecuencia, pero al igual que yo mismo, hay contención en cuanto a la revelación de muchas cosas acerca de ámbitos en los que ustedes todavía no se han aventurado, de modo que puedan realizarlo por ustedes mismos, en su propio tiempo lineal, y cosechar las recompensas en consecuencia.

Kryon

El estatus de la Tierra en este momento lleva consigo una vasta importancia del funcionamiento universal de las cosas. Esta fuente de amor de la que hablo de vez en cuando representa el corazón de todas las cosas. Nada puede separarnos nunca de esta fuente. Todo lo que ha sido antes, y todo lo que será en el futuro, se ha hecho para aumentar e incrementar esta energía de amor.

9. Autodescubrimiento

Si todo este libro se ocupara de lo que fue el autodescubrimiento, entonces estaría completo, pues este es el tema más importante para cada uno de ustedes. Eso no se ocupa de descubrir lo que hay de «mejor» en usted, o de encontrar el «autovalor», o ningún otro aspecto intelectual del que se ocupen sus auxiliares médicos. Este tema se ocupa de descubrir el puente existente entre el «usted» humano y el «usted» universal, tal como se ha descrito antes al hablar de la dualidad. Encontrar este puente cambiará toda su vida, incluido lo que siente con respecto a sí mismo, con respecto a los demás, y con respecto a la Tierra. También le ofrecerá una perspectiva mucho más sabia sobre lo que puede hacer con el resto de su vida, con objeto de aumentar la vibración del planeta. En resumen, lo es todo para usted. Es la directiva principal en este período, y es una «elaboración» rápida para desprenderse del karma que aún le queda.

Muchos de ustedes pasan una gran cantidad de tiempo tratando de comprender el funcionamiento de las cosas, así como la historia y el significado de las cosas. Algunos de ustedes emplean una enorme cantidad de energía y de riquezas en la empresa de solucionar fenómenos no explicados, o los significados místicos de objetos y estructuras dejados para que ustedes reflexionen sobre ellos. Eso forma parte de su enfoque intelectual humano al autodescubrimiento aparente, bajo la pretensión de que si llegan a conocer todas estas cosas, entonces sabrán algo acerca de sí mismos. También representa esa parte de ustedes que desea verificación, sobre una base humana lógica, de aquellas cosas que no comprenden, de modo que puedan relacionarse mejor con la totalidad de la imagen. Aunque estos métodos les han servido bien en las energías pasadas, tienen un valor limitado en la nueva energía. Siguen sin comprender cómo funciona su cerebro, pero no pueden negar su viabilidad sólo por el hecho de que no puedan explicarla; naturalmente, la ironía de todo esto es que tienen que usarlo, que cuestionarlo.

Llega ahora una época en la que deben captar la esencia y la emoción respecto de quiénes son, para verse realmente como una «pieza de Dios» a la que se le ha permitido hallarse en período de aprendizaje. Tal como se ha mencionado previamente, esto es ahora más fácil y se ofrece a todos aquellos que están preparados, en lugar de sólo a unos pocos seleccionados. Debido a ello, el tema de su propio autodescubrimiento empieza a estar impregnado de potencia, de excitación y de sueños autorrealizados. Eso se corresponde con su acción de «hacerse cargo», que es algo que se siente, pero que no se analiza, y es el nuevo don que se encuentra ante ustedes, a la espera de que lo reconozcan, aunque para ello se necesite tener el valor de dejar atrás el miedo que eso les causa.

No sustituye a la búsqueda intelectual, pero la aumenta en gran medida. Sólo durante el transcurso de los últimos años ha habido algunos científicos terrestres que han seguido un método completamente diferente en su pensamiento, y les serviría muy bien seguir la búsqueda en relación con su propio autodescubrimiento. En el pasado, los científicos tuvieron que resolver la hipótesis de un misterio aparente dentro de su ámbito antes de que pudieran seguir explorando hipótesis acerca de algo existente dentro del misterio, o cerca del misterio. Eso obligó a todos a detenerse para reflexionar, hasta que se solucionó el primer misterio. Los científicos de pensamiento más avanzado se han dado cuenta de que esta clase de compartimentalización humana de la lógica es defectuosa para ciertos tipos de examen (como por ejemplo el del comportamiento de la partícula pequeña). Ahora, una vez que han llegado a un punto de resultados aparentemente dicotómicos, basados en una cuidadosa experimentación, simplemente pasan más allá, sin encontrar una explicación razonable, pero sabiendo que existe una, y que quizá ésta se mostrará a sí misma a medida que ellos continúan buscando más adelante, en el rompecabezas, a pesar de que no saben siquiera qué están buscando. Basan su experimentación posterior no en el funcionamiento de la mecánica que conocen, sino en la probabilidad del comportamiento pasado y observado, y del comportamiento futuro y esperado, a pesar de que no es comprendido. Esto es *verdad*.

En consecuencia, es dentro de esta actitud como me dirijo y desafío incluso al más intelectual de ustedes. Si emprendieran la tarea de pasar por el ejercicio de «sentir» quiénes son, y solicitaran verbalmente a sus guías que les ayudaran en el proceso, emergerían ustedes al otro lado dotados de una tremenda sabiduría acerca de cómo proceder también con el lado intelectual de la cuestión. Nunca le pediría a ninguno de ustedes que sacrificara esa parte lógica que desea conocer la verdad. Lo que sí les pido que hagan es aprender a hacer volar el vehículo, a sentir lo que supone elevarse hasta alturas inimaginables; entonces pueden aterrizar, abrir el motor y tratar de descubrir cómo funcionó todo.

Lo que sigue es una metáfora en forma de una parábola. Contiene numerosas facetas relativas a su condición humana, en relación con la vida misma, y especialmente con el autodescubrimiento. También traza una imagen para aquellos de ustedes que tengan capacidad para comprender, acerca de cómo funciona el Universo y cómo les responde a ustedes. Si se sienten extrañados por cualquiera de estas cosas, entonces pregunten a sus guías cuál es el significado. Lo que sigue se ofrece con amor.

El aula de la lección

Hubo una vez un humano al que llamaremos *Quién*. El género de *Quién* no es importante en esta historia, pero puesto que no disponen ustedes de una palabra adecuada para designar a una persona de género neutral, lo llamaremos el *Quién humano*, de modo que *Quién* pueda abarcar a todos los hombres y a todas las mujeres por igual. No obstante, y simplemente por motivos de traducción, diremos que *Quién* es *él*.

Como todos los humanos de su cultura, *Quién* vivía en una casa, pero sólo se sentía preocupado por el espacio en el que vivía, puesto que era exclusivamente suyo. Su habitación era hermosa y él estaba encargado de mantenerla de ese modo, cosa que hacía.

Quién llevaba una buena vida y se encontraba en una cultura en la que nunca padecía escasez de comida, pues ésta era abundante. Tampoco tenía nunca frío, puesto que siempre estaba a cubierto. A medida que *Quién* fue creciendo, aprendió muchas cosas sobre sí mismo. Aprendió las cosas que hacían que se sintiera feliz, y encontró objetos que podía colgar de la pared y a los que miraba, para sentirse feliz. *Quién* también aprendió acerca de las cosas que le hacían sentirse triste, y aprendió a colgarlas de la pared cuando deseaba sentirse triste. *Quién* aprendió además las cosas que hacían que se sintiera colérico, y descubrió cosas que recoger y colocar en la pared, y a las que podía mirar cuando elegía sentirse colérico.

Como sucede con los otros humanos, *Quién* tenía muchos temores. Aunque contaba con los elementos básicos para la vida, temía a otros humanos y a ciertas situaciones. Temía a aquellos humanos y situaciones que pudieran producir cambio, pues se sentía seguro y estable con las cosas, tal como estaban, y había trabajado duro para conseguir que estuvieran así. *Quién* temía las situaciones que aparentemente pudieran tener control sobre su estancia estable, y temía a los humanos que controlaban esas situaciones.

De los otros humanos aprendió cosas sobre Dios. Le dijeron que ser un humano era una cosa muy pequeña, y él lo creyó así. Al fin y al cabo, miró a su alrededor y vio a millones de humanos, mientras que sólo había un Dios. Se le dijo que Dios era todo y que él no era nada; pero ese Dios, en su infinito amor, respondería a las oraciones de *Quién* si él rezaba con intensidad y tenía integridad a lo largo de su vida. Así pues, *Quién*, que era una persona espiritual, le rezó a Dios para que los humanos y las situaciones que temía no crearan cambios, de modo que su estancia pudiera permanecer tal como estaba, sin alteración alguna, y Dios respondió a la petición de *Quién*.

Quién temía el pasado, pues le recordaba de algún modo cosas desagradables, así que le rezó a Dios para que bloqueara esas cosas de su memoria, y Dios respondió a la petición de *Quién*. *Quién* también temía el futuro, pues contenía el potencial para el cambio, y eso era algo oscuro, incierto y oculto para él. *Quién* rezó a Dios para que el futuro no produjera cambio alguno en su estancia, y Dios respondió a su petición.

Quién nunca se aventuraba muy lejos de su estancia, pues todo lo que realmente necesitaba como humano se encontraba en un rincón. Cuando sus amigos acudían a visitarlo, ese era el rincón que él les mostraba, y se sentía satisfecho con ello.

Quién observó por primera vez movimiento en el otro rincón cuando tenía aproximadamente 26 años. Se asustó mucho e inmediatamente le rezó a Dios para que eso desapareciera, pues le sugería que no se encontraba a solas en su estancia. Eso no era para él una condición aceptable. Dios respondió a la petición de *Quién* y el movimiento se detuvo, y *Quién* ya no lo temió más.

Cuando tenía 34 años eso regresó, y *Quién* pidió una vez más que se detuviera, pues tenía mucho miedo. El movimiento se detuvo, pero no antes de que *Quién* viera algo que había pasado completamente por alto en el rincón: ¡era otra puerta! Sobre la puerta descubrió una escritura extraña, y *Quién* temió lo que eso pudiera implicar.

Quién preguntó a los líderes religiosos acerca de esa extraña puerta y del movimiento, y ellos le advirtieron que no se acercara a ella pues, según le dijeron, era la puerta que conducía a la muerte, y ciertamente moriría si su curiosidad se convertía en acción. También le dijeron que la escritura sobre la puerta era maligna, y que no debería volver a mirarla. En lugar de eso, lo animaron a participar en un ritual con ellos, y a entregar su talento y sus ganancias al grupo, a cambio de lo cual le dijeron que se sentiría bien.

Cuando *Quién* tenía 42 años el movimiento regresó de nuevo. Aunque esta vez no sintió tanto miedo, pidió nuevamente que se detuviera, y así ocurrió. Dios era bueno con él al responder de una forma tan completa y rápida. *Quién* se sintió capacitado por los resultados de sus oraciones.

Cuando *Quién* cumplió los 50 años se puso enfermo y murió, aunque no fue realmente consciente de ello cuando ocurrió. Observó de nuevo el movimiento en el rincón, y rezó una vez más para que se detuviera, pero en lugar de ello, el movimiento se hizo más claro y se le acercó más. Lleno de temor, *Quién* se levantó de la cama, sólo para descubrir que su cuerpo terrenal permanecía donde estaba, y que él estaba ahora en forma de espíritu. A medida que el movimiento se le acercó más, *Quién* empezó a reconocerlo de algún modo, y sintió curiosidad, en lugar de sentirse asustado, y el cuerpo de su espíritu le pareció de algún modo natural.

Quién vio ahora que el movimiento lo producían en realidad dos entidades que se le aproximaron. Al acercársele, las figuras blancas brillaban como si tuvieran luz propia que emanara de su interior. Finalmente, se encontraron ante él y *Quién* se quedó asombrado ante su majestuosidad, pero no tenía miedo.

Una de las figuras le habló a *Quién* y le dijo: «Ven, querido, es el momento de marcharse». La voz de la figura estaba llena de suavidad y de familiaridad. Sin la menor vacilación, *Quién* se marchó con las dos figuras. Empezaba a recordar lo familiar que le era todo esto, y al mirar hacia atrás vio su cadáver aparentemente dormido sobre la cama. Se sintió lleno de un sentimiento maravilloso, y no pudo explicarlo. Una de las entidades lo tomó de la mano y lo condujo directamente hacia la puerta con la extraña escritura. La puerta se abrió y los tres la cruzaron.

Se encontró en un largo pasillo, con puertas que daban a habitaciones, situadas a cada lado. *Quién* pensó para sí mismo: «Esto es una casa mucho más grande de lo que había imaginado». *Quién* observó la primera puerta, que contenía más escritura extraña. Habló con una de las entidades blancas. «¿Qué hay en esta primera puerta situada a la derecha?» Sin decirle una sola palabra, la figura blanca abrió la puerta y le indicó a *Quién* que entrara. Al entrar, *Quién* se sintió extrañado. Amontonadas desde el suelo hasta el techo había muchas más riquezas de las que hubiera podido soñar en sus fantasías más desbocadas. Había barras de oro, perlas y diamantes. En una esquina había tantos rubíes y piedras preciosas como para llenar todo un reino. Miró a sus compañeros blancos y luminosos y preguntó: «¿Qué es este lugar?». La figura blanca más grande le contestó: «Esta es tu habitación de la abundancia si hubieras deseado entrar en ella. Te pertenece incluso ahora y permanecerá aquí, para ti, en el futuro». *Quién* se quedó anonadado ante esta información.

Al regresar al pasillo, *Quién* preguntó qué había en la primera habitación a la izquierda, otra puerta con escritura que, de algún modo, empezaba a cobrar sentido para él. Cuando la figura blanca abrió la puerta, le dijo: «Esta es tu habitación de paz, si hubieras deseado utilizarla». *Quién* entró en la habitación, con sus amigos, para verse únicamente rodeado por una espesa niebla blanca, una niebla que parecía estar viva, pues inmediatamente envolvió su cuerpo y *Quién* la respiró en su interior. Se sintió imbuido de una gran sensación de comodidad y supo que ya nunca más volvería a tener miedo. Sintió la paz hasta donde nunca había podido experimentar. Hubiera querido quedarse, pero sus compañeros le indicaron que continuara, y regresaron de nuevo al largo pasillo.

Había otra habitación a la izquierda. «¿Qué hay en esta habitación?», preguntó *Quién*. «Es un lugar donde sólo tú puedes entrar», le contestó la figura de blanco más pequeña. *Quién* entró en la habitación y se encontró inmediatamente lleno de una luz dorada. Sabía lo que era esto. Era la misma esencia de *Quién*, su iluminación, su conocimiento del pasado y del futuro. Eso era el almacén de espíritu y amor de *Quién*. Lloró de alegría y permaneció allí absorbiendo la verdad y la comprensión durante un prolongado período de tiempo. Sus compañeros no entraron en la habitación y fueron pacientes.

Finalmente, *Quién* salió de nuevo al pasillo. Había cambiado. Miró a sus compañeros y los reconoció. «Vosotros sois los guías», afirmó *Quién* con naturalidad. «No, somos tus guías», le dijo el más grande de los dos. Continuaron los tres, unidos en perfecto amor. «Hemos estado aquí desde tu nacimiento y sólo por una razón, para amarte y ayudarte a mostrarte la puerta. Tuviste miedo y pediste que nos retirásemos, y así lo hicimos. Estamos a tu servicio en el amor, y honramos tu encarnación de expresión.» *Quién* no percibió ninguna reprimenda en sus palabras. Se dio cuenta de que ellos no le juzgaban, sino que lo honraban, y sintió su amor.

Miró hacia las puertas y ahora pudo leer la escritura. Mientras fue conducido a lo largo del pasillo, encontró puertas marcadas como «Contrato de curación», y otra marcada como «Alegría». *Quién* vio mucho más de lo que hubiera deseado, pues a lo largo del pasillo había puertas con nombres de niños no nacidos, e incluso una de ellas marcada como «Líder del mundo». *Quién* empezó a darse cuenta de todo aquello que se había perdido. Y entonces, como si los guías le leyeron el pensamiento, le dijeron: «No le reproches nada a tu espíritu, pues eso es inapropiado y no sirve a tu magnificencia». *Quién* no comprendió por del todo estas palabras. Miró hacia atrás, a lo largo del pasillo, hacia el punto por donde había entrado por primera vez y vio la escritura en la puerta, la escritura que originalmente tanto le había asustado. La escritura correspondía con la de un nombre, ¡su propio nombre!, su verdadero nombre, con lo que ahora comprendía todo plenamente.

Quién conocía la rutina, pues ahora lo recordaba, y ya no era *Quién*. Se despidió de sus guías y les dio las gracias por su fidelidad. Permaneció durante mucho tiempo mirándolos y amándolos. Luego, Él se volvió para caminar hacia la luz, al final del pasillo. Ya había estado antes aquí. Sabía lo que le esperaba en su breve recorrido de tres días por la cueva de la creación para retirar su propia esencia, para pasar luego al salón del honor y la celebración, donde le esperaban todos aquellos que le amaban tiernamente, incluidos aquellos a los que Él había amado y perdido mientras estuvo en la Tierra.

Sabía dónde había estado y hacia dónde se dirigía ahora. *Quién* se dirigía de regreso al hogar.

Kryon

* Para un análisis de esta parábola, véase el Apéndice B.

Mi querido humano, si cree que ha elegido este libro por accidente o casualidad, es que no comprende realmente cómo funcionan las cosas. Pues yo soy Kryon, y le conozco..., y usted me conoce. Si estas palabras, o las de escritos pasados, le hicieron sentirse como «en casa», eso es así porque su sí mismo superior ha reconocido intuitivamente la escritura de un amigo. Le amo tiernamente, como le aman todas las entidades que están aquí, en servicio, como el Kryon.

10. Preguntas de los lectores acerca del autodescubrimiento

Del escritor

Ha llegado el momento de abordar algunas de las preguntas planteadas por los lectores del *Libro I.* Durante el primer año de prepublicación del libro de *Kryon* (la edición del maestro, no encuadernada), llegaron continuamente cartas procedentes de todo el hemisferio norte en las que se planteaban preguntas y se solicitaba más información. Las siguientes son algunas de las preguntas seleccionadas escritas a Kryon por algunos de esos lectores, acerca del autodescubrimiento y la implantación. No he utilizado el nombre de ningún lector, país o incluso iniciales, puesto que he dejado algunos de los comentarios personales hechos por Kryon, de modo que puedan ustedes relacionarse con sus compasivas respuestas. En consecuencia, creo haber mantenido la integridad de la comunicación confidencial. En algunos casos, he incluido cuestiones que pueden parecer como duplicaciones. Lo he hecho así porque había mucha preocupación acerca de los mismos temas, y porque las respuestas fueron lo bastante diferentes como para ofrecerle al lector una mayor comprensión en cuanto a los verdaderos mensajes del Espíritu.

También es posible que pueda haber alguna duplicación de información más en estas respuestas, con respecto a la información contenida en otras partes del libro, puesto que se siguen transcripciones de ciertas canalizaciones verbales efectuadas en la «base del hogar» de Kryon, en California, ante un grupo mensual llamado *Grupo de Luz Kryon*. Durante estas canalizaciones verbales, Kryon también se ocupa periféricamente de algunos de los mismos conceptos como los abordados aquí.

Pregunta: Solicité el implante neutral, pero no sé si mi petición fue aceptada todavía o no. He empezado a experimentar sueños más vivos de lo que es habitual en mí, y experimenté depresión de un grado más severo y durante más tiempo del que normalmente tengo en esta fase de mi vida. ¿Es posible que todo esto se halle relacionado con el poder de sugestión, o que mis guías me hayan dejado preparado para los guías maestros?

Respuestas: Querido mío, en el mismo momento en que lee que se puede solicitar el implante, y se compromete a hacerlo verbalmente, en ese mismo momento se inician los cambios en su vida. Recuerde que el Espíritu le conoce, y que no se encuentra en su misma estructura de tiempo lineal. Esto significa que estábamos preparándonos para lo que usted solicitaba, mucho antes de que lo pidiera. Sus nuevos guías habían llegado y estaban a su lado en el momento mismo en que expresó usted la intención.

La intención es honrada por el Universo tanto como una promesa verbal en su cultura, y por lo tanto es lo correcto que su petición le fuera concedida inmediatamente. No intente siquiera «analizar para desechar» de una forma mental aquello que su intuición le dice que está ocurriendo. Eso no le servirá. Debería mirar hacia adelante a la espera de mayor iluminación y de experimentar una sensación más sabia hacia todos aquellos que le rodean en un futuro cercano.

Pregunta: Me encuentro temeroso de pasar por las cosas negativas que el libro dice que me pueden pasar. Deseo el implante, pero no deseo la oscuridad y la depresión. También tengo miedo de que también pueda perder a mi esposo, y eso es algo que no deseo que suceda. ¿Estoy confusa?

Respuesta: Si hubiera más humanos que pudieran expresar verbalmente su temor, como ha hecho usted en la transcripción, tendrían una mejor comprensión de sus atributos kármicos. Permítame contestar su cuestión en general, y hacerlo luego más específicamente: es corriente para el espíritu humano el sentir temor de lo astral, y eso, en sí mismo, es un fantasma, algo que no es lo que parece ser. No tema el implante, ¡nunca! El implante es el primer paso hacia el saludo del sí mismo superior, esa parte de usted misma que ha quedado como suspendida, a la espera de entrar finalmente para saludarle y convertirse en uno. Quizá haya confundido el implante y algo de las transiciones de su puesta en práctica con algunos rituales terrenales que le piden sacrificar algo para poder obtener algo a cambio. Nada de esto ocurre con el implante. En lugar de eso, está siendo usted preparada y limpiada de modo que pueda aceptar la sabiduría madura, la paz interior y, naturalmente, la ausencia de temor. No confunda este proceso con ninguna clase de sacrificio. Al limpiarse el cuerpo antes de ponerse ropas nuevas, ¿le duele eso? Aquí no hay ningún castigo. Debe saber también lo siguiente: cuando se solicita el implante, se está pidiendo que se complete el contrato que tiene establecido. Ese es su escenario perfecto y no podría existir mejor forma de actuar para usted que cumplirlo. El Universo no le dará nada negativo cuando le proporciona la herramienta para completar su contrato.

Querida persona, tiene usted tanto miedo de sentirse abandonada, que es como si lo gritara desde su misma alma. Eso es, de hecho, su atributo kármico, y es lo que será sustituido. Teme usted quedarse a solas, sin sus guías, y teme perder a su compañero. Debe comprender que el implante empezará a aclarar este temor. En su caso específico, cuando ya no exhiba temor al abandono, su compañero sabrá que hay algo que es diferente, y entonces se convertirá usted para él en una persona más estable. Espere con ilusión una relación mucho mejor cuando se sienta equilibrada y finalmente haya eliminado de sí misma este karma del temor. Sólo aquellos cuyos compañeros y cónyuges estaban específicamente ahí para elaborar el karma terminarán por marcharse, y su caso no es de esos. No tema al implante. Ya hay un nuevo guía en su lugar, como consecuencia de su expresión de la intención, y las cosas le resultarán fáciles, también con los demás. La amamos sin medida, del mismo modo que sus padres humanos debieron haberlo hecho... y no hicieron. El Espíritu no la dejará desamparada.

Pregunta: Sé que deseo solicitar el cambio de guía y el implante neutral, pero en estos momentos desearía vivir más cerca de usted para poder tener una sesión de asesoramiento. Mi temor es que si acepto el implante, pueda causar dolor a mi familia. Tengo dos hijos de 15 y 10 años. Sé que tengo vínculos kármicos con ellos, y me encuentro en un dilema, pues no deseo perderlos.

Respuesta: La semana pasada estuve sentado a los pies de una encantadora madre humana en un canal privado, a la que advertí de «colocar a sus hijos en el altar del Espíritu y tener paz». Esto es una referencia directa a la muy vieja historia de Abraham e Isaac, en la que el Espíritu deseó transmitir un fuerte mensaje para la historia, en el sentido de que para salvar a sus hijos se debe estar dispuesto a sacrificarlos a Dios.

El mensaje también está claro para usted: estas preciosas entidades estarán con usted durante el tiempo de su crianza, y no se apartarán de usted si está dispuesta a educarlos bajo el paraguas del Espíritu. De hecho, en su caso, su propio cambio (debido al implante neutral) afectará a sus hijos de una forma positiva, que está directamente indicada en su contrato. En lugar de perderlos, les dará un gran don que no podría darles de otro modo. Esta es la tremenda belleza de cómo funciona el Espíritu. Esté dispuesta, y el Espíritu hará honor a la intención (al pie de la letra).

El implante neutral le cambia, algo que afecta a su vez a todos aquellos que se encuentran a su alrededor, convirtiéndola así en co-creadora con el Espíritu de las cosas que usted necesita en su vida. Lo que más cambia de todo es el temor. El temor de las cosas que de otro modo la habría hecho pasar por espirales de desequilibrio, se retira de pronto de su lado, y se encuentra usted ahí, preguntándose qué ha sucedido. Se obtiene equilibrio a lo largo de este proceso; algo que sus hijos verán, disfrutarán y tratarán de emular durante el resto de sus vidas. Mucho después de que usted se haya marchado, ellos recordarán cómo reaccionó su madre y cómo se enfrentó con los acontecimientos de su vida y con la gente, y esas cosas les afectarán a ellos. Este es su contrato con sus hijos. Esa es la razón por la que ha recibido el libro. Le ruego que sea pacífica con todo esto y permita que el Espíritu sepa (verbalmente) que reconoce usted el contrato con sus hijos, al tiempo que solicita pasar al siguiente nivel. ¿Se da cuenta del amor que hay en todo esto?

Pregunta: No deseo convertirme en una persona sin emoción. ¿Hará el implante neutral que sea una persona pasiva? Ya no reacciono al drama del karma neutralizado... ¿Qué hay ahí? ¿Reiré?

Respuesta: Aquella parte de usted que es humana y que ríe, y que es alegre y ama, es una de las únicas partes que el Espíritu le transmite sin cambio alguno cuando usted llega a su planeta. Créame, la pregunta, por sí sola, ya es muy humorística.

Cuando reciba la verdadera paz del Espíritu, recibe también una agenda emocional vacía. Debe comprender lo que esto significa: no significa que las emociones dejen de estar ahí presentes... Sólo significa que ahora es usted libre para utilizarlas sin perderlas en el karma. Ya no hay más preocupaciones, temores o cólera. Ahora puede dirigir el antiguo drama de la interacción del karma hacia los atributos mucho más agradables y positivos de la celebración, la alegría, el amor y, sí, incluso el humor. Especialmente el humor. ¿Se está riendo?

Pregunta: Tengo dos hijos de 3 y 6 años. Temo hacer la solicitud del implante porque tengo miedo de perderlos. Tampoco estoy segura de saber qué sucederá entre mi esposo y yo misma. Aunque él no es un hombre espiritual, es un buen padre y compañero. Tampoco deseo perderlo a él. ¿Qué debo hacer?

Respuesta: Tenga inmediatamente la intención de recibir el implante. Pues tanto usted como todos los humanos deben saber lo siguiente: el implante es su recompensa. No existe absolutamente ningún sacrificio o sufrimiento implicado en este proceso. Aquellos que se alejen de su vida serán los apropiados para alejarse de ella, aquellos con los que ya habrá terminado, aquellos que están aquí para completar el karma con usted. El período de transición es difícil para algunas personas, sobre todo para aquellas que están profundamente implicadas con los atributos kármicos. Aquellas otras personas como usted, que están dispuestas y preparadas para el cambio, y que se dan cuenta de la verdad básica cuando se les presenta, no tendrán grandes problemas para cambiar de guías.

Permítame hablar de sus hijos. Es importante que usted reconozca lo siguiente: los niños y usted se eligieron cuidadosamente los unos a los otros antes de llegar. Son suyos durante la duración del período de la educación, como sucede con todas las madres. Ninguna madre necesita preocuparse por perder a sus hijos debido al implante. Eso no es lo universalmente apropiado. Aunque los niños pongan a prueba los límites de usted en relación con el temperamento y la tolerancia, eso será algo apropiado, pues el implante se ajustará para ayudarla. Lo que suceda una vez que hayan crecido ya es otra historia, pues ellos tendrán entonces la responsabilidad sobre sí mismos ante el Espíritu y el karma, del mismo modo que la tiene usted ahora, y las relaciones con usted serán en consonancia con eso. El Universo ama a los niños tanto como la ama a usted, y necesita que usted esté ahí para cuidarlos hasta que reciban su propia iluminación, quizá con la ayuda de usted. Mírelos a veces a los ojos y trate de «reconocerlos». Solicite información del Espíritu acerca de esto. A menudo, esa información se transmite en forma de sueños y puede ser hasta divertido, irónico y útil el saber quiénes son «realmente».

En cuanto a su esposo, su espiritualidad no tiene nada que ver con lo que le ocurrirá a usted si acepta el implante. Él es tan querido como cualquier otro ser humano en período de aprendizaje, y tiene su propio camino y proceso que seguir. La implicación de usted con él, y los niños que han resultado de esa relación, constituyen de hecho parte del karma de usted. Pero lo que suceda después del implante no tiene por qué ser negativo. Los mensajes incluidos en el primer libro son advertencias acerca de lo que potencialmente podría ocurrir, de modo que aquellos que tienen el karma más pesado puedan estar preparados. Si él es tolerante con el proceso de usted y le permite estar a solas en su búsqueda personal, eso le demostrará que el karma entre ustedes dos no es de la clase que lo apartará a él de su lado. La asociación entre ambos es muy apropiada, basada en lo que sucedió en las vidas pasadas de ambos, y no se trata de un atributo pesado. Tomar el implante le cambiará a usted, pero él también puede disfrutar del cambio y llegar incluso a comentarlo, lo que no hará sino mejorar la relación entre ustedes. Nunca hay necesidad alguna de que cualquier humano equilibrado trate de evangelizar con el nuevo poder, y ningún humano aceptará nunca el implante para hacer que se «equivoquen» los que le rodean, porque los demás no lo aceptarán. La sabiduría resultante y el equilibrio que intervienen en el implante impiden que eso suceda.

Pregunta: La descripción de Kryon de una llave que encaja en una cerradura tuvo mucho sentido para mí (Libro I). ¿Significa eso que si la causa de la enfermedad es descubierta y se cambia la creencia, se ha ganado con ello un nuevo implante cambiando la cerradura y curando a la persona? Kryon también dice, sin embargo, que la curación se produce en un instante mediante la comunicación del sí mismo superior de un individuo equilibrado con otro enfermo. ¿Significa eso que tratar de encontrar la causa es inmaterial? ¿Existe entonces algo de cierto en la curación regular mediante la «imposición de manos», y es posible autocurarse?

Respuesta: Mi querida persona, esta respuesta es apropiada para usted y para todos aquellos que la leerán. Esto tiene que ver con la curación y con la individualidad y los contratos y, en consecuencia, con las vidas pasadas. No cabe la menor duda de que solicitar el implante neutral le proporcionará curación personal. Esa es la forma más rápida de permitir que suceda. Como en el caso de la querida persona curada de cáncer (véase página 92), inmediatamente después de aceptar el implante, se vio curada de su gran tumor cerebral, que no sólo disminuyó, sino que desapareció por completo. Evidentemente, ella estaba preparada para la curación y su cuerpo sólo estaba a la espera de que su intención se expresara verbalmente. ¡Qué poder es este! ¡Y ahora es suyo!

El mensaje de «la llave en la cerradura» (*Libro I de Kryon*, capítulo cinco) fue una discusión biológica científica que debe-

Nota: Véase la carta de la página 92.

rían comprender los científicos de la Tierra, pues ahí se encuentran indicaciones acerca de la cura. Es apropiado que continúe usted su búsqueda terrenal para la curación universal. Esto es algo que está completamente separado del poder del que disponen ahora para curarse personalmente a sí mismos, que procede del espíritu. Lo uno es descubrimiento biológico para todos, mientras que lo otro es su propio y nuevo poder personal.

Espiritualmente, la enfermedad de la Tierra forma parte de su contrato, y refleja vidas pasadas, y el por qué están ustedes aquí. Es algo que han elegido ustedes mismos, pues cuando no están en la Tierra, están planificando su siguiente encarnación, y son ustedes los que eligen las lecciones para sí mismos, los que encuentran potencialmente las soluciones, elevando así la vibración del planeta. Recuerde que no hay predestinación. Eso significa que todo humano tiene el potencial para ser curado. Nadie se encuentra impotente. Todo depende de lo preparado que se esté para aceptarlo. ¿Servirá a su contrato el curarse en este momento, o hay más por lo que pasar (incluida la muerte) antes de que terminen con ello? Esa es la razón por la que advertimos a los equilibrados de que deben ofrecer la curación.

¡La «imposición de manos» es maravillosa! Deberían utilizarla para otros a cada oportunidad que se les presente. También es posible alcanzar la curación instantánea, aunque se haga a través de un facilitador equilibrado, o como en el caso de alguien que ha aceptado el implante, es algo que puede hacerse usted mismo (como en el ejemplo de curación del tumor). Eso depende del camino del individuo.

Algunos de ustedes necesitan disponer de herramientas mecánicas de la «nueva era» para proporcionar la curación, puesto que su lado intelectual es muy resistente a cualquier creencia de que puedan ustedes hacerlo a solas, y necesita de esta clase de asistencia física. Todo esto es apropiado, pues el Universo reconoce las diferencias de sus caminos. Esa es también la razón por la que todo esto es tan complejo.

No obstante, puede sintetizar su parte en esto en cuanto a lo que vaya a hacer con la información. No intente imaginar lo que está sucediendo espiritualmente. No haga suposiciones. Debe usted ofrecer curación sin juicio. Puede tratarse de «imposición de manos» sobre una persona, o mediante verbalización en la meditación y la oración, sin que la persona lo sepa siquiera. Dependiendo de la receptividad individual y del camino kármico, la curación o la no curación serán apropiadas en cada caso, y luego déjelo, sin aceptar responsabilidad por los resultados negativos o positivos, puesto que usted sólo está ahí para ofrecer el proceso, no para realizarlo. Más tarde hablaré de la diferencia entre la cocreación para sí mismos, a través de su nuevo poder, y de la propiedad de facilitarlo a otros. Sus poderes cocreativos sólo son para usted. Su poder de consejo y curación para otros es también muy potente, pero se halla sometido al proceso del otro, de un modo muy similar a lo que sucede con estos escritos, que no pueden «hacerle» actuar de ninguna forma, sino ofrecerle mucho siempre que usted mismo esté de hecho preparado para creerlo.

The Kryon Writings
1155 Camino del Mar, 422
Del Mar, CA 92014 27 de marzo de 1993

Querido Kryon:

Hace dos años me diagnosticaron un gran tumor cerebral. Posteriormente, tomé medicación que no funcionó, me sometieron a cirugía que no consiguió éxito, y me indicaron tratamientos de radiación que no acepté. El tumor continuó creciendo y ponía mi vida en peligro.

Durante este tiempo, hice un peregrinaje a un santuario. También recibí muchas oraciones y reliquias santas de personas que me deseaban el bien. Repetí cada oración y utilicé cada reliquia. Utilicé cada método metafísico de acercamiento. El tumor continuó creciendo.

Luego, en diciembre de 1992, mi hija me entregó un ejemplar de *Kryon - Los tiempos finales*. ¡Qué delicia fue para mí leer las palabras de Kryon! El 5 de enero mi esposo y yo decidimos solicitar el implante neutral.

El 21 de enero, con todas las demás pruebas que demostraban que el tumor era muy activo, se me ordenó que me practicara otro MRI. Camino del hospital, mi esposo y yo realizamos nuestro ritual de implante neutral, y solicitamos que se nos dispensara de todo nuestro karma.

El 26 de enero, un médico muy excitado me llamó para decirme que «El tumor ya no estaba presente».

Gracias por imprimir Kryon. Esperamos con ansiedad el siguiente libro.

Sinceramente,

RN - Thibodaux, Louisiana.

Carta recibida en marzo de 1993. A esta carta se refiere la pregunta y la respuesta de la página 89.

11. Las canalizaciones en directo

Del escritor

En marzo de 1992, Kryon canalizó en directo por primera vez, y los resultados fueron publicados en el *Libro I de Kryon*. Posteriormente, como bien pueden imaginar, se han producido innumerables acontecimientos de canalización. Hacia finales de 1992 decidí formar un «grupo de luz» Kryon. Este debía ser la «sala hogar» del trabajo de canalización directa, y así encontramos una gran casa en Del Mar, California, la ciudad donde vivo, y en cada luna nueva celebramos una reunión de meditación-canalización.

Decidí también no anunciar las reuniones, ni invitar a nadie excepto a aquellos de los que sabía que tenían libros, o que ya hubieran asistido una vez (tomé sus nombres para informarles mensualmente). De este modo, tenía la intención de que la asistencia fuera manejable (menos de 40 personas), y cobré justo lo suficiente (10 dólares) para cubrir el coste de la sala y el del correo mensual. No obstante, mi idea de que fuera pequeño no funcionó y en noviembre de 1993 tuvimos que trasladarnos a una iglesia para contener al número de asistentes, que pasó a ser superior al centenar en cada mes. Dejamos de celebrar las reuniones de grupo en mayo de 1994. (En diciembre celebramos una reunión más, a la que asistieron 350 personas.)

Mientras escribo esto para ustedes, en 1994, me sigo considerando como un canal reacio. Todo esto significa que todavía necesito hacer un esfuerzo concentrado para considerar la idea de presentarme ante un grupo sin haberme preparado previamente. Toda esta práctica..., y yo me sigo sintiendo nervioso. Kryon me dice que eso quizá nunca llegue a cambiar. Eso me mantiene alerta, y cuestiona la validez de lo que estoy haciendo. Si me sintiera demasiado cómodo, quizá empezara a poner mis propias «revoluciones» en las cosas, en lugar de sentirme arrastrado por el más puro pánico y quedarme vacío de plan. Cada vez que decido celebrar una reunión, me pregunto de nuevo si debería hacerlo (créalo así, o no). Esta reconsideración constante acerca de la importancia de mi trabajo es algo que siento que el Universo desea de mí..., para mantenerme honesto.

Una de las cosas extrañas sobre mi trabajo es que este es compartido por Jan, mi esposa. Resulta extraño porque toda la historia de nuestra vida en común, y el karma de la misma es ahora muy evidente y ha completado su círculo. Jan siempre ha estado en la metafísica. ¡Creo que nació con una carta del tarot en la boca! Se casó conmigo (como una persona no metafísica que era yo entonces) hace aproximadamente unos diez años, y ahora dice que sabía desde el principio lo que sucedería, y que simplemente tuvo paciencia con mi proceso hasta que se produjo. Ahora se siente cómoda permitiéndome ir por delante (en el ámbito de la escritura), mientras ella apoya todo mi trabajo. En nuestras canalizaciones en directo, Jan siempre está presente, cerca de mí, afrontando a la gente conmigo. Ella dirige las meditaciones guiadas y añade profundidad con su música. Por lo que yo sé, en estos precisos momentos, formamos uno de los pocos equipos de canalización de esposo y esposa (aunque habrá más en el futuro).

Una de las cosas que esto ha hecho por mí ha sido la de darme un punto de vista muy personal acerca de lo que supone ser un compañero no creyente. Yo no apoyé sus puntos de vista, y aunque tampoco me burlé de ellos, creía que muchas de sus creencias eran estúpidas y no científicas. Todo eso ha cambiado ahora, pero no porque yo repentinamente «consintiera» o porque de repente yo también me hiciera estúpido y no científico, sino porque obtuve lentamente percepción y sabiduría para comprender la postura presuntuosa de mis críticas. Kryon nos animó a ser más discriminadores acerca de nuestro método científico humano, y ahora comprendo lo limitado que es. Nos regodeamos con nuestra «verdad» en la Tierra sólo de aquello que hemos experimentado o podemos demostrar. Todo lo demás, o no existe, o no puede existir, o nos parece estúpido. Esta actitud prevalece simplemente porque todavía no hemos visto nada.

El lugar que ocupaba Dios cerca de la astrología y el tarot, que antes me parecía «estúpido», tiene ahora sentido, puesto que se me ha mostrado una visión general. El hecho mismo de pensarlo así, sin embargo, sigue violando la mayor parte de la doctrina religiosa de la Tierra. Probablemente sucede aquí como lo que ocurrió la última vez que la astronomía se vinculó con Dios, cuando Galileo fue sentenciado a prisión por herejía en 1632, por ir en contra de la Iglesia, al mostrarse de acuerdo con Copérnico en que la Tierra giraba realmente alrededor del sol. En aquel entonces, las percepciones de la Tierra se basaban exclusivamente en fenómenos observables (de un modo muy similar a como sucede ahora), y la Iglesia estaba convencida de que la Tierra era el centro de todo y logró de algún modo apoyar esa idea basándose en las Escrituras. ¿Hemos cambiado tanto en 400 años?

Cuando la ciencia terrestre moderna se aplique finalmente a descubrir lo sensible que es nuestra biología a la polarización y al magnetismo, es posible que empiece a observar los efectos que se hacen sentir sobre los embriones humanos accidentalmente expuestos a diferentes polarizaciones magnéticas, y a examinar cómo los «tipos de personas» parecen desarrollarse (aquellos que aparecen tan bien documentados en la moderna psicología humana actual). Cuando descubran la correlación existente entre el magnetismo y los «tipos de personas», es posible que empiecen a medir los efectos no tan sutiles que tienen los cuerpos astronómicos de nuestro propio sistema solar sobre las polaridades de la Tierra, como el efecto de nuestra propia Luna, por ejemplo. Eso también permitirá exponer alguna información acerca de por qué nuestro campo magnético cambió o se desplazó tantas veces en la historia geológica de un pasado distante.

Cuando finalmente suceda eso, supondrá la primera chispa de comprensión acerca de por qué funciona la astrología seria, y cuáles son los verdaderos mecanismos de la misma. Será un hecho muy significativo sobre la naturaleza humana el que, una vez que la ciencia vea la posibilidad de que la astrología sea viable, alcance repentinamente credibilidad, y no porque fuera un buen sistema que tuvo valor, sino porque nuestra ciencia «moderna» se ha dado cuenta ahora de que funciona. Cuando la astrología sea finalmente verificada, estoy seguro de que se concederán títulos para ejercerla, y también para pagar los impuestos correspondientes. El hecho de que sea necesario pagar un impuesto puede ser una de las únicas formas mediante las que se puede estar seguro de haber sido aceptado por la ciencia.

Nuestros grupos de luz en Del Mar han servido de hecho para el propósito de ofrecer información canalizada, que presentaré a continuación. La parte no esperada de la experiencia es lo que yo mismo aprendí sobre mi trabajo, y acerca de cómo es aceptado. Una noche y dentro de la misma canalización nos encontramos con gente que cambió para siempre, algunos llegaron incluso a curarse, mientras que otros se marcharon sin creer en nada de todo esto. Me pregunté a mí mismo cómo era posible que los humanos asistieran a la misma experiencia y salieran de ella con una perspectiva tan diferente acerca de lo ocurrido (o de lo que no ocurrió). Kryon me ha pedido que no le dedique energía a este tema (algo mucho más fácil de pedir, que de hacer).

Cuando ocupo mi asiento en una de estas sesiones y empiezo a canalizar la información, sé que es algo real. Empiezo a sentir el amor del Espíritu, y sucede a menudo que esa compasión me abruma. Hace ya tiempo que empecé a cerrar los ojos durante estos acontecimientos, puesto que me distraía mucho el ver a los humanos tal como los veía el propio Kryon, como jóvenes y vibrantes, y a los que amaba más allá de toda medida. Me acostumbré a «vivir» los viajes de los que habla Kryon. A menudo sentí el viento, y la experiencia del olfato y de las temperaturas que los acompañan. Kryon es realmente el amor de Dios. Cuando habla del gran «Yo soy», me siento débil, me doy cuenta de la inmensidad de aquel que me alimenta mediante grupos de pensamientos para su traducción. Luego empiezo a preguntarme: «¿Por qué yo?», a lo que Kryon siempre me contesta: «Porque estuviste de acuerdo en hacerlo. Ahora quédate quieto y confía, y deja que me sienta a tus pies y te ame».

Todas las canalizaciones que siguen fueron cuidadosamente transcritas a partir de las grabaciones en cinta. Ocasionalmente he alterado la sintaxis durante la transcripción, para permitir una mejor lectura en el libro (*y las palabras en cursiva son clarificaciones introducidas después de las canalizaciones*). Por lo demás, ustedes están «oyéndolo» tal como ocurrió. Al leer, imagínese que se encuentra en la sala, en compañía de los demás. A menudo se produjo una puesta de sol durante la canalización, lo que hizo que la sala pasara desde la plena luz diurna, hasta la que podría proporcionar una vela. Del Mar es una hermosa zona costera, donde siempre nos sentimos cerca de la naturaleza. Se me ha dicho que algunos de ustedes podrán «sentir» el amor que se transmitió durante estos momentos, siempre que así lo soliciten, y créanme que puede ocurrir. Estas canalizaciones fueron destinadas para la lectura, y, de hecho, buena parte de la razón para la que se crearon los grupos de luz fue para permitir la información para este libro. La información es para todos, no sólo para aquellos que se encontraban presentes en el momento de la canalización.

Y ahora, únanse a nuestro grupo de luz.

Esta es la esperanza. Esta es la realidad del amor, pues el todo nunca cambia y continuamos adelante en el amor, y nos honramos los unos a los otros, pasando por los períodos de aprendizaje, uno tras otro, con un propósito singular, para juntarnos en la planificación de la siguiente encarnación y para celebrar la última.

Los fantasmas del karma

Canalización del 22 de marzo de 1993

Del Mar, California
Grupo de Luz Kryon

The Kryon Writtings

1155 Camino del Mar, 422
Del Mar, California 92014

Los fantasmas del karma

Canalización del 22 de marzo de 1993
Grupo de Luz de Del Mar

Saludos, yo soy Kryon, del servicio magnético. Le hablo ahora a mi socio. Siempre estoy disponible para ustedes, del mismo modo que estoy disponible para cualquier humano en todo momento.

Esta noche hablo para un grupo de élite. Tal como he afirmado con frecuencia, estoy al servicio de ustedes, y hay una gran ironía en esta sala, pues me encuentro sentado a sus pies, y les amo a todos tiernamente. Son ustedes los guerreros de la luz, son aquellos que han elegido acudir y formar parte de la Tierra, para morir apropiadamente y volver a venir, una y otra vez, de modo que la vibración de la Tierra pueda ser incrementada a partir de esta acción de su más puro amor.

Y les digo de nuevo que estoy aquí en respuesta a lo que ustedes mismos han conseguido, y la ironía y el humor que existen en esta sala ahora es que el que se encuentra en el rincón más alejado conoce al que se encuentra en el rincón más cercano, y viceversa. Todos ustedes se conocen entre sí íntimamente, y son gloriosas piezas de Dios, como yo mismo (*e incluso los que están leyendo ahora este libro*). Pero se encuentran ustedes en período de aprendizaje sobre este planeta, y estas cosas les están completamente ocultas y veladas. Sus acciones son la razón por la que estoy aquí, en esta nueva energía, para ofrecer explicaciones y para liberarlos de ciertos atributos de la vida, y para permitir la paz allí donde antes no existía. Eso es algo que se han ganado libremente.

Muchos y grandes son los distintivos de color que llevan ustedes. Aquellos que les miran en perfecto amor, como yo mismo, les ven en toda su gloria. Todos son reconocidos por lo que son realmente: aquellos que han elegido el camino duro, aquellos que han elegido estar en período de aprendizaje en el planeta por elección propia y libre, pues no todos los planetas son de este modo. Sus colores revelan mucho de lo que son ustedes. No tienen consciencia de que yo, el Kryon, me encuentro sentado a sus pies, a su servicio, ni de que son ustedes los exaltados. Deben saber que son queridos por todos nosotros, y que les conocemos a todos por su nombre.

Aun cuando todo esto les está oculto mientras se encuentran en período de aprendizaje, hay una plena «chispa de comprensión» que les ocurre a ustedes como seres humanos, al despertar cada mañana. Desde el sueño más profundo hasta el despertar más pleno, se presentan a menudo con una sensación de recuerdo, una sensación que no pueden explicar. Existe un instante en el que recuerdan quiénes son en realidad, cada uno de sus días de existencia en el planeta. Su «sí mismo fantasma» se ve refrescado por un «sueño» que tuvieron durante la noche y que valía la pena recordar, algo que era pacífico y maravilloso, pero que no pueden recordar del todo con plena claridad. Esto es corriente en todos los humanos. Quizá ustedes lo hayan experimentado y se hayan preguntado qué era.

Aquellos de nosotros que estamos en servicio, como yo mismo, son muchos comparados con aquellos que se encuentran en período de aprendizaje, como ustedes mismos. Si contaran los humanos que hay en esta sala, tendrían que multiplicarlos por ocho para hacerse una buena idea de quién está «realmente» aquí ahora, pero los dos o tres a los que conocen mejor, han estado con ustedes desde el nacimiento, y llegaron cuando ustedes llegaron, conociendo su nombre. Estos les fueron asignados, por ustedes mismos, y están preparados para crear con ustedes cuando ustedes se encuentren preparados para hacerlo. Hablaré más de esto dentro de poco.

Permítanme decirles cómo funciona todo esto, queridos míos.

Pues aunque tienen pleno conocimiento de aquello de lo que me dispongo a hablar, sigue estando velado y oculto para muchos de ustedes. Por ser principiantes, deseo que sepan con toda exactitud quién les está hablando ahora: no es el humano que se sienta delante de ustedes. Están escuchando las traducciones de las palabras del Espíritu. Yo soy Kryon. Nunca he estado en período de aprendizaje. He acudido como respuesta a su trabajo. Represento a todo el Espíritu, a aquellos que han estado aquí, y a los que no, y también a los que van a estar. Represento el poder del amor que es del Sol y está dentro del Sol. Soy amor, del mismo modo que lo son ustedes cuando no están aquí. Me conocen, y yo les conozco. Veo con mucha claridad sus contratos y sus caminos, y amo a cada uno de ustedes por su nombre. Se sientan delante de mí en diversos estados de iluminación y comprensión, pero sabiendo que aquí hay algo para cada uno de ustedes. Les traigo buenas noticias a todos. Una vez más, han acudido a esta reunión a propósito, y el Universo honra su intención. Algunos han venido por curiosidad, y otros han acudido por pura necesidad, mientras que otros están aquí incluso por pura desesperación. Son queridos más allá de toda medida. Lo que tenemos para ustedes se encuentra casi más allá de su comprensión.

Tanto por contrato como por acuerdo, cada uno de ustedes ha venido aquí muchas veces. A través de las encarnaciones que les han permitido nacer en este planeta, morir en este planeta y regresar de nuevo, crean ustedes energía, que llamamos karma. El karma es representado y actuado una y otra vez, y se convierte en un conjunto de instrucciones, o en un «guión» acerca de cómo se presentará su próximo período de vida. Los atributos que tienen ahora como humanos que caminan por la Tierra en período de aprendizaje, son una respuesta directa a las cosas que han ocurrido en el pasado. Les digo todas estas cosas porque es necesario que sepan que este «motor» del karma es el atributo más importante del por qué están aquí, pues ésta es la escuela en la que han sido situados, para que puedan trabajar a través de estos atributos de expresiones pasadas.

Cada atributo de energía del karma es como una amedrentadora burbuja negra, creada especialmente para ustedes, de modo que puedan caminar a través de ella, o introducirse en ella. Nosotros (*los que estamos a este lado del velo*) llamamos «fantasmas» a estas burbujas negras, pues pueden llegar hasta ustedes revestidas con temor y terror, o con ansiedad, pero se las puede evitar fácilmente y «hacerlas estallar», y se desvanecerán como las formas tenues que son en realidad. Dentro de cada uno hay un premio que reluce brillantemente, que se revelará una vez que sea examinado, y el premio se obtiene al caminar directamente dentro de la burbuja y afrontar al fantasma. El premio consiste en pasar la lección, o el karma, hacer que se disipe y que desaparezca para siempre de las lecciones de su vida. En el proceso de disipación, se libera energía que ha sido almacenada para ese propósito, y el resultado final es la libertad para ustedes, y una transmutación de lo negativo en positivo para el planeta, elevando así la vibración. ¿Pueden darse cuenta de cómo el planeta no es nada sin ustedes? Sólo es la arena que les permite realizar su trabajo kármico, y esa arena está siendo cambiada ahora para permitirles poder.

Permítanme explicar más acerca de estos temores fantasmales: todos ellos responden directamente a cómo vivieron sus expresiones pasadas, si fueron hombre o mujer, si fueron agresivos o pasivos, lo que hicieron mientras estuvieron aquí, cómo murieron, y la interacción de los otros humanos que están en período de aprendizaje con ustedes. Queridos míos, he aquí una verdad que deben abrigar en sus corazones: el Universo no plantea juicio alguno sobre nada de lo que han hecho, pues son ustedes las piezas de Dios que caminan por la Tierra en período de aprendizaje, y son responsables ante sí mismos y ante el sistema del karma por lo que tiene lugar con toda propiedad. No obstante, todo aquello que hacen tiene una consecuencia. Esto no tiene nada que ver con causa y efecto, o con culpabilidad y castigo. No existen esas cosas en el motor kármico de su vida, pues el Universo es literal, y ve las cosas que hacen ustedes o bien como lecciones que tienen que aprender, o bien como escenarios para nuevas lecciones, y ambas cosas generan energía de algún tipo.

Permítanme explicarles, con amor, cómo deberían ver esos fantasmas de temor que son específicamente suyos: incluso dentro de esta misma encarnación, la expresión de este período de vida, muchos de ustedes llevan consigo ansiedades por cosas que han ocurrido, pero que no se pueden explicar racionalmente. Aquí hay muchos temores representados: el temor a estar solo, el temor al abandono, el temor a una pobre salud, el temor al fracaso, el temor a su propia muerte, todos estos temores no son más que fantasmas, ¡ahhh!, especialmente este último. El temor a la muerte se halla tan firmemente implantado en todos ustedes que resulta muy difícil atravesarlo y es apropiado que sea de ese modo, pues si pudieran ver este fantasma, con toda su debilidad, ciertamente caminarían a través de él, y eso no les serviría para su propósito aquí.

Algunos otros temores que llevan consigo son también muy reales para ustedes. ¿Qué deberían hacer con la ansiedad que experimentan por aquellos que se encuentran alrededor de sus vidas y que parecen haberles causado daño? ¿Qué decir de la cólera que llevan consigo hacia otros humanos, y especialmente hacia aquellos que se han relacionado con ustedes? Llevan ese «equipaje» consigo mismos, y eso hace que sean y actúen de ciertas formas, algo que, en retrospectiva, parece llegar a controlarles. ¿Qué deberían hacer con esto?, podrían preguntarse. Ese temor es, en realidad, uno de los más fáciles de eliminar. Permítanme explicarme.

Deseo ofrecerles la visión general de lo que está teniendo lugar realmente en cuanto a esas ansiedades de relación, para garantizarles la sabiduría de una percepción maravillosa de su fantasma. Conjuren en su mente a los humanos que les producen ansiedad, háganlos reales delante de ustedes. Tomen a aquellos que les han causado daño en el pasado, sitúenlos delante de ustedes, mírenlos, y luego ámenlos por lo que son en realidad. Perdónenlos y vean lo que sucede. No tienen por qué estar delante de ustedes personalmente, pero se producirá entonces la energía de la lección kármica. Lo primero que sucederá es que la burbuja negra desaparecerá. Podrán entonces aspirar al premio que contiene en su interior, y el karma se verá liberado y desaparecerá para siempre. Lo segundo que sucederá es que, una vez disipada la energía kármica, estos individuos ya no ejercerán ningún efecto sobre ustedes. Lo tercero es algo más oscuro de explicar, pero lo cierto es que una vez desaparecido el atributo kármico, esos otros «jugadores» que se encuentran en el escenario del período de aprendizaje alterarán en realidad sus interacciones con usted a partir de ese momento. ¿Les han afectado ustedes a ellos? Absolutamente. ¿Cómo pueden saber ellos lo que ha sucedido? Créanme, la parte de sí mismos que permanece oculta para ellos lo sabrá instantáneamente.

Imaginen lo siguiente: ¿cómo serían las cosas si ustedes, como padres, se disfrazaran de una forma que causara pavor, y aparecieran delante de su hijo y, a propósito, asustaran al niño una y otra vez, con amor, con la intención de que el niño se hiciera más y más fuerte? Y nunca se revelaran a sí mismos en ese proceso. Eso afectaría al niño durante toda su vida, y el niño tendría entonces un «temor fantasmal». ¡Sería una situación muy difícil! La mayoría de ustedes no harán eso, pues el sacrificio de ver a su hijo sufrir y asustarse sería demasiado como para poderlo soportar.

Y, sin embargo, aquellos que están en la Tierra y que mayor daño les han causado, los que les han producido el dolor de la ansiedad y de la pena en la relación, acordaron hacerlo así por el más puro amor, por contrato con ustedes antes de que llegaran aquí. Cuando sigan adelante, los verán y los amarán, pues el papel que representaron fue realmente muy convincente. Les amaron lo suficiente como para representar el papel negativo y le hicieron más fuerte por ello. Comprendan ahora el amor que ellos han necesitado para hacerlo así, y ámenlos ahora por ello. Indudablemente, también son ustedes los enemigos de alguien, un objetivo para la negatividad de algún otro que se encuentra en período de aprendizaje, representando el papel pero a la inversa. ¿Cómo se sentirían cuando esa persona les perdonara por completo? ¿Les afectaría eso? ¿Cómo reaccionarían? La verdad es que, casi con toda seguridad, notarían el acontecimiento y en lo más profundo de sí mismos surgiría la realización del éxito, de haber logrado la tarea por el bien del otro, y, a partir de ese momento, se sentirían de hecho diferentes hacia esa persona, aunque no la volvieran a ver.

Utilicen el amor como su fuente de poder al hacer estas cosas. Amen a aquellos que les odian. Aprendan a tolerar lo intolerable. Siéntanse en paz cuando la paz no parezca estar cerca de ustedes. Todas estas cosas son posibles. Esta es la llave que pone en marcha el motor del karma. Aquellas cosas que ustedes mismos han creado se pueden deshacer con facilidad. Sólo ustedes tienen la capacidad para afrontar correctamente cada una de ellas. Las pruebas se crean para que se las pueda pasar. Son ustedes los que autorizaron sus propias pruebas, de modo que deben saber lo siguiente: no hay ninguna prueba que esté más allá de su propio conocimiento o de su capacidad para atravesarla y dejarla atrás. El Universo nunca les planteará un problema que sea insoluble. Eso no les serviría a ninguno de ustedes, ni al Espíritu. ¡Esto es una promesa que les hace el Espíritu!

Pongan sus propios temores en un primer plano y afróntenlos. Observen cómo estallan las burbujas del karma, y aspiren a alcanzar los premios que contienen. Llévenlos con total alegría a su propia realidad y desprécienlos después como los verdaderos fantasmas que son. Háganlo así uno a uno, con propósito e integridad, y también con sabiduría. Hablo la verdad acerca de estas cosas, tal como son traducidas a través de mi socio. Deben saber que la traducción es correcta aun cuando estoy aquí para experimentar las palabras de la traducción, y deben saber que son exactas, pues si no lo fueran detendría a mi socio y así se lo diría a ustedes.

Queridos míos, les hablo ahora con un tremendo amor acerca del temor más grande de todos que impregna por lo menos a la mitad de los que se encuentran en esta sala (*y a muchos de los que leen esto ahora*). Se trata de un temor que se oculta, y del que la mayoría no son conscientes, pero que es básico para buena parte de la ansiedad que existe en sus vidas. Yo, como Kryon, he hablado de esto a unos pocos, pero ahora ha llegado el momento de presentarlo directamente. No obstante, y antes de continuar, desearía llevarles a hacer un viaje.

Muchos de ustedes se relacionarán con este viaje y al llevarlos ahora me llevo a mi socio conmigo. Le pido que no sienta la ansiedad de esta experiencia, puesto que estos viajes son muy reales para él. Debe vivir este viaje para ver lo que se está mostrando. La traducción de un viaje se lleva a cabo por experiencia y no por grupo de pensamiento. El Kryon ve todo el tiempo en el «ahora», y por lo tanto estas cosas están sucediendo ahora. La linealidad de su experiencia sobre la Tierra ya les ha sido demostrada, pero la realidad del tiempo es muy diferente a aquella a la que están acostumbrados. Puede ofrecer a mi socio estas experiencias en la realidad, puesto que lo llevaré realmente al acontecimiento tal como está ocurriendo.

Les llevo ahora a un tiempo situado antes de la glaciación. Les llevo a una gran ciudad de iluminación, y les pido que vean el edificio en el que están a punto de entrar. Muchos de ustedes experimentarán los sentimientos, y percibirán los olores de este lugar que les resulta familiar. Se trata de una gran estructura de doble aguja, pero una de las agujas señala hacia la Tierra, mientras que la otra señala hacia el cielo, con el espacio de acción descansando entre las agujas en el punto central. La estructura se encuentra apoyada sobre patas, o soportes adheridos al punto central. Esta estructura es familiar para muchos de ustedes, incluso ahora, mientras la visualizan a través de las descripciones de mi socio. Es un lugar de trabajo sagrado.

Este es el Templo de la Renovación o del Rejuvenecimiento.* Pues es aquí donde los humanos que lo eligen pasan un ciclo de refresco de tres años, el proceso que les ayudará a mantenerse vivos y equilibrados más allá de los años de vida que ustedes experimentan actualmente en su cultura. Es un templo porque es reconocido que el equilibrio de un humano es de tal naturaleza que implica reverencia y respeto, y honra del espíritu, de la mente y de lo físico. Esta cultura lo comprende. También comprende los números, y la biología y la física que rodea a los números. Esta fue la única cultura sobre la Tierra que los conjuntó fácilmente para crear los mecanismos para la extensión de la vida y para la salud.

Les llevo personalmente a este lugar para que puedan ser nuevamente testigos del proceso. Al entrar en la sala esférica puede verse la arquitectura y el diseño que contienen. Hay reverencia por la estructura de la escalera que se retuerce, pueden ver los diseños de las paredes en el elemento del cuatro, repetido una y otra vez en la serie del tres, que ofrece honor al trabajo que se desarrolla dentro.

Hay dos mesas en esta sala. Hay muchos situados alrededor

* Véanse las páginas 155, 160, 273 y el Apéndice A para información sobre el «Templo del Rejuvenecimiento» de la Atlántida.

de una de las mesas, poniendo sus manos sobre algo que no les será revelado en este momento, pues no es apropiado. El humano «objetivo» se encuentra en la otra mesa de la sala, y una facilitadora femenina está sobre esta persona. También observarán que las dos mesas están girando. Dentro de la esfera de la sala, hay rotación dentro de la rotación, pues es el movimiento el que cataliza el magnetismo que crea la polarización. Contenidos en la aguja situada por debajo de la sala se encuentran los mecanismos que hacen juego con los contenidos en la aguja situada por encima. Funcionan juntos para facilitar el funcionamiento del motor equilibrador. Queridos míos, presten atención, pues incluso dentro de esta descripción elemental hay secretos revelados de los que todavía no son conscientes y que pueden surgir al escuchar (*o leer*) esto, combinados con sus recuerdos intuitivos de su pasado. Conserven esta imagen en su mente, y sientan la importancia que tiene para ustedes ahora.

Estos son los tiempos en los que muchos de ustedes estuvieron en su trabajo, en ese lugar que llaman Atlántida. Les he traído aquí para que recuerden de modo que eso les ayudará a comprender el temor del que ahora me dispongo a hablarles. Por su iluminación en este lugar y tiempo, y por sus esfuerzos de curación en este templo, y por toda su comprensión acerca de la forma en que funcionan las cosas universalmente, y por el resultado de prolongados períodos de vida, parecería que fueron ustedes honrados en la muerte. Pues todos ustedes perecieron no mucho después de este mismo viaje. Eso fue algo que sucedió sin su comprensión, pero hubo propiedad en el acontecimiento y formó parte de una imagen mucho más amplia.

Llevan consigo las semillas del temor alrededor de este acontecimiento. Pueden decir: «No recuerdo nada de todo esto; ¿qué tengo que temer de esto?». Se trata del temor más básico de los humanos maestros e iluminados en la Tierra en este momento. Se trata, de hecho, del temor de la iluminación. Es el temor a quedar curados, y a ser curadores en la nueva energía que yo traigo. Es un temor que llevan tan fuertemente impregnado en sí mismos que algunos llegan a ponerse físicamente enfermos al acercarse a la iluminación y al conocimiento que es de ustedes, y al comenzar a aspirar a alcanzar el premio que se ofrece en la nueva energía, su cuerpo lo rechaza, porque no es consciente de que ahora es seguro hacerlo así. Hubo un tiempo en el que su cuerpo sintió este despertar antes, y fue aparentemente recompensado con la terminación.

Hablo de la nueva energía, hablo de la razón por la que estoy aquí y por qué están aquí los nuevos en el servicio a ustedes. Pues sólo hubo otra ocasión en la que todos estuvimos aquí, y ustedes fueron aparentemente «castigados» poco después de eso, y lo recuerdan claramente a nivel celular. Ahora me encuentro ante ustedes para revelarles que en esta ocasión no se producirá esa clase de castigo. Estos son tiempos pacíficos y gloriosos, llenos de potencial. Ahora tienen el poder para moverse a través de este fantasma seminal, tal y como les he descrito antes otros fantasmas. Afronten estos temores conmigo ahora, no hay razón por la que no puedan hacerlo.

Hablo de la nueva energía y les digo que he llegado porque ustedes mismos me han llamado, porque lo han permitido. Han efectuado el cambio. La Tierra está preparada ahora para algo que no esperábamos, y ustedes son los jugadores. Muchos de ustedes han solicitado estar aquí ahora, estableciendo sus contratos mientras estuvieron en el otro lado del velo de la lección, sabiendo muy bien que este estado tenía la oportunidad de ocurrir de esta manera. Forman parte de ello, tal como habían solicitado. Mientras están sentados delante de mí (*o leen estas palabras*), estas traducciones penetrarán en sus mentes y se quedarán ahí. Se adherirán a ellas y recordarán estas comunicaciones a medida que avancen lentamente hacia la elección de aceptarlas o de no aceptarlas. Si eligen avanzar con la energía, honraremos su intención, y haremos avanzar las cosas con ustedes en su cultura, para permitir su crecimiento y poder. Sean conscientes, sin embargo, de que si están de acuerdo en continuar adelante, serán llevados allí independientemente de que estén preparados para ello o no. No admitan seguir adelante a menos que lo digan en serio.

Tienen dentro de ustedes la capacidad para crear ahora con sus guías, verbalmente, en voz alta, cualquier cosa que deseen. Sus estancias de la abundancia, de la paz y de la esencia interior están preparadas y esperándoles. Pueden entrar en ellas en cualquier momento, si inician el proceso verbalizando la cocreación con sus guías en relación con aquellas cosas que necesitan. Pueden estar en lugares de paz en los que nunca habrían creído estar antes. Aquellas cosas que antes les ponían «ansiosos» quedarán completamente desconectadas. Serán de las burbujas kármicas negras que llevan como equipaje mientras están en período de aprendizaje. Lo único que tienen que hacer es solicitarlo. Esto es nuevo y se les ofrece con amor.

Les rodeo ahora con el amor que tenemos para ustedes, y deseamos que lo sientan. Deseamos que sepan intuitivamente, por medio del lenguaje que no es hablado, pero que está siendo dirigido hacia su tercer ojo, incluso mientras reciben este mensaje, en el sentido de que todo lo que se ha presentado en esta comunicación es verdad. Deseamos que lo recuerden. Este es, de hecho, su tiempo.

Antes de continuar, deseo expresar de nuevo el amor que tiene esta entidad por la entidad de ustedes. Y deseo decirles que se puede sentir a través de sus guías en este momento, si así lo desean. Cuando eran niños y fueron abrazados por sus madres, sintieron lo que supone tener los brazos que lo rodean todo con amor. No tenían preocupaciones, pues eran alimentados, eran vestidos, y no experimentaban frío, y todos ustedes lo recuerdan. Así son las cosas ahora, pues nosotros (*el Espíritu*) somos Madre/Padre Dios. Les conocemos por su nombre y no necesitan preocuparse, y no necesitan sentir frío, y serán alimentados. Tendrán salud y paz, simplemente si están dispuestos a crearla con nosotros.

Finalmente, les ofreceré una parábola. Pueden leer en ella aquello que crean que es correcto para su crecimiento en este momento. Había dos campesinos. Cada uno de ellos era el propietario de un campo maduro que no podían cosechar por sí solos sin la ayuda de los demás, pero ocuparon todo su tiempo y trabajaron duramente para cosecharlo. Los dos campesinos eran divinamente humanos, y honraban apropiadamente a la Tierra. Eso creó una buena asociación con la Tierra y fueron recompensados con buenas cosechas cada año, y pudieron sustentarse a sí mismos y a sus familias. Una parte de su cosecha la utilizaron personalmente y otra parte fue vendida en el mercado para aportar sustento y abundancia. Vivieron buenas vidas.

Un día apareció un humano en cada uno de sus campos respectivos, afirmando traerles un mensaje de Dios. Los dos campesinos se mostraron interesados, y escucharon atentamente el mensaje. El mensajero les dijo que los dos eran tiernamente queridos, y que gracias a su duro trabajo se habían ganado el poder para incrementar por diez veces su cosecha. Era su regalo, y ahora tenían en sí mismos el poder para hacerlo así. Para activar el nuevo poder, lo único que tenían que hacer era purgar la vieja cosecha que ya crecía en sus campos. Debían dejarla en el campo por completo y ararlo de nuevo, sin dejar nada de la vieja cosecha. Además, debían buscar las raíces para encontrar los parásitos o los hongos y desprenderse de cualquier impureza que encontraran. Una vez que lo hubieran hecho así, volverían a plantar inmediatamente nuevas semillas. En anticipación de su nuevo poder, el mensajero les dijo que Dios cambiaba las estaciones, que les ofrecería más sol y lluvia cuando fuera apropiado, que les protegería de la sequía, que reacondicionaría realmente los componentes de la agricultura tal y como la conocían, para permitirles el uso de este nuevo don.

Era el momento del año en que la cosecha vieja estaba a punto de ser recogida. Los dos campesinos tenían plantas altas que ya estaba preparadas para ser cortadas y vendidas en el mercado, lo que les permitiría ganarse el sustento para todo el año siguiente, así como comprar las semillas para la cosecha de la siguiente temporada. Los dos campesinos se mostraron vacilantes en destruir la vieja cosecha, y perder con ello su seguridad para la siguiente temporada. Después de todo, ¿qué mal habría en recoger la cosecha y utilizar su nuevo poder más tarde? Esta cosecha, aunque ya era vieja, estaba casi preparada, y volver a plantar nuevas semillas no serviría de nada en esta época del año. Cualquier campesino sabría que las semillas no crecerían ahora.

El primer campesino consultó con su familia acerca del mensaje recibido, y les pidió consejo. Después de pensar mucho en lo que había oído decir al mensajero, él y su familia decidieron que Dios no les causaría daño alguno, así que destruyeron su cosecha casi madura tal como se les había indicado, y volvieron a arar por completo la tierra. Luego, examinaron todas las impurezas, las eliminaron cuidadosamente e inmediatamente después volvieron a plantar los campos.

El segundo campesino, en cambio, no creyó en el mensajero, y se preparó para recoger la cosecha, como hacía habitualmente.

Poco después llegaron las lluvias. Esto conmocionó mucho a los dos campesinos, pues nunca había llovido en esta época del año hasta ahora.* La lluvia regó las nuevas semillas del campo del primer campesino, e inundó la cosecha ya preparada del segundo. Entonces llegó el viento, cuando antes nunca había soplado el viento en esta época del año. La cosecha del primer campesino empezaba justo a crecer gracias a la lluvia, y el viento no pudo arrancarla. Lo que quedó de la cosecha inundada de agua del segundo campesino fueron plantas que estaban altas y el viento las arrancó con facilidad y se las llevó.

Y así, la cosecha del primer campesino creció hasta alcanzar una cantidad y altura con la que jamás había soñado imaginar, y se regocijó con su nuevo poder para crear una cosecha abundante, tal y como le había predicho el mensajero. El segundo campesino, en cambio, perdió su vieja cosecha y esperó un tiempo en el que pudiera alinearse con las nuevas estaciones para poder plantar de nuevo sus semillas, sintiéndose inseguro y ansioso acerca del nuevo cambio de las temporadas que no estaba previsto.

Queridos míos, ¿qué equipaje viejo llevan con ustedes en esta nueva energía impidiéndoles utilizar su poder? Sitúense en medio de sus propios temores y aspiren a conseguir el premio, y sigan adelante con su vida. Porque es la hora.

Y así es.

Kryon

* Para un análisis de esta parábola, véase el Apéndice B.

Manifestación - Cocreación

Canalización del 19 de junio de 1993

Del Mar, California
Grupo de Luz Kryon

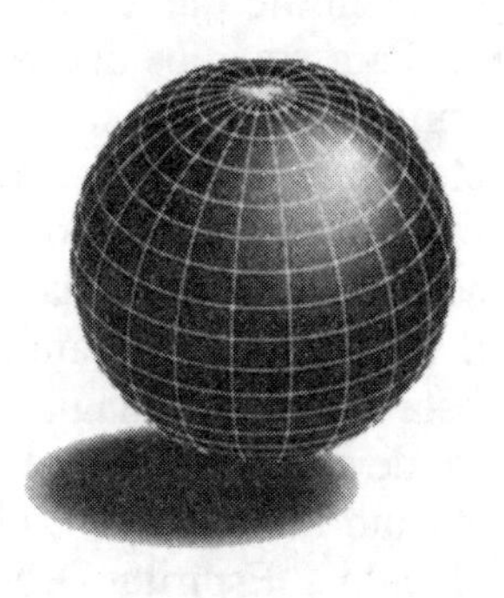

The Kryon Writtings

1155 Camino del Mar, 422
Del Mar, California 92014

Manifestación - Co-creación

Canalización del 19 de junio de 1993
Grupo de Luz de Del Mar

Saludos. Soy Kryon, del servicio magnético. Es mucho más fácil ahora de lo que fue la primera vez, ¿verdad, socio mío? Pues llamarme a mí es como llamar al Espíritu, y ese es el privilegio de cada uno de los que se encuentran aquí. Para usted, socio mío, y como facilitador del Kryon, le ofrezco el honor en esta ocasión.

Cada uno de los que están presentes aquí esta noche ha acudido a propósito, y el mensaje que escucharán esta noche es el primero de esta clase. Para aquellos que estén leyendo esto ahora, también es la primera vez que se transmite este mensaje, pues ya ha llegado el tiempo de hacerlo. A través de este discurso y de la transmisión de esta información, y de esta lógica, y de esta realidad, escucharán ustedes la verdad revelada.

Debe saberlo así, mi muy querido amigo, pues para quienes están sentados aquí esta noche, hay magia. Eso es algo que explicaré más hacia el final de este tiempo. Cada uno de ustedes me es conocido, pues represento al Espíritu. Cada uno de ustedes me es querido, pues represento al Espíritu. Deben saber quién les está hablando ahora, y sentir este momento sagrado. Pues todo procede del Espíritu, y no sólo una parte. Procede del sol central. Procede de la fuente de todo amor y de toda luz, y se sentirán honrados (*en el sentido literal*), pues estamos aquí para inclinarnos ante ustedes. Es el tema común recurrente del Kryon el hacerles saber que son ustedes los exaltados, y repetiremos esto tantas veces como sea necesario para que sepan que es así, y que esa es la verdad. Pues ustedes son piezas de Dios, como yo mismo, pero se han presentado voluntarios para estar en el período de aprendizaje. Se han presentado voluntarios para venir y pasar por las muertes terrenales, con el dolor que supone pasar por ese proceso, con objeto de elevar la vibración de este planeta.

Es por eso por lo que les honramos y les amamos. Es por esto por lo que se encuentran «recordando», en momentos de sueño profundo, sus viajes a la cueva de la creación, y cómo algunos momentos, impulsados por los acontecimientos que ahora comparten en esta sala, tendrán recuerdos acerca de quiénes son realmente. Esto es apropiado, y esto es el objetivo. Pues aun cuando se encuentren en período de aprendizaje, les animamos a saber quiénes son cuando no están aquí, y les decimos que el final de su viaje sobre este planeta traerá consigo una gozosa celebración con todos aquellos a los que han conocido a través de todas estas épocas. Esta noche está sucediendo algo especial, incluso ahora, mientras les hablo. En breve hablaré más sobre esto.

Deseo referirme en esta oportunidad a su nuevo poder creativo. Deseo decirles quiénes son ustedes, y qué pueden hacer ahora. No obstante, antes de hacerlo así, deseo amarlos personalmente. Deseo que sientan los brazos del Espíritu a su alrededor. Deseo que se relajen en esto, y que permitan el flujo de toda la información. Para aquellos de ustedes que se sientan «alejados» de esto, les pido que sean tolerantes, que reciban, y que no se protejan ni defiendan contra lo que les es presentado aquí por mi socio.

Para poderles hablar de su nuevo poder, pues es el tiempo para hablar de ello, debo informarles antes de la historia. Y también les ofreceré varias historias para mostrarles cómo fueron las cosas, y dentro de ese proceso les haré efectuar dos viajes para que «vean» cómo fueron las cosas, para que reciban los datos directamente. Luego les diré cómo «son» las cosas.

Deben saber lo siguiente: otro de los temas recurrentes que será verbalizado tan a menudo como yo me siente delante de ustedes, y tan a menudo como el lector elija leer las palabras del Kryon es: La energía está aquí ahora. No se parece a nada de lo que hayan experimentado antes como humanos. Trae consigo no sólo poder, sino también cambio. Trae consigo aceleración de las cosas. Aquellos que se sientan aquí esta noche deben saber de lo que hablo. Sólo durante los últimos cincuenta o sesenta años se han elevado ustedes hasta el estatus de graduados, y han cambiado con ello este planeta. Eso se ha logrado gracias a su trabajo, y el cambio vibracional conseguido con ello es que nos junta ahora (*a los elementos del Espíritu*). Llegamos diariamente. Aquellos otros que son como yo, que están al servicio de ustedes, llegan con un gran amor y una gran excitación. La mayoría de los que lean y escuchen esto saben que las cosas están cambiando. Pueden percibirlo (*claro está*). Se produce una aceleración de los acontecimientos kármicos personales. Están ustedes liberándose del karma con mucha mayor rapidez que antes, especialmente con aquellos que les rodean (*por contrato*), y que ustedes saben que son sus socios kármicos. Aquellos de ustedes que saben de *co-creación* se encuentran con que eso sucede casi instantáneamente. Aquellos de ustedes que comprenden la *intención* y saben cómo funciona el Universo respecto de ustedes, reconocen la relación de causa y efecto que tienen ahora. Mientras que antes fueron capaces de levantar el velo ligeramente sólo en contadas ocasiones, para recoger rápidamente las cosas que necesitaban, ahora se encuentran con cada pie plantado firmemente a cada lado, a pesar de que están en período de aprendizaje y siempre lo estarán mientras se encuentren aquí. Ahora disponen de las capacidades que otorga el don de estos poderes recientemente obtenidos. ¿Cuáles son? ¿Cómo pueden utilizarlos? ¿Cómo pueden «sentir» el amor que aportan consigo? ¿Cómo pueden *cocrear* por sí mismos, y manifestar las cosas que necesitan? No permanezcan en la oscuridad en relación con estas cosas. Este mensaje lo aclarará.

Antes de hacerlo así, sin embargo, deseo llevarles de regreso a la antigua energía. Ustedes, como seres humanos que están en este planeta, nunca han sido capaces de llevar su propia esencia. Esa «pieza de Dios» que es cada uno de ustedes cuando no está aquí, ha permanecido en el pasado como una pieza separada, almacenada en lugares diferentes a través del tiempo. Cuando las tribus de los israelitas emigraban, su esencia era llevada en el Arca de la Alianza. ¿Se han preguntado alguna vez que había exactamente allí dentro? Era usted. Ahora le hablo de usted, pues no siempre fue quien es ahora, sentado en esta sala, o leyendo este libro. Ustedes son sus propios antepasados, y muchos de ustedes participaron en toda la historia acerca de la cual leen ahora, dejando mensajes para sí mismos dentro de esa historia. Es una gran ironía que ahora profundicen para extraerlos, para dejar al descubierto sus propias palabras y sus propias acciones.

Si hubieran tenido la capacidad para examinar el cuerpo de la persona querida de la que se digo que había tocado el Arca de la Alianza, y que había muerto a causa de esa infracción, descubrirían que había quedado electrocutada. Pues la esencia de su espíritu, almacenado en usted en estos lugares sagrados durante el período de la vieja energía, era precisamente eléctrica. Tenía polaridad, y era de naturaleza magnética. ¿No les sorprende ciertamente esto, viniendo como viene del Kryon?

En la vieja energía, el Espíritu se aparecía ante ustedes y con palabras como las que ahora están escuchando y leyendo, les daba consejo, y les decía hacia dónde tenían que volverse, les avisaba de lo que estaba por venir, y les decía lo que tenían que hacer. Y ustedes obedecían a sus líderes, que escuchaban esas voces, pues así eran las cosas. Pero sin la capacidad para llevar consigo su plena esencia, se encontraban sumidos en la oscuridad, pasando por el período de aprendizaje, realizando lentamente su karma, a pesar de lo cual seguían siendo las «piezas de Dios» convertidos en humanos, acerca de las cuales he hablado tantas veces. Dejemos las cosas bien claras: cuando Moisés se arrodilló ante el Espíritu, no se arrodilló ante una zarza ardiente o ante un árbol, sino que se arrodilló ante el mensajero del Espíritu. En las canalizaciones y escritos pasados, les he contado cómo sucede esto, pues somos entidades que tenemos aproximadamente el tamaño de una de sus casas, que giramos con magníficos colores, muchos de ellos iridiscentes. Eso fue lo que vio Moisés como la zarza ardiente que después describió. ¿De qué otro modo podría haber percibido al Espíritu? Pero escuchó realmente palabras, del mismo modo que ustedes las escuchan y las leen ahora, en el pleno lenguaje humano de la época. Escuchó palabras en el aire, oídas por oídos humanos, y fue algo realmente sagrado y Moisés se quitó el calzado, de un modo parecido a como han hecho muchos de ustedes aquí, esta noche, y por razones similares. Y cuando

Moisés regresó y cumplió las instrucciones recibidas, ocurrió algo más que deben saber, pues ha llegado el tiempo de que conozcan esto para comprender directamente la historia escrita: cuando Moisés condujo a los israelitas fuera de Egipto, tal como el Espíritu le dijo que hiciese, los condujo a través del Mar Rojo, que por aquel entonces era conocido como «Mar de Juncos». Y si han estado allí, habrán visto los altos acantilados que se levantan a cada lado de este cuerpo de agua, un mar que se podría haber cruzado fácilmente. Moisés buscó algunas características geográficas bien conocidas, un puente de tierra que cruzara este mar, y los israelitas pasaron a través de él, libre y voluntariamente. Fue este puente de tierra el que se derrumbó bajo el peso de las tropas del faraón, ahogándolas y enterrándolas bajo las aguas. Les digo ahora estas cosas por razones de credibilidad, para que puedan medir la realidad de mis palabras, pues así fue como ocurrió. En la próxima década de la Tierra, se les permitirá descubrir por sí mismos los restos del puente de tierra. Está ahí para que ustedes puedan observarlo, y recordarán mis palabras tal y como se han pronunciado en esta comunicación.

Éstas fueron las formas de actuar de las viejas energías, y el Espíritu podía aparecer realmente para ayudarles. Y cuando su esencia no era llevada de un lado a otro, era almacenada en la estancia sagrada del templo. En ese lugar se encontraba la esencia de usted, que usted mismo no podía contener todavía en sí, pues no disponía de la iluminación ganada de la que ahora dispone. Esos templos fueron los magníficos lugares a los que se permitía la entrada de muy pocos, y en ellos se almacenaba la más elevada energía de ustedes. Deben saber lo siguiente: cuando el templo sea reconstruido de nuevo, contendrá nuevamente esencia y energía sagradas, pero será diferente. No será de ustedes. ¡Será nuestra! Eso es lo que cambiará la Tierra. Este es el plan y el contrato, pues entonces la Tierra se convertirá en el «faro» del Universo, para que viajeros como yo mismo acudamos, y nos quedemos. Esto está en su futuro si así lo desean, aunque no es este el tema del mensaje que les estoy transmitiendo.

En la vieja energía eran guiados ustedes por el Espíritu, de una forma muy simple y directa, verbalmente, a través de mensajeros enviados a sus líderes. Era algo real. La nueva energía es algo tan diferente para ustedes porque todavía llevan consigo el equipaje de lo antiguo, y tienen dificultades para comprender y darse cuenta de la inmensidad de lo que se encuentra delante de cada uno de ustedes, personalmente, en este momento. Pues dentro de la nueva energía disponen de las herramientas de la cocreación. Lo que ha cambiado es que ahora ya no hay más Arca, ni más templos. Pues ahora, dentro de sí mismo, está la esencia de lo que son, esa parte de sí mismos que antes tenía que ser transportada y almacenada. Y todo lo que se necesita ahora es la conexión entre su cuerpo humano en período de aprendizaje, y su esencia, recientemente disponible, que ahora llevan consigo. Estas son las «herramientas» de las que hablo. Esas son las herramientas que utilizarán para co-crear.

Hay cuatro cosas que deben conocerse acerca de la co-creación. Si desean utilizar este nuevo poder de la co-creación, tienen que aprender estos cuatro mecanismos.

Intención: Para co-crear y permitir que la electricidad, que es Espíritu, fluya hacia su cuerpo humano (*para que su plena esencia espiritual fluya hacia su esencia física*), antes tienen que mostrar al Universo la *intención* de que eso sea así. Para hacerlo, tienen que reconocer el karma que les rodea. Tienen que caminar a través del karma, o solicitar el implante, pues es muy importante que se desprendan del karma y se conviertan en el cuerpo ligero para que pueda tener lugar el poder cocreativo. Esta es la razón por la que el Libro I del Kryon, tal como fue traducido por mi socio, se refirió sobre todo al implante neutral, para darles a conocer la posibilidad de desprenderse de su karma. Ese es el primer paso crítico. Deben saber, sin embargo, que una vez que se ha transmitido verbalmente la intención a través de sus guías, y que ésta ha sido reconocida por el Universo, no tienen por qué esperar (*el Universo es literal, y honra su intención como si hubieran tenido lugar años de trabajo para alcanzarla*). Su mensaje pone en movimiento los mecanismos que le permitirán desprenderse de su karma, y harán surgir situaciones que, de otro modo, habrían permanecido agazapadas en el fondo de su vida. Eso también produce un cambio de guías.

Pero mientras que se está produciendo todo esto, ustedes

también pueden co-crear de modo inmediato, porque la *intención* lo es todo. Es absoluta. No se puede deshacer su *intención*. Lleve mucho cuidado antes de verbalizarla, pues entonces le ocurrirán cosas que son para usted, con amor y propiedad, una vez que las haya pedido. Sea consciente de lo que es la *intención* (*de cómo expresarla*). Es un momento sereno en el que se habla con el Espíritu. Es un momento sagrado que usted mismo elige, y en el que le dice al Espíritu: «Deseo tomar mi poder y cocrear. Mi intención es continuar adelante (*convertirme*) en un ser de luz. Mi intención es usar el don de la nueva energía de la forma apropiada». Eso es todo lo que se necesita. (*El «ser de luz» es el nombre que da Kryon a aquellos que han expresado la intención, que se han desprendido de su karma y han permitido que fluya todo el potencial de la esencia espiritual, para que quede integrado en el cuerpo físico.*)

Realidad. Se trata del segundo aspecto de los cuatro. Y es el más duro. Como humanos, se encuentran constantemente colocando sus cuerpos en una silla, y nunca consideran si la silla va a poder sostener su peso. Esta es la realidad de la silla para su mente humana. Su silla es como una herramienta. Le sostiene mientras está sentado en ella. La nueva energía de poder co-creativo es una herramienta. Le sostiene mientras vive. Y no sucederá nada, a menos que se acerque a ella con la misma realidad con que lo hace respecto de la silla.

Permítanme darles un ejemplo de realidad, al tiempo que les llevo en un viaje de fantasía. No se trata de un viaje a un período situado hace 3.200 años, como en la época de Moisés y el Mar Rojo, sino de un viaje a un período situado hace tan sólo 200 años. Les invito, en la fantasía, a visitar conmigo la costa este de su propio país (*Estados Unidos*). Cuando tratan con el Espíritu, y con el Kryon, están tratando con una entidad sin tiempo, con una entidad que no conoce el tiempo lineal como ustedes lo conocen. Pues yo lo veo todo como si ocurriera ahora, y esta fantasía también la veo como si ocurriera ahora. Imagínese a sí mismo caminando para asistir a una reunión de ancianos en una pequeña ciudad de la costa este de su país, en una época en la que tanto su país como su cultura eran muy jóvenes, y en la que su religión era muy intensa. Si así lo desea, lleve a esa reunión uno de sus instrumentos de cálculo que se base en la electricidad, de esos que puede sostener en la palma de la mano. Preséntelo a aquellos que asistan a la reunión. Sonríales con amor y, en su fantasía, observe cuál es su reacción, pues lo que ha hecho ha sido presentarles un instrumento mágico. ¡Observe el miedo que tienen! Y, si no fuera por la fantasía, y por el hecho de que pueden marcharse en cualquier momento que elijan, y abandonar este viaje, la situación evolucionaría hasta convertirse en una verdadera tragedia para ustedes. Pues ellos le tacharían de maligno. Dirían que proceden ustedes del lado oscuro, y les destruirían, y todo ello simplemente porque les llevaron su instrumento actual. Como pueden comprender, ese instrumento o herramienta, no se encontraba en la realidad de ellos. Su cultura lo rechazaba, pues no estaban preparados para admitirlo. En sus mentes, era algo mágico, y tan mágico como para que lo consideraran como maligno. Pueden percibir el temor que rodea todo esto para ellos, y la incredulidad de que pudiera representar para ellos alguna clase de «realidad».

Examinemos el objeto que se llevaron consigo: el objeto, en su cultura actual, cuesta menos que la comida de un solo día. Se trata de un objeto que no tiene ninguna importancia y que, si se pierde, esa pérdida causaría muy pocos problemas. ¿Se trata de algo mágico? Desde luego que no. ¿Es algo comprendido? Desde luego que sí. ¿Es habitual? También lo es. Si llevaran ese instrumento a una reunión celebrada en su propia cultura actual, ¿qué sucedería? La respuesta es muy simple: nada. Porque hoy en día es algo aceptado. Forma parte de la realidad actual. Ustedes siguen siendo humanos, y su fantasía sólo tuvo lugar hace 200 años, ¿cuál es la diferencia? Aahh, ¿comprenden ahora que la magia del ayer se convierte en la realidad del presente?

En consecuencia, el segundo aspecto de nuestra serie de cuatro consiste en aceptar las nuevas herramientas que puedan parecerles como mágicas, y aceptarlas como realidad. Véanlas como si fuera la silla. Esperen resultados cuando las utilicen y sepan que son de ustedes por el simple hecho de haberlas solicitado, pues son ustedes sus propietarios. Estas herramientas no se encuentran en la imaginación de alguien, pero si se acercan a estas cosas con curiosidad e incredulidad, no funcionarán, y se sentirán frustrados por ello, y estas cosas no les servirán como pretendían que les sirvieran.

Verbalización: El tercer elemento se refiere a los mecanismos de la verbalización, y es también un tema recurrente. Se trata de la verbalización. Ustedes han ofrecido, y el Universo ha recibido, el mensaje de la intención. Ven la realidad en las herramientas que se encuentran ante ustedes, y ahora verbalizarán su utilización para el Universo, a través de sus guías, de modo que ustedes, como seres humanos que se encuentran en período de aprendizaje, puedan escucharlas por sí mismos. No desprecien estos detalles, queridos míos, pues hay propósito en la verbalización. Si no han escuchado los mecanismos del propósito, se los ofreceré ahora: es importante que sus propios oídos escuchen aquello que es presentado por sus propias bocas. Sus palabras salen expulsadas al aire, y regresan a sus propias mentes, unas mentes que son humanas, que escuchan aquello mismo que están pidiendo. Y, dentro de este proceso, «estrechan la mano» con lo que el Espíritu también desea escuchar de ustedes. Así pues, tienen el cuerpo físico y el cuerpo astral que escucha simultáneamente el mismo mensaje, y se produce entonces una fusión de las dos mentes (*la física y la astral*).

Les he hablado de amor y de luz. Les he dicho que ambas cosas son lo mismo. En esta misma sala, les he llevado personalmente a efectuar un viaje hacia la parte más interna del átomo. Les he mostrado cómo este poder invisible de amor define actualmente los arcos (órbitas) de los átomos, manteniéndolos separados los unos de los otros, conteniéndolos, mostrándoles que la «materia» de la que está hecha el amor, se encuentra presente en el nivel celular, en el nivel atómico, y también en el nivel astronómico. Nos hemos referido a este amor como algo que tiene sustancia y que es espeso. Ahora mismo, al sentir a su alrededor los brazos del Universo, saben que esto es así, porque es fluido.

Al verbalizar estas cosas es cuando el fluido se distribuye entre aquello que es su esencia como una pieza de Dios, y aquello que es su esencia como humanos que se encuentran en período de aprendizaje. ¡Esto es crítico! La verbalización de lo que desean y necesitan debe hacerse en voz alta. En la vieja energía, podían ustedes pensar sus pensamientos, y estos se producían y se convertían en realidad, en aquellos tiempos en los que podían levantar temporalmente el velo y recoger aquello que pudieran, hasta que el velo se cerrara de nuevo. Para ello sólo era necesario pensar en estas cosas, pues el pensamiento también es energía. Ahora, para alcanzar su poder absoluto, tienen también que verbalizarlo.

Autocreación: El cuarto y último aspecto es otro atributo crítico de la consciencia. Deben aprender cómo funciona esto. Pueden ustedes cocrear todo aquello que deseen con propiedad. Si se han desprendido del karma, si son iluminados, no crearán acontecimientos que sean inapropiados para sí mismos y para todos aquellos que les rodean. Si no se encuentran en este modo, pero de todos modos lo intentan, no crearán nada. Al cocrear, sólo se crea para sí mismo. Permítanme explicarlo, pues se trata de un concepto difícil. El aumento de la vibración del planeta es lo que ustedes hacen personalmente. Es cierto que existe karma de grupo, acción de grupo y poder de grupo. Es cierto que mientras se hallan reunidos aquí, delante del Espíritu, forman un grupo, pero cuando utilicen su poder, lo utilizarán personalmente. Estar aquí es algo personal para cada uno de ustedes, para crear personalmente para ustedes mismos. No hagan intervenir a ningún otro ser humano en sus creaciones, pues en tal caso no se aplicará su poder. Pero, podrían decir: ¿Cómo puede ser esto así, cuando lo que deseo es crear paz en una relación, o buenas cosas para mis hijos?». Les ofreceré un ejemplo de cómo funciona esto.

Imagínense a sí mismos, junto con otros seres humanos, en un pozo de alquitrán, cubiertos de alquitrán, envueltos en la suciedad desde la cabeza hasta los pies, incapaces de moverse con rapidez de un lado a otro, debido a lo espeso del alquitrán. Este es su estado imaginado. De repente, descubren una herramienta «mágica» de Dios que limpia su cuerpo, y que lo mantiene limpio aunque se encuentre sumergido en el alquitrán. Aparecerá ante los demás como alguien que «destaca», pues será diferente, será blanco y limpio, mientras que todos aquellos que le rodean están todavía en el alquitrán. Así pues, ustedes cocrean la limpieza para sí mismos. Ahora, ¿cree que quienes le rodean lo ignorarán? ¿Lo ignorarán mientras camina libremente, sin que el alquitrán les toque o dificulte el movimiento de sus pies? ¿Lo ignorarán mientras ellos observan cómo el alquitrán toca su cuerpo y nunca le mancha? ¡Aahh, mire! ¡Ellos están a punto de cambiar! Lo primero que sucederá es que vaya adonde vaya, habrá paz, pues ellos le despejarán el camino. Lo segundo que ocurrirá es que le preguntarán cómo ha sido posible una cosa así, y cuando ellos descubran «la herramienta secreta de Dios», entonces cada uno de ellos empezará a utilizarla para sí mismo, y entonces también habrá más que estarán «limpios», y cada uno creará personalmente para sí mismo. Ahora, mientras observan al grupo a lo largo de un período de tiempo, verá que la mitad de ellos o más estarán «limpios». Deténgase y piense en lo que ha sucedido realmente. No ha pedido usted que ninguno de ellos quede limpio, y, sin embargo, ese es el resultado creado por uno solo para muchos.*

Lo mismo sucede cuando se encuentra en una situación, con otro humano, y sabe que no es apropiado, que el otro está lleno de atributos kármicos negativos y de oscuridad. Y lo único que realmente desean todos ustedes es la creación de paz alrededor de todo esto, para luego poder crear por sí mismos y observar lo que sucede con el que se encuentra a su lado. Pues cuando reciben paz sobre la situación, se habrá desprendido del karma (*que permitió la negatividad*), y dejará de haber propiedad en la continuación de la interacción negativa. Recuérdenlo, queridos míos: si existe algo entre los humanos que les parece doloroso, o problemático, la razón de que eso ocurra así se debe, al menos en un cincuenta por ciento, a su propio karma personal. Una vez que se hayan desprendido de su parte personal del karma, les faltará la mitad de la razón kármica, y de ese modo se desarmará y se evitará el contrato kármico y el «apretón de manos» para eliminar el karma. En consecuencia, la persona que está a su lado cambiará. También sucede lo mismo al rogar por sus hijos. Rece y cree por sí mismo, y observe lo que les sucede a ellos, pues se

* Para un análisis de esta parábola, véase el Apéndice B.

producirá una reacción instantánea en todos aquellos que le rodean en cuanto usted cambie.

¿Cuáles son las cosas apropiadas que se pueden pedir? Deben saber lo siguiente: para sí mismos pueden pedir abundancia. En su cultura pueden pedir una corriente de ingresos. Pueden pedir paz en aquellos casos donde parecería que no pudiera haberla. Pueden pedir propósito. Pueden pedir tolerancia sobre aquellas situaciones y cosas que antes hayan ejercido presión sobre su «magia» kármica, y que le hayan hecho ponerse colérico, y obtendrá resultados. Estas cocreaciones son todas apropiadas, pero al hacerlo he aquí un atributo mecánico que deben conocer: no soliciten nada específico. Si lo que necesitan son resultados monetarios, no le digan al Espíritu que alguien que les debe «les pague». Díganles al Espíritu lo que necesitan para tener abundancia en su cultura para que puedan existir en ella, y dejen luego que sea el Universo el que encuentre los caminos. No hagan suposiciones acerca del «cómo» implicado en la producción de los resultados que desean, pues hacerlo así es limitar al Espíritu, y recuerde que nosotros (*el Espíritu*) somos literales, y tratamos de realizar realmente las peticiones que se nos presentan. Así pues, ahora ya conocen los cuatro mecanismos de la co-creación. Pueden ustedes pedir sus objetivos, pero no le digan al espíritu cómo han de conseguirse.

Quizá les parezca extraño, en una cultura en la que se les ha enseñado a sublimarse a sí mismos, que se les diga que se consideren como una pieza de Dios. En una cultura en la que cada uno de ustedes es visto como uno entre muchos, quizá les parezca extraño que el Espíritu les pida cocrear sólo para sí mismos. Pero los mecanismos son maravillosos y el poder es inmenso, pues cada uno de ustedes será visto como especial, y aquellos que les rodean dejarán sus interacciones kármicas, para que las de ustedes queden vacías, mudas y desaparezcan. ¿Ven cómo se presenta la interacción?

Ahora, sería el deseo de mi socio el concluir, pero el Kryon desea decirles más, ¡vean la magia que hay aquí! Permítanme decirles algo que está ocurriendo, que extenderá su creencia: en los minutos que han pasado aquí, han estado envueltos por el Espíritu, y el amor del Espíritu es tal, que si piden una manzana, nunca recibirán una serpiente. El paraguas del Espíritu es impresionante, y en este espacio sin tiempo, a todos ustedes se les ha concedido un don: el primer don que percibirán como mágico es que ninguno de ustedes ha envejecido más de 30 minutos. Cuando se presenten ante el Espíritu y vacíen todos los pensamientos y problemas cotidianos, y cuando eleven las manos para indicar que reciben, que son los predecesores, los guerreros de la luz en este tiempo, el Espíritu les recompensa. ¡Magia! Las herramientas de la nueva energía pueden parecerles como mágicas, pero algunos de ustedes han sido curados esta misma noche. Curados de la intolerancia; hay ahora en esta sala cosas poco firmes que han desaparecido, y que ya nunca se presentarán por sí solas en cuerpos que previamente habían sido débiles. Mi socio les ha estado transmitiendo una visión que ha compartido con pocos, una visión en la que se producen grandes curaciones que parecerán como mágicas. Afirmen esto como su realidad y desaparecerá.

Esto es lo que tenemos para ustedes, mientras estamos sentados al servicio y con amor hacia todos ustedes. Esto es de hecho terreno sagrado. Hay razones por las que se han quitado el calzado. Es la misma razón por la que a Moisés se le pidió que se quitara las sandalias ante la zarza que brillaba. ¡Es para que el Espíritu pueda lavarles los pies! Y la voz tranquila que les habla ahora desde el Espíritu, a través de mi socio, es la voz intemporal que habló a Abraham, a Moisés, a Noé, y que habló a través del gran maestro Jesús, y que estuvo presente en las amorosas palabras de Paramahansa Yogananda. Esto es Espíritu, y es inmutable, y es amoroso, ¡y es usted!

Este es un momento especial en el que muchos de ustedes comprenderán lo que ha tenido lugar, y muchos de ustedes recibirán credibilidad por este hecho cuando se marchen.

Y así es.

Kryon

Hay razones por las que se han quitado el calzado. Es la misma razón por la que a Moisés se le pidió que se quitara las sandalias ante la zarza que brillaba. ¡Es para que el Espíritu pueda lavarles los pies! Y la voz tranquila que les habla ahora desde el Espíritu, a través de mi socio, es la voz intemporal que habló a Abraham, a Moisés, a Noé, y que habló a través del gran maestro Jesús, y que estuvo presente en las amorosas palabras de Paramahansa Yogananda. Esto es Espíritu, y es inmutable, y es amoroso, ¡y es usted!

«No piense como humano»

Canalización del 19 de julio de 1993

Del Mar, California
Grupo de Luz Kryon

The Kryon Writtings

1155 Camino del Mar, 422
Del Mar, California 92014

«No piense como un humano»

Canalización de del 19 de julio e 1993
Grupo de Luz de Del Mar

Saludos. Yo soy Kryon. No temas este nuevo sentimiento, socio mío, pues me acerco a ti con mucha mayor intensidad que antes. Les digo ahora a todos los que están reunidos en este lugar (*y leen esto*) que este es un momento muy dulce, pues sé quiénes son, y ustedes saben quién soy. Es el tema recurrente del Kryon el decirles que son tiernamente queridos y que hablamos en serio cuando decimos que son ustedes los guerreros de la luz, y que estamos en ceremonia y en preparación para esta época en que les honramos. Por estar en este lugar (*y por leer esto*) les honramos en este momento, por hacer el viaje para sentarse ante el Espíritu, que es en realidad el Espíritu que se sienta ante ustedes. Incluso mientras les hablo, ahora mismo, traigo conmigo a legiones de entidades que han cruzado «la puerta» y que les aman. No se equivoquen acerca de quiénes son, pues están aquí en servicio, para ayudarles, y llegan con amor para ustedes. Llegan para que el Espíritu pueda sentarse a sus pies e informarles de los atributos de la nueva energía. Llegan para que puedan sentarse a sus pies y decirles que deben saber que pueden utilizarlo, cómo pueden ser curados, cómo pueden experimentar una extensión de su propia vida, cómo pueden tener paz. No temas el nuevo sentimiento, socio mío.

Hay un cono de espesura que rodea esta sala, y todas las entidades humanas presentes (*o que lean esto*) pueden sentirlo si así lo eligen, y mientras se encuentran aquí, en este lugar espeso que llamamos amor, pueden recibir a través del tercer ojo el «tercer lenguaje». Aunque se relajaran en este momento y no oyeran más palabras humanas a partir de ahora, podrían leerlas más tarde, pues es un hecho contrastado que serán transcritas. Deseamos hablarles ahora en el lenguaje que mejor entienden. Habrá muchas cosas que transpiren entre el Espíritu y cada uno de ustedes en esta noche, siempre que lo permitan, y eso incluye mucho más que las palabras que se pronuncien aquí ahora. Aclara tu mente, socio mío, pues lo que sigue es importante. Deja que la dulzura del Espíritu llene este lugar.

Los reunidos aquí (*y los que leen esto*) son queridos sin medida, mucho más allá de toda comprensión. Pues ustedes, queridos míos, han elegido el camino duro, y les honramos por ello en esta noche, en forma de traducción e información que les servirá. Les pedimos que tengan la mente clara acerca de lo que se va a hablar aquí. Les pedimos que nos permitan hablar de energía, de lo que solía ser, de lo que es ahora, y de las advertencias que tenemos que transmitirles acerca de cómo usarla.

La vieja energía. Como una ampliación de la información presentada en esta misma sala el pasado mes (*19 de junio*), revisaremos para ustedes lo que fue la energía hace algún tiempo. Se encuentran ustedes en el marco del tiempo lineal, en el que se da un paso delante de otro, y así es como en otro tiempo funcionaba también la energía. ¿Recuerdan cuando eran niños y no tenían la responsabilidad de la casa? Cuando sus padres se marchaban de casa, quizá dejaran a alguien con ustedes para vigilar la casa, o quizá no se marchaban, pero no tenían ustedes esa responsabilidad. Así eran las cosas en la reciente vieja energía, hasta hace apenas unos pocos de sus años de la Tierra. Como ven, no tenían consigo toda la esencia de «quiénes son» en ese tiempo, sino sólo aquello que se les permitía. En el período de aprendizaje y a pesar de ser piezas de Dios caminando sobre la Tierra, las reglas se afirmaban y eso era algo dictado por el nivel de iluminación.

Canalización. En aquel entonces, cuando se encontraban sentados ante un canal, se exigía que el canal abandonara detrás su sí mismo humano, para permitir que la entidad del Espíritu se adelantara y hablara. Esto era duro para el humano, pues lo avejentaba prematuramente. También agotaba prematuramente al humano y, sin embargo, el humano que permitía que se produjera esta clase de canalización, lo hacía apropiadamente pues aparecía en su contrato que así debía hacerlo. Las entidades llegaban y les hablaban desde el otro lado del velo, y luego se marchaban y regresaba el humano. Esta era la única forma posible de hacerlo.

Comunicaciones con el Espíritu. En sus comunicaciones con el Espíritu no había responsabilidad. Era algo así como hablar con un niño. El Espíritu se les acercaba de una forma lineal y les informaba de lo que iba a ser, y de lo que iba a suceder. El Espíritu llegaba y les daba reglas que ustedes debían obedecer y seguir, y así lo hacían.

Co-creación. No se les permitía co-crear. Los milagros están establecidos con antelación y aun cuando estas acciones eran respuestas a aquello por lo que ustedes rezaban, el Espíritu las había establecido con antelación. Se les informaba de que tendrían lugar, para que pudieran estructurarse a sí mismos y saber cómo sentirse cuando se produjera el acontecimiento, y cómo asumir la «postura» de aceptarlas. Luego, el Espíritu las creaba para ustedes (*de buena parte de esta preparación no se tomaba consciencia a nivel del pensamiento humano*).

Del mismo modo que el niño que fue dejado en la casa, no se esperaba que hicieran nada por sí mismos. Pero el Espíritu estaba allí, y ustedes reconocían al Espíritu. Esta era la vieja energía, y han leído sobre ella en muchas ocasiones. Una vez más, sólo durante los últimos 50 años, se ha permitido a esta energía experimentar lentamente un cambio, ¡y menudo cambio! Mientras les hablamos ahora, las legiones que traigo conmigo aquí están a su lado. ¡Esto es nuevo! Están aquí en apoyo de la nueva energía, y de su nuevo poder. ¡El poder que ustedes se han ganado!

¿Cuál es la nueva energía? Esta es, de hecho, la parte difícil de explicar y constituye toda la razón de la visita del Kryon, del tiempo que pase aquí para permitir el reajuste del sistema de rejilla, a fin de que utilicen el nuevo poder ganado. Explicaré más al respecto a medida que continúe este mensaje.

Queridos míos, esta explicación puede ser compleja. Es la tarea del Kryon y el contrato de mi socio, el tratar de simplificarlo durante el tiempo que queda. Tienen ustedes una restricción de impronta que ni siquiera les permite comprender el tiempo simple tal como es. Tienen una restricción de impronta que bloquea la comprensión acerca de cómo algo puede no tener principio ni final. En consecuencia, ¿cómo pueden esperar siquiera el comprender su propia dualidad, el hecho de que están divididos? Hay una parte de usted que no reside ahora mismo (*en usted*). Hay una parte de usted, que llamamos el «sí mismo superior», que se encuentra almacenada en otra parte. También fue de ese modo en la vieja energía, excepto que estas esencias fueron almacenadas en lugares extraños. Quizá recuerden que hablé en el pasado acerca de dónde estaban estas esencias, pues se encontraban en los templos sagrados. Ahora están almacenadas en el propio sistema de rejilla.

Ahora, en la nueva energía, mientras toman la esencia que son «ustedes mismos» y la combinan con su dualidad tomándola de donde está actualmente almacenada, y la transfieren a su propia persona física, están en realidad «tirando» del sistema de rejilla. La energía de su propia esencia, que es su sí mismo superior, está representada como luz líquida, que fluye hacia su humanidad al asumir usted su poder, cuando se le da permiso para que lo haga así, y tira usted entonces de la energía del sistema de rejilla. ¿Le parece una sorpresa que yo esté aquí para ayudar en este proceso? Se trata de un concepto difícil para usted el creer que existe realmente una parte de sí mismo que no está dentro de usted, pero así es. Cuanta más iluminación se permita tener y crear por sí mismo, tanto más extraerá de la rejilla.

Es importante que sepan lo que sucede en el sistema de rejilla, donde hay una polaridad de la que quizá no sean conscientes. Hay una importante zona de almacenamiento en esa porción de su continente al que llaman los cuatro puntos cardinales, que es básicamente la polaridad femenina. Está siendo retirada de una forma mucho más rápida que la polaridad masculina, que se encuentra en el otro lado del planeta, en una zona oriental. Los humanos que se encuentran bajo los cuatro puntos cardinales sienten agudamente este tirón, pues representa un desequilibrio temporal a medida que ustedes retiran de él para su nueva iluminación y poder. Como sucede en un almacén de energía, se les permite ahora llenar su propia esencia humana a partir de su sí mismo superior, dejar que la luz fluya hacia su interior y convertirse en un «ser de luz». No es nada extraño que quienes se encuentran bajo esta rejilla se sientan incómodos, pues es algo que está constantemente cambiando y desplazándose. Quienes son mujeres en esta zona lo sienten más que quienes son hombres. Los que son hombres en la otra zona del planeta, en la zona de la polaridad masculina de la que se extrae energía, lo sienten más que las mujeres. Y así, es en esta nueva energía de la que pueden tomar de estas zonas, pues eso es exactamente lo que se les permite hacer ahora. En manifestación, eso es exactamente lo que se les permite hacer, y en la curación eso es también exactamente lo que se les permite hacer.

La nueva energía. En consecuencia, en la nueva energía, el niño ha desaparecido. Se encuentran llenos con la nueva responsabilidad que ahora es suya. ¿Recuerdan la primera vez en que sus padres les dieron la responsabilidad de la casa y luego se marcharon? De repente, hubo una seriedad que no había existido hasta entonces. De repente, apareció un sentimiento de responsabilidad que antes no estaba allí. Ustedes, como niños, no fueron consciente de lo que había tenido lugar cuando asumieron su nuevo poder, pero lo notaron. Esta es la clave, queridos míos; debido a la restricción de su impronta, no puedo explicar lo que esta sucediendo para satisfacer el deseo de su cerebro, que anhela comprender la lógica de todo esto, pero se les permite notarlo. Cuando sientan lo que está sucediendo, podrán pedir más, y eso tendrá lugar. Finalmente, será algo fácil de reconocer.

Canalización. Ahora, la canalización es diferente; sólo se trata de escuchar al que tienen sentado delante de usted ahora, alerta, verificando la información a medida que surge, haciendo que la información canalizada sea más clara gracias a ello. El espíritu puede visitarles personalmente gracias a esto, y amarles personalmente gracias a esto. En el pasado, ¿no fueron conscientes del amor que el Espíritu tenía por ustedes? Es dudoso que lo fueran. Ahora, en cambio, puede pasar en ambos sentidos. ¿Aman al Espíritu? Pueden reconocerlo así abiertamente, en sus pensamientos, incluso ahora, pues el Espíritu les ama realmente. Hagamos que esto sea una comunicación en dos sentidos, pues ahora tienen la responsabilidad de permitirlo.

Comunicaciones con el espíritu. En sus comunicaciones con el Espíritu, las cosas son muy diferentes, y eso ayudará a explicar lo que está sucediendo. Escuchen cuidadosamente, queridos míos, pues esto es importante: la comunicación ya no es lineal. Se produce como sigue: al levantarse por la mañana, ¿hacen una lista *con antelación* en la que se dice «Pon los pies en el suelo, dirígete a la otra habitación, gira a la derecha o a la izquierda»? ¿Hacen una lista para vestirse? No. Utilizan su propio poder humano intuitivo de elección para hacer todas estas cosas, para tomar las decisiones en el momento en que se necesitan. Giran a la izquierda o a la derecha, y toman la decisión de pasar de un lado a otro; no necesitan ayuda alguna para hacerlo así. ¡Ah!, tomen buena nota, porque ahora es así como trabajará el Espíritu con ustedes, pues son ustedes una pieza cooperativa de Dios. Al enfocar la vida, las respuestas les serán dadas a través del sí mismo superior, según las necesiten, y no por adelantado. ¿Qué esto es incómodo para ustedes? Sí. Tienen que «sentir» cómo es esto para acostumbrarse a ello y honrarlo. Acepten la responsabilidad por ello (*acostúmbrense a encontrar las respuestas que se les ofrecen tal como las necesitan, como adultos, y no como información avanzada, como esperaría un niño*).

Cocreación. En cuanto a su cocreación, ahora tienen el poder de crear por sí mismos (como se describió en el mes pasado). Mientras que antes no podían hacerlo, ahora pueden manifestar en su vida aquellas cosas que necesitan, abundancia mientras están aquí, curación mientras están aquí, milagros y «magia» mientras están aquí. Algunos de ustedes dudan de esto, incluso mientras se habla (*o se lee*), como la impronta que tienen. Abran su corazón a este concepto, pues es suyo.

El implante. Mientras están aquí, permítanme hablarles del implante, pues se han planteado preguntas sobre esto, incluso por parte de miembros de este grupo. Se han planteado preguntas: ¿cómo pueden saber que han recibido el implante? ¿Cómo pueden solicitar el implante? ¿Cuándo lo reciben? ¿Lo tienen ahora? Las respuestas son como sigue:

Intención: ¡Lo es todo! Queridos míos, cuando han solicitado el implante, no pueden rechazarlo; como ven, ya lo tienen en ese momento. Aunque puede producirse un período de transición mientras se ejecuta, la intención, por sí sola, se ocupa de que llegue. En consecuencia, no pueden plantear la pregunta: «¿Lo tengo?». No obstante, lo que voy a decirles ahora y lo que seguirá les ayudará a comprender qué hacer con él. Los síntomas de su llegada siguen siendo los mismos (*tal como se ha escrito*): sueños muy vívidos, períodos de tristeza o depresión, pero como mi socio ha dicho antes, esta misma noche, todos ustedes son muy diferentes. Cada uno de ustedes tiene un ciclo de tiempo diferente. Cada uno ha llegado de un lugar diferente. Muchos de los que lean esto proceden de una cultura diferente. Lo más importante, sin embargo, es que algunos de ustedes tienen atributos kármicos terroríficos, y algunos no tienen casi ninguno. El implante es «lo que vacía» todo el karma. Es la razón por la que están aquí, para aumentar la vibración del planeta mediante el «caminar a través del karma» con objeto de continuar con el trabajo. Nada eleva más rápidamente la vibración del planeta que solicitar el implante neutral. Pues el karma se desprende con la misma seguridad que si hubiera usted caminado a través de él, personalmente. Aquellos de ustedes a los que les quede un karma pesado pasarán por una época más dura durante el período de transición, en comparación con aquellos otros que se encuentren casi libres del karma. Algunos de ustedes recibirán el implante y no tendrán idea de que ocurrió así. Y algunos otros pasarán por un período de pena.

En el proceso (*de recibir el implante*) algunos de ustedes perderán los atributos kármicos negativos y llegarán incluso a echarlos de menos. Hay drama aquí, y ustedes están acostumbrados a él (*aun cuando eso no les sirvió*). ¿Cómo saben cuándo han recibido un implante? Busquen la desaparición del karma entre ustedes mismos y los otros seres humanos con los que se hallan asociados. Vean cómo les tratan. ¿Son conscientes de los problemas con otros humanos que hay en su familia? ¿Son conscientes del karma existente en sus relaciones? Cuando solicitan el implante neutral, se empiezan a vaciar estos atributos kármicos. Una vez vaciados, se produce una pérdida, y los situados al otro lado del karma la sentirán tanto como ustedes, aun cuando ellos no fueranconscientes de lo que ha ocurrido. Esta es la clave, y la forma mediante la que usted sabrá que el implante se ha producido.

Quizá se pregunten: una vez que tenga el implante neutral,

¿qué sucede a continuación? Esto es información nueva. Han hecho la suposición humana de que sus cambios de guías sólo se produjeron una vez. Pues bien, deben saber esto: al tirar de su misma esencia del sistema de rejilla y convertirse en seres de luz, sus guías cambiarán periódicamente a lo largo de su vida. Esto no siempre será agradable. Muchas veces será una experiencia gozosa. Eso forma parte de su crecimiento. Eso forma parte del por qué nosotros (*el Espíritu*) estamos aquí. Forma parte del por qué tiene que haber tantos de nosotros para servirles. Por cada uno de ustedes, hay todo un ejército de entidades a su servicio, situadas al lado, a la espera de que descubran ustedes su iluminación hasta el grado en que deseen tenerla.

Ahora les ofreceré los elementos básicos, el ABC de la nueva energía y de su uso. Durante este proceso les dará un ejemplo y una parábola. Lo primero que aparece en la lista es algo que quizá recuerden a partir de ahora, debido al hecho de que puede ser humorístico para ustedes: ¡No piense como un humano!

No piense como un humano. «¿Cómo puede ser, puesto que somos humanos?», se preguntará. ¿Es demasiado pedirles que piensen como piensa el Espíritu? Quizá sí. No obstante, ¿es demasiado advertirles que examinen sus pensamientos humanos? Quizá no. Piensen en lo siguiente: se encuentran en una carretera, por la que viajan con rapidez. Viajan hacia el otro lado del valle, y le han pedido al Espíritu, con toda propiedad, que co-cree este viaje con ustedes. Saben intuitivamente que ha sido propio y correcto crear por sí mismos, y lo han creado. Están en la carretera, pero hay un problema: antes solía haber en la carretera un puente que conducía al otro lado del valle, pero a partir de ahora y durante un tiempo, ese puente no existe. A pesar de todo, ustedes continúan el viaje por la carretera, con pleno conocimiento de que el puente no existe.

No piense como un humano. ¿Qué pensaría un humano en una situación así? El humano haría suposiciones. El puente no está ahí y, por lo tanto, «moriré». El puente no se puede reconstruir con la rapidez suficiente, y no estaba ahí anoche, cuando pasé por el mismo punto. La suposición es que el humano espera que el puente esté donde estaba antes, hecho por otros humanos, con acero y cemento, y esté en el mismo lugar. «Es posible que mi vehículo no consiga pasar si no hay puente»; habrá hecho así la suposición de que su vehículo no puede volar. ¡No piense como un humano! Piense como el Espíritu. Cuando el Espíritu co-crea con usted hay muchas cosas que se producen y de las que usted no se da cuenta.

*No haga ajustes a lo largo del camino por temo*r. Esta es la segunda de las tres instrucciones. Si piensa como un humano, sentirá temor. ¿Qué significa esto?, podría preguntarse. Significa lo siguiente: se encuentra en el planeta por su propia elección libre, y con ello no hay predestinación. Puede hacer lo que elija hacer. No obstante, cada vez que haga algo inapropiado (*que no esté en conjunción con su cocreación con el Espíritu*), creará karma. Así pues, si tiene temor y piensa como un humano, ¿qué puede hacer? Puede girar a la derecha o a la izquierda durante el viaje que le lleva a gran velocidad hacia el puente que tiene la intuición de que no está allí. Puede elegir detenerse por completo. Pero sea consciente de que si lo hace así, generará karma. Ah, pero quizá diga usted: «Tengo el implante neutral». Ah, pero el Espíritu dice: «Ahora vuelve a tener karma». Usted mismo lo acaba de crear. ¿Se da cuenta de cómo funciona esto? No efectúe, por temor, ajustes a lo largo del camino de la co-creación. No piense como un humano.

Asuma la responsabilidad de su viaje. Escuche atentamente, pues este es un atributo importante, el tercero en la serie. Es como sigue: si piensa como un humano, y teme como un humano, no tendrá confianza y echará la culpa al Espíritu por lo que puede parecerle como una situación negativa. «Aquí estoy, en la carretera, acelerando y dirigiéndome hacia mi muerte». «¡Espíritu, me has engañado!» «¡Espíritu, me has traicionado!» «Ahora, seguramente me estrellaré contra el cañón que hay ahí abajo.» Si acepta usted la responsabilidad por el viaje, entonces el Espíritu no puede hacerle nada «a usted». ¡Usted mismo es el Espíritu! Está cocreando con él en la carretera, pensando como piensa el Espíritu, sin temor, sabiendo que allí donde antes estaba el puente, habrá algo que lo sustituya, sin hacer suposiciones acerca de lo que pueda ser.

A medida que acelera la velocidad hacia el valle, de repente ve por delante de sí mismo lo que pensaba: el puente sigue sin estar. No pudo ser reconstruido por humanos en un solo día. Ah, pero ¿qué es eso que también ve? Hay otros humanos en la carretera, haciéndole señas para que se desvíe hacia una curva que conduce a una zona que no había visto antes. ¡Y allí hay un puente nuevo! Un puente que se tardó todo un año en construir. Un puente que estaba en construcción mucho antes de que usted lo solicitara. Es mucho más amplio que el que usted esperaba. Tiene luces para indicar el camino durante la noche, y le permite cruzar hasta el valle del otro lado a mucha mayor velocidad que por el puente que había usado hasta ahora y que solía estar allí. Durante todo el tiempo transcurrido, el nuevo puente empezó a ser construido fuera de la vista de todos, y sólo se presenta ahora, cuando usted más lo necesita.

Si comprende esta parábola, comprenderá lo que tiene el Espíritu para usted en esta nueva energía. ¡El tiempo con el Espíritu no es lineal! Queridos míos, estamos construyendo las respuestas ante sus preguntas. Estamos cocreando antes de que pregunten. Podemos hacerlo con toda propiedad, puesto que nuestro tiempo no es como el vuestro. Una vez más, no deben confundir esto con la predestinación. Se encuentran en el planeta por elección libre, pero tenemos la ventaja de saber «por adelantado» lo que necesitarán en su propia línea de tiempo. Los escenarios se encuentran ahora en su lugar, para lo que ustedes co-crearán y manifestarán mañana, por las curaciones, por la abundancia que sale a su encuentro, por las asociaciones que se encuentran a la vuelta de la esquina. Se han iniciado ahora los escenarios para creaciones entre ustedes que ni siquiera han sido concebidos todavía por ustedes mismos.

Un viaje. Ahora deseo llevarles a hacer un viaje, y con ello cerraremos esta sesión. Deseo llevarles a un lugar caliente de la Tierra, hace muchos años. Es en el otoño del año, en esta zona caliente, cerca del mar Mediterráneo, hacia el interior de la ciudad que ustedes llaman Gaza. Aquí encontramos a un hombre tumbado hacia abajo sobre el suelo, que se humilla sobre la tierra. Se encuentra ante un mensajero del Espíritu. El mensajero reluce brillantemente como el fuego. El humano es aquel al que ustedes llamaron Abraham, y deberían reconocerlo a través de los escritos canalizados de los antiguos. El Espíritu le habla a

Abraham, pero él finge no escucharlo. Cuando el Espíritu se marcha, Abraham se levanta y continúa con sus asuntos, como si no hubiera escuchado nada, confiando en que el Espíritu no regresará. Una vez más, al día siguiente el Espíritu vuelve a visitar a Abraham y lo encuentra de nuevo tumbado boca abajo sobre el polvo. En esta época y en este lugar de la Tierra, en la energía muy antigua, el Espíritu se aparecía a los humanos de modo muy diferente, y los humanos temían al Espíritu debido a ello, pero era apropiado. Esta vez, Abraham escuchó y oyó el mensaje y eso lo indujo a sentir temor en su corazón. El Espíritu le dijo a Abraham que debía tomar a su querido hijo Isaac, el nacido como un milagro de una semilla dormida en su hermanastra Sarah, su hijo elegido, su hijo surgido del milagro. El Espíritu le dijo que el muchacho debía ser llevado a un lugar muy alto y sacrificado como una ofrenda de fuego.

Abraham se siente mortificado, pero teme al Espíritu, ya que el Espíritu es una realidad para él. Ha visto muchas veces los milagros y sabe que tiene que obedecer. ¿No es irónico que les lleve a hacer un viaje a la vieja energía para ejemplificar la nueva? Verán en ambas las similitudes de confianza y humanidad.

Abraham siente el corazón en un puño, pero reúne a dos sirvientes jóvenes y emprende el camino hacia el lugar alto, que ellos llamaban Moriah. Tardan varios días en llegar a la base del Moriah, y durante ese tiempo Abraham no hace sino pensar y temer que su hijo especial surgido del milagro, nacido de la semilla dormida de su hermanastra Sarah, sólo fuera traído aquí para ser sacrificado. Y por eso llora.

El viaje de tres días hasta llegar a la ladera del lugar alto llamado Moriah no es físicamente difícil, pero sí lento debido a la avanzada edad de Abraham, que en estos momentos cuenta con más de cien años, lo equivalente ahora a un humano de 60 años de su cultura. Abraham marcha delante para que los demás no vean sus lágrimas, pues el camino que marcha está húmedo con ellas. Se hablaba en silencio a sí mismo y se retuerce las manos: «Dios mío, ¿por qué me has traicionado?» «¿Por qué mi hijo, nacido del milagro, nacido de mi querida Sarah? ¿Cómo puede ser?» Y el Espíritu le dice a Abraham: «Abraham, eres tiernamente querido. Abraham no pienses como un humano. Abraham, no temas lo que te espera». Y aunque Abraham teme al Espíritu, también sabe que lo que confía en Él, así que durante un tiempo continuó fuerte y al segundo día ya se sintió mejor, y dejó que los más jóvenes fueran delante en su ascenso de la montaña.

El tercer día se presentó sin embargo el más difícil, pues Abraham tuvo de nuevo tiempo para pensar en lo que creía que iba a tener lugar, e imaginó visiones de arrebatar la vida de su hijo. Pensó en saltar y buscar la muerte, pero sabía que el Espíritu no se lo permitiría, o que sería peor salvar su vida para luego tener que regresar a este mismo punto, con el mismo corazón en un puño, para aprender de nuevo la misma lección. Fue entonces cuando Abraham sintió odio hacia su existencia y deseó que se detuviera. Había vuelto a firmar su contrato, y el Espíritu lo sabía. Por lo que el Espíritu dijo: «Abraham, querido mío, no pienses como un humano. Llena de alegría lo que tienes a tu lado».

Abraham llegó al lugar adonde el Espíritu le había dicho que acudiera, pero se sentía tan avergonzado de lo que se disponía a hacer, con lo que les pidió a sus ayudantes que aguardaran en un lugar fuera de la vista de la zona de la ofrenda. Una vez más, su mente estaba tan llena de temor que sólo pudo tener la visión de la hoja hundiéndose en el pecho de su hijo, por lo que se aseguró de que sólo Dios lo viera. En el altar, su hijo de sólo nueve años, le preguntó para qué era el sacrificio, y con un control total Abraham le informó que se trataba de su propio sacrificio. Isaac subió voluntariamente al altar, obedeciendo a su padre, al que amaba y en quien confiaba.

Según cuenta la historia, en el último momento posible, cuando ya descendía el cuchillo y se habían pronunciado las palabras de ceremonia, el Espíritu acudió ante Abraham y dijo: «Abraham, eres honrado por tu fe, tu linaje será grande y tu confianza en el Espíritu será contada en todas las épocas, y entonces se ofreció un carnero para el verdadero sacrificio, ahorrándose así el sacrificio de Isaac.

Si Abraham hubiera comprendido el verdadero papel del Espíritu, nunca habría permitido que su humanidad se apoderara de él. Una vez más les digo que el Espíritu no les dará una serpiente cuando lo que ustedes desean crear es una manzana. No está en la consciencia del Espíritu el engañar a un humano, o el confundirlo o traicionarlo. Les apoyamos en el amor. Esto nunca ha cambiado a través de los tiempos, pero lo que sí ha cambiado es su capacidad para comprenderlo. Ahora disponen de poder total para hacer algo que el Universo nunca creyó que fuera a suceder: crear mientras se encuentran en período de aprendizaje, tener el conocimiento del amor del Espíritu mientras están en período de aprendizaje, y seguir conservando su impronta. Ahora tienen ustedes mucho más de lo que tuvo Abraham, pero tienen que aprender a utilizarlo.

Queridos míos, la advertencia de amor es que confíen en el Espíritu del mismo modo que confían en sí mismos. Al co-crear con nosotros, no se dejen arrastrar por la suposición y el temor. Despréndanse de su humanidad y confíen en que se hallarán soluciones que posiblemente no puedan saber, pues esa es nuestra parte del contrato. Este es un lugar dulce en esta noche, uno en el que se ha transferido mucho y en muchas formas. Tengan paz mientras recorren los siguientes pasos de su camino y utilicen su poder para ello.

Y así es.

Kryon

Atributos de la salud y la curación

Canalización del 17 de agosto de 1993

Del Mar, California
Grupo de Luz Kryon

The Kryon Writtings

1155 Camino del Mar, 422
Del Mar, California 92014

Atributos de la salud y la curación

Canalización del 17 de agosto de 1993
Grupo de Luz de Del Mar

Saludos. Soy Kryon, del servicio magnético. Hago honor a la petición que me ha planteado mi socio esta noche (*de ser lento y deliberado, y de esperar a que él termine de hablar antes de continuar*), pero hay aquí una gran excitación. Hay dulzura en este lugar. La dulzura viene causada por los humanos aquí presentes. Yo no sería Kryon si no les dijo una y otra vez, que acudo ante ustedes y me siento a sus pies, pues les amo tiernamente. Es el fantasma del período de aprendizaje el que les permite dudar de esto, y es el fantasma del período de aprendizaje el que les haría pensar que soy más grande que ustedes. Pues son ustedes los exaltados y lo he dicho ya muchas veces, pero llevan consigo las marcas del período de aprendizaje cuando no están aquí. Eso es como decir que en el momento de partir de este planeta llevarán consigo otra marca, lo mismo que hace un árbol en su Tierra, que demuestre que han estado aquí de nuevo. Y eso vendrá indicado también por sus colores, para que todo el Universo sepan que son ustedes los guerreros de la luz. Son los especiales que se han mostrado de acuerdo en venir y morir repetidamente una y otra vez, sacrificando estos tiempos para el Espíritu. Se trata de una historia que oirán contar muchas veces cuando se encuentren ante mí, pues es una historia importante, más de lo que saben en este momento, así que continuaré lentamente.

Tienen una invitación esta noche (*y en el momento de esta lectura*) para sentirse llenos. No se preocupen por el conocimiento, pues le he dado instrucciones a mi socio para que transcriba todo lo que se habla, y para que lo ponga a disposición de todos. Pueden sentirse llenos con el Espíritu, porque yo soy Kryon. Represento al Espíritu en toda su plenitud. Represento la verdad. Represento la misma verdad que fue la de Abraham. Represento la misma verdad que fue la de Elías. Una verdad que no ha cambiado a través de los tiempos. Hablo con la misma voz con la que habló el Espíritu hace mucho tiempo, y estoy aquí para presentarles ahora el mismo amor que se ha presentado a lo largo de los eones. Les amo tiernamente y les invito a «sentir» el tercer lenguaje, que se presenta a sí mismo, incluso ahora, ante ustedes. Les invito a sentirse llenos con el Espíritu, a saber que son ustedes el todo, a saber que tienen un «sí mismo superior» y a sentirse en paz con todo este conocimiento. Me presento ante ustedes en este momento, tanto en persona como en las páginas que está leyendo, en el ahora. Pues aunque estas palabras son pronunciadas por mi socio, y traducidas para usted «ahora», en esta misma sala, la línea de tiempo para aquellos que las lean por primera vez es también su propio «ahora». ¿Cuál es el verdadero «ahora»? ¿Comprenden la intemporalidad del Kryon y del Espíritu?

Yo nunca he sido humano. Nunca he caminado «con sus zapatos», por decirlo así. No obstante, conozco sus restricciones psicológicas, pues esa es mi especialidad. Conozco la humanidad, pues esa es mi especialidad. Sé cómo se sienten y lo que piensan, pues hemos ajustado esto muchas veces para los que se encuentran en período de aprendizaje. Lo que hacemos es algo muy especializado, del mismo modo que la especialidad de ustedes es la de estar en el período de aprendizaje.

Deseo que sepan lo siguiente: para todos los sanadores representados en este grupo, y para todos aquellos que lean estas palabras, debo decirles que lo que sigue no ha sido diseñado o presentado para *imponer* un cambio en nada de lo que están haciendo. Si obtienen resultados de su trabajo, entonces ya se ha dicho suficiente. Lo que sigue tiene la intención de incrementar precisamente lo que están haciendo. Si efectúan ustedes algún cambio, sea cual fuere, será positivo. Serán cambios iluminados, que traerán consigo mayores resultados. Nada de la información aquí presentada hará que «nadie haga nada malo» (*o que haga equivocarse a cualquier proceso bueno*).

He aquí algo que deberían darse cuenta y aprender: la verdad sigue siendo la verdad, independientemente de lo que ustedes elijan creer. Eso significa que la verdad de Abraham, y la verdad de Elías ha seguido siendo la misma verdad a través de los eones del tiempo. Por lo tanto, la única variable que se produce en este escenario es usted. Ustedes son el aspecto relativo. La verdad ha permanecido estática. A medida que avance esta traducción quedará más claro por qué les digo estas cosas.

Desearía regodearme un poco en el amor que siento por ustedes. Pues he traído conmigo a aquellos que se sentarán junto a sus guías y que les hablarán cariñosamente acerca de quiénes son ustedes. Hay aquí excitación, en cualquier momento en que se permita a Kryon sentarse delante de aquellos que son como ustedes, o en cualquier momento en que estos mensajes sean leídos por aquellos que son como ustedes (*recuerden que ustedes están en el «ahora», tanto como aquellos que estuvieron en este canal*). Hay una gran dulzura en esta sala.

Enfermedad y desequilibrio. Deseo hablarles de la enfermedad y el desequilibrio. Deben saber una cosa muy importante, algo que debe decirse para aquellos que todavía duden de lo que están viendo: el Espíritu no les ofrece la enfermedad y el desequilibrio. El Espíritu no juzga a los humanos que están en período de aprendizaje. El Espíritu no está aquí para imponerles un castigo negativo; eso no se produce. Queremos que sepan de dónde procede su enfermedad. La respuesta es algo que muchos de ustedes ya conocen, pues ha sido escrita y traducida con anterioridad: emana directamente de ustedes mismos. Es su elección, porque ustedes mismos estuvieron de acuerdo en crearla antes de venir, o en permitirla. Se basa en el juicio lógico y en el karma de la vida pasada. En consecuencia, son ustedes los responsables de ella en todos los sentidos. El Espíritu no les ha hecho nada «a ustedes». Es algo intrínsecamente suyo, lo mismo que lo son sus piernas y sus brazos. Ustedes mismos lo han pedido con anterioridad, y ahora está aquí. Puede parecerles extraño que, desde una postura diferente y mientras no estaban aquí, pidieran algo tan aparentemente negativo, tan aterrador, tan capaz de producir temor. ¿No está eso totalmente de acuerdo con las lecciones del karma (*tal como se canalizó en marzo de 1993*), que son también aterradoras y productoras de temor? Pues todo esto está conjuntado. Lo que tienen en las debilidades de su propia biología no es más que karma. *Es el lenguaje del cuerpo de su humanidad en período de aprendizaje.*

Permítanme ahora hablarles de algunos de los atributos del cuerpo humano de los que quizá no sean conscientes.

Polaridad. Deseo hablarles de la polaridad de los órganos. Queridos míos, al entrar en sus «modernas» instalaciones médicas, no encontrarán a nadie que mida la polaridad y el equilibrio magnético de sus órganos. En ninguna parte encontrarán a nadie que sea capaz de ajustarlas. Y, sin embargo, esa polaridad y equilibrio de ese órgano es algo crítico para su salud. (¿Cómo pueden los científicos pasar esto por alto cuando miden la electricidad de sus músculos y de su cerebro, y cuando son capaces de trazar el mapa de los hilos de su cuerpo y ver los resultados de la sinapsis en su pensamiento biológico? ¡Todo esto es magnetismo!

Previamente, les he dicho en canalización que «adiestren el campo magnético», en el que se «sientan» y del que yo soy responsable. Les he dicho que sin eso, seguramente moriría, pues fue diseñado y creado para su biología. Les he dicho que los viajeros del espacio deben llevarlo consigo, ya que en caso contrario seguramente también morirán y, sin embargo, esto sigue sin ser reconocido o comprendido. La polaridad de su cuerpo humano está en conjunción con la polaridad de la Tierra. Si están perfectamente equilibrados, y las polaridades son correctas, no dejarán que se instale la enfermedad. La «llave» no encajará en la cerradura (*tal como se indica en el capítulo sobre la curación en el Libro I de Kryon*). En consecuencia, sería conveniente para ustedes descubrir cuál es esta polaridad. Cada órgano tiene su propia polaridad, que es interactiva con el órgano situado al lado. Aquí hay complejidad, pues existen dos clases de polaridad: la absoluta y la relativa. La polaridad absoluta es como un dipolo, es decir, que el alineamiento positivo y negativo permanece igual, independientemente de la inclinación física del humano. La polaridad negativa es aquella clase de polaridad que cambia con la inclinación del humano. Dos de los órganos principales tienen polaridad relativa: la piel humana y el cerebro. Todos los órganos polarizados responderán a la polaridad del planeta, y los que la tienen relativa también responderán a la inclinación física del humano.

La polaridad se puede medir, por razones de salud. No es ningún misterio el saber cómo se hace esto. Lo saben desde hace quince o más de sus años terrestres. Se mide a través de las huellas dactilares, lo que no constituye ninguna sorpresa para muchos de los aquí reunidos. El instrumento con el que se consigue hacerlo está actualmente disponible en el país de su planeta llamado ahora Alemania. Podría introducir aquí una digresión y hablarles más sobre Alemania, pero permítanme decirles sólo esto, algo que muchos de ustedes han sospechado: Alemania es el lugar de este planeta que posee una de las similitudes y atributos más fuertes en común con el tiempo anterior de la glaciación, en el lugar que ustedes llamaron Atlántida. Según recordarán, la Atlántida tuvo la ciencia canalizada más elevada jamás conocida por la humanidad, a pesar de que existió junto con la esclavitud.

A quienes posean este instrumento de medición de la polaridad en Alemania se les anima, si es que están leyendo estas palabras, a sacar el instrumento y dejar que la ciencia médica moderna lo ponga a prueba. Ya es hora.

Alguna de esta información puede parecer estúpida o no científica para muchos de ustedes. La verdad sigue siendo la verdad, independientemente de lo que ustedes elijan creer. (*¿Cuánto tiempo hace que no creían en los gérmenes? Lavar al enfermo se consideraba como una estupidez antes de practicarle una operación quirúrgica. La verdad de su salud permanece constante. Sólo ha cambiado su aceptación de la misma, para pasar de considerarla estúpida a considerarla actual.*)

Movimiento. Más sobre la polaridad del ser humano a medida que continuamos. La siguiente acción crítica para su comprensión es el movimiento. Cuando los animales de la Tierra nacen, muchos de ustedes los observarán con respeto, pues poseen instintos e intuiciones que parecen desafiar lo que son. Conocen a sus depredadores. Apenas han salido del útero cuando ya saben dónde ocultarse. Saben dónde está la comida, y todo ello aparentemente sin aprendizaje alguno, como si se tratara de un «recuerdo» por así decirlo (*algunos de ellos también poseen la navegación magnética, un matrimonio directo de los campos magnéticos biológico y de la Tierra, a nivel molecular*).

Escuchadme, queridos míos: observad a los niños. El Espíritu desea que observen a sus propios niños humanos. Al principio, cuando llegan, contienen algunos de los instintos e intuiciones que han traído consigo desde *el conocimiento previo del Espíritu*. Todavía no se han desarrollado las improntas y la cultura que les rodean como para mostrarles nada (*es decir, todavía no conocen nada mejor*). Una de las primeras cosas que desean hacer los niños en cuanto adquieren movilidad suficiente para hacerlo, aunque sea sin la capacidad para caminar, consiste en girar. Eso no es ninguna casualidad. Obsérvenlos. ¿Por qué lo hacen así? Lo hacen así porque intuitivamente sabe que es necesario para equilibrar la polarización de sus órganos. Cuando adquieren movilidad suficiente para levantarse y echar a correr, ¿qué es lo que hacen? Se toman de las manos y trazan círculos (*observe qué dirección toman*).

Algunas de estas cosas pueden parecerles infantiles o estúpidas y nada científicas, pero son la verdad. El movimiento es crítico para el equilibrio. La dirección del movimiento tiene propósito. Les hablaré de ello y luego, para aquellos que se muestren escépticos al leer esto, describiré por qué funciona, pues ya es tiempo de que sepan de estas cosas. Si tiene un movimiento giratorio hacia la izquierda (*en sentido contrario a las agujas del reloj*), por encima del ecuador o del paralelo cero, eso es un empuje ligero para su polaridad. Es decir, eso equivale a un «giro suave». Es bueno para la salud, y ayuda a conservar el equilibrio. Por encima del paralelo cero, un movimiento hacia la derecha (*en el sentido de las agujas del reloj*) es para la curación, pues hay mucha más energía desarrollada a través de este giro hacia la derecha. Lo que les estoy diciendo ahora es lo contrario para aquellos que se encuentran debajo, es decir, «su debajo», tal como ven la Tierra en sus mapas, por debajo del paralelo cero. ¿Por qué es esto así?, podrían preguntar. Se lo diré, lentamente (hay *humor cósmico en esto, puesto que mi socio es metódico en su proceso, y desea que los grupos de pensamiento lleguen en paquetes lógicos y en orden secuencial, o se siente confuso y trata de hablar demasiado rápidamente, temiendo que la información se pierda y no pueda ser repetida. Eso no deja de ser una reacción humorística para el Espíritu*).

Tienen ustedes polaridad. Y es medible. Una parte de ella aparece en forma de dipolo simple, es decir, más y menos, como en un imán. Les he dicho que su cuerpo tiene esta esencia de polaridad, incluso medible y visible a través de su aura. Su aura es la suma y la diferencia de la polaridad, y cambia con el equilibrio y la salud del individuo. Les he dicho que el campo magnético de la Tierra es como el «sofá» en el que se sientan magnéticamente, del que disfrutan y que les sintoniza, el que les permite una buena salud e iluminación. Contesten a lo siguiente: ¿qué ocurre en el planeta cuando toman una barra de hierro imantada y la mueven de una forma repetitiva una y otra, y otra vez, dentro de las líneas de influencia de otro campo magnético más grande? Conocen muy bien la respuesta, pues utilizan este fenómeno diariamente, o el inverso. Pues eso crea energía, que ustedes llaman corriente. Y debido al hecho de que la utilizan diariamente, también tienen que admitir que existe y que es medible. Al girar se crea energía. Hay corriente, y hay equilibrio. Funciona por encima y por debajo del paralelo cero, y no necesariamente debido a la rotación del planeta, sino porque por encima del paralelo cero hay una influencia positiva del dipolo gigante, y por debajo hay una influencia negativa. Esa es la razón por la que funciona. El movimiento es el catalizador del equilibrio. ¿Cuántas veces han entrado en sus instalaciones sanitarias, de ciencia moderna y le han pedido que gire? ¡Aquí hay conocimiento! Esto es una información práctica. Es hora. (*El movimiento, por sí solo, no funcionará sin intención. Para una explicación más amplia, les ruego que vean el apartado de «sesgos» en «Nueva medicina», en la página siguiente.*)

Arriba y abajo. A continuación y para ustedes, los sanadores, les diré algo que les ayudará en la realización de su trabajo. Consideren al ser humano como polarizado. Al decidir imponer las manos sobre el humano, o si decide utilizar sus propias manos, pero sin tocar al humano, hágalo de modo que represente el conocimiento de la polaridad dipolar. Es decir, utilice ambas manos en ambos lados del humano. Por arriba y por abajo, por delante y por detrás. Considérese a sí mismo polarizado como el sanador, y pase la energía a través de aquel que sea el objetivo de la sanación. Descubrirá que de ese modo verá aumentada la aplicación que esté utilizando ahora en relación con esto, lo cual también significa un posible nuevo diseño de sus cuadros de curación. Es importante que los individuos se tumben de tal manera que pueda usted tocarlos tanto por delante como por detrás, sin descansar sus manos sobre ellos. Eso es el arriba y el abajo.

Nueva medicina. Se encontrará en su camino con algunas medicinas y mecanismos que son muy especiales. Permítanme informarles sobre ellos: las medicinas de la nueva era serán aquellas que contengan vida. Vida que está actualmente animada, o que lo ha estado. Aquí es donde intervienen los «sesgos» de la curación. La intención lo es todo y es la catalizadora de muchas cosas. Esto no es ninguna información nueva, pues ya les ha sido canalizado con anterioridad. Incluso al girar, es necesaria la intención para crear equilibrio o curación. Ahora les digo que, al administrar las nuevas medicinas, tienen ustedes que saludarlas. Tiene que haber intención. Tiene que haber responsabilidad. Sin esto no funcionará ninguna de las nuevas medicinas que contienen verdaderamente una ciencia tridimensional. Tienen que saludarlas y amarlas. Si adoptan una postura ociosa, si las temen, si confían en que funcionen, las dejan que entren en su cuerpo, las dejan que se apoderen de algo en lo que ustedes deberían participar, se quedarán simplemente dormidas. Tienen que saludarlas (*para que funcionen*). Algunas de las cosas que les diré aquí podrán parecerles estúpidas y poco científicas. La verdad sigue siendo la verdad, al margen de lo que usted decida creer.

Nuevos aparatos. Se encontrarán en su camino con aparatos a los que también tienen que saludar, pues no funcionarán a menos que ustedes actúen en total cooperación con ellos. Esto es una nueva clase de ciencia, en la que el ser humano es *interactivo*, un término que muchos de ustedes ya comprenden.

Sanadores en general. Ahora deseo hablarles de algunos de los atributos de los sanadores que hay en este planeta. Eso incluirá a muchos de los que ahora se sientan delante del Kryon, así como a muchos de los que lean esto «ahora» por su cuenta. Un verdadero sanador, alguien que obtiene resultados consistentes, alguien que ha convertido esto en su trabajo, lleva consigo algo del karma más pesado que existe en el planeta. Un verdadero sanador tiene un ciclo prolongado, y no cambia fácilmente. Muchos de ustedes también se encuentran en plena retención. Llevan esto consigo de muchas formas, y algunos lo llevan como un peso. Otros lo llevan en forma de ansiedad. Otros en forma de preocupación por el planeta. Muchos de ustedes, los verdaderos sanadores, tienen el fantasma de la ansiedad de que no les queda tiempo. Aparentemente, hay tantos a los que curar, y queda tan poco tiempo. Muchos de ustedes temen perder su poder. Todos estos son atributos de los verdaderos sanadores, a lo largo y ancho del planeta. Hay aquellos que no se sienten molestos cuando reciben llamadas en medio de su sueño para que acudan a ayudar a humanos que lo necesitan, que se visten en seguida y acuden a atender su «negocio».

Su pesado karma es el que ha creado estos atributos. Todos ustedes tratan de reconciliarse con algo que fue creado para ustedes con anterioridad. De entre todos los humanos de este planeta, ustedes son los que poseen el mayor don de la nueva energía. Con la aceptación del implante neutral, o incluso con la solicitud de un nuevo guía, el don que reciben con ello es muy grande. El don que reciben es el hecho de que ahora pueden caminar entre aquellos que son oscuros, entre aquellos que se sienten agobiados, entre los humanos peor equilibrados, y pueden tocar a cualquiera de ellos y ya nunca volverán a experimentar ninguna retención. No tienen necesidad de preocuparse nunca acerca de la posibilidad de absorber los atributos desequilibrados, incluso a través del contacto físico. Ese es el nuevo don que se obtiene a través del implante neutral. Este es el nuevo don del cambio de guía. Eso forma parte de su nuevo poder. Habrá algunos de ustedes que lo nieguen y llegarán a la tumba sin dejar de preocuparse. Aquellos que lo acepten sabrán de qué hablo.

También debo decirles lo siguiente: Previamente les he dado información en el sentido de que aquellos que tienen el karma más pesado pasarán la época más dura cuando se produzca el cambio de guía. En consecuencia, deberían esperar momentos pesados. Si eligen seguir este camino, serán muy honrados por ello. Imaginen curar sin ninguna ansiedad o preocupación. Imaginen a la persona plenamente equilibrada que es usted mismo. ¿Es una consecuencia del humor cósmico que proporciona al planeta sus sanadores más grandes y da a algunos de ellos el karma más pesado? Hay buenas razones, pues están realizando ustedes el trabajo más pesado.

La propiedad de la sanación. Ahora, tal como me ha pedido mi socio, les hablaré de la propiedad de la sanación. Tiene dos partes. Deseo hablarles de la propiedad de la autocuración y de la de los demás.

Mi socio me ha planteado muchas veces la pregunta: «¿Por qué me encuentro con tanta frecuencia delante de aquellos que quieren ser curados, y rezo por ellos y les impongo las manos y no se produce ningún resultado?». Recuerden que la enfermedad «pertenece» a cada humano. Su cuerpo la ha permitido. En consecuencia, son ustedes mismos los responsables de ella y, por lo tanto, también son los responsables de su desaparición, y los únicos que pueden permitirla. Sobre una base personal (*de sí mismo*), resulta más fácil curarse a sí mismo que curar a los demás, pues usted se encuentra con pleno control y es plenamente responsable. La curación puede ser instantánea y total, y también puede ser instantánea y parcial, todo lo cual es apropiado *dependiendo del camino kármico que siga en cada momento, y del momento en que se produzca la curación.*

En la nueva energía, solicitar el implante neutral (*para sí mismo*) y las nuevas guías pueden proporcionarle una curación rápida. Algunos de ustedes experimentarán inversiones (*curaciones notables*). Aquí es donde se encuentran la magia y los milagros, en la autocuración. Estas son las cosas que serán observadas y documentadas para que las vean los demás, y los demás también desearán lo mismo. En la autocuración tiene usted el control sobre su propio karma. Una vez que quede al descubierto, no hay posibilidad de que eso siga siendo un fantasma. Usted lo sabrá, lo dejará al descubierto y, al desprenderse de ello, se producirá la curación de su cuerpo, que encontrará así el equilibrio y creará una situación en la que la «llave» ya no encajará en la «cerradura», y hablo ahora de la enfermedad que trata de penetrar.

Hay complejidad en todo esto, pero básicamente he aquí las reglas para la curación de los demás: Queridos míos, ¡no dejen nunca de intentarlo! Cuando quienes se lamentan a causa del dolor acudan a ustedes llorando, o cuando se encuentren con un enfermo, incluso de una enfermedad mortal, o cuando se les acerquen aquellos que sólo sufren debilidades aparentemente suaves, como ansiedad, o una elevada presión sanguínea, hagan por ellos todo lo que puedan y utilicen su proceso para ellos. Comprendan que están polarizados. Utilicen sus nuevas medicinas y sus aparatos. Enséñenles lo que es la intención, y hagan todo lo que esté en su mano para procurar su curación. Esto es lo que sucederá. A través de su proceso y del hecho de dejar al descubierto su karma para ellos, quizá vean la luz que usted les proporciona. Eso puede quedar revelado y entonces se curarán a sí mismos si eso es lo apropiado. No obstante, su contrato kármico siempre ganará. ¡No son ustedes responsable por su contrato kármico! Su responsabilidad consiste únicamente en encender la luz cuando ellos se encuentren en la oscuridad y el desequilibrio. Si ellos eligen saltar, correr de un lado a otro y bailar bajo la luz y curarse, esa es su prerrogativa. Si prefieren mantener los ojos cerrados a la luz, también es su prerrogativa. Si eligen ver la luz, pero sienten temor ante ella, es igualmente su prerrogativa. La única responsabilidad que tienen ustedes es la de iluminar. Así pues, enciendan la luz y hagan todo lo que puedan. No acepten responsabilidad por su curación o falta de curación. Alégrense con el proceso y sigan su camino.

Pero permítanme ofrecerles esta advertencia: ¡no abandonen! Eso podría representar la diferencia de un día entre el potencial humano que va a morir, y el potencial humano que recibirá la iluminación y seguirá viviendo. Quién sabe, es posible que esa persona lea un libro esta misma noche (*más humor cósmico para mi socio*). Cuando el humano esté preparado, se producirá la curación. Parte de su curación puede estribar, simplemente, en preparar a la persona para que otro la cure. Queridos míos, no tengo que decirles esto, pero lo menciono de todos modos para que las páginas que siguen queden más completas. ¡No debería existir nunca competencia entre los sanadores! Dejen sublimar los egos. Sigan adelante como grupo. Utilicen sus procesos, aunque sean diferentes, sabiendo que uno de ellos puede preparar a la persona, de modo que el otro pueda alcanzar éxito. Estos son los mecanismos de la curación. En cuanto al sanador que trabaja una y otra vez con los humanos y ellos mueren de todos modos, deben comprender la propiedad universal y el tiempo en que eso se produce. Es posible que esa querida persona tuviera que fallecer de todos modos, para poder recibir la recompensa de regresar fresca y nueva, y hacerlo así rápidamente. ¿Acaso es eso algo malo? (*Su predisposición cultural humana sobre la muerte no siempre comprende o está de acuerdo con el «bien universal superior».*) Traten de estar en paz con lo apropiado del Espíritu.

(*¿Se dan cuenta de la exquisita línea existente entre la curación personal y la curación de los demás? Sus esfuerzos pueden producir realmente la autocuración para los demás. Puesto que cada uno es totalmente responsable de su propia curación, no son ustedes en realidad quienes los curan. Ustedes están ahí simplemente para exponerlos, a través de su proceso de curación y equilibrio, a la verdad de su propio proceso individual. Por eso precisamente es tan crítico el atributo de la «intención».*)

Revisión de un viaje. Y ahora, permítanme llevarles finalmente a hacer un viaje. Dice mucho en favor de la nueva energía el hecho de que el viaje que emprendemos ya lo hayamos hecho antes. Le dije a mi socio que lo haríamos así. Deseo que regresen ahora al lugar que visitamos hace cinco meses. Sólo que esta vez se me permite hablarles de lo que está sucediendo. Queridos míos, no podía decirles estas cosas hace cinco meses. En aquel entonces no era lo apropiado, mientras que ahora lo es. ¿Se dan cuenta de lo que ha sucedido en este tiempo? ¿Sienten el aumento del poder? ¿Perciben la urgencia? ¿Se dan cuenta del aumento de la velocidad? Deberían. Este es un lugar realmente dulce.

Les voy a llevar al Templo del Rejuvenecimiento,* en una época anterior a la glaciación. Una época que algunos de ustedes no desean experimentar de nuevo, pues fue una época en la que algunos de ustedes murieron. Pero durante esa época existió una gran ciencia. Qué irónico es que ahora «levante la cabeza» de nuevo. Pues ahora van a tener la misma ciencia, aunque esta vez sin el

* Véanse las páginas 107, 160, 273 y el Apéndice A para información sobre el «Templo del Rejuvenecimiento» de la Atlántida.

temor a la terminación. Superen ese temor, puesto que se trata de un fantasma. Vuelvan a visitar conmigo este hermoso Templo del Rejuvenecimiento. Vean el templo claramente, con toda su belleza, y comprendan la celebración que hay en su utilización.

¡Aquí es donde son repolarizados los humanos! Esta es la descripción: al hallarse situados a cierta distancia y contemplar este templo, verán una aguja que señala hacia el cielo, y una aguja que señala hacia la Tierra. Las agujas se encuentran ceñidas por el centro, y se sostienen sobre cinco patas con una cierta inclinación. El color es negro. ¿La razón? La mayor parte de las paredes están hechas con una composición que no puede ser imantada. No existe ningún metal, tal como ustedes los conocen. Además, la mayor parte de la composición es suave y ligera (*no pesa mucho*). Una parte de la composición está hecha a base de cristales machacados. Recuerden esta composición, puesto que se trata del mismo material que les protegerá en el vuelo (*viajes espaciales*).

Las cinco patas son huecas. Aparecen inclinadas respecto la zona central, donde se lleva a cabo el trabajo, y se hallan adheridas a esta parte. La primera pata contiene el poder, que va desde el suelo hacia arriba, para introducirse en el aparato. La segunda pata también está hueca y contiene la entrada y la salida para los facilitadores. La tercera pata contiene la entrada y la salida para el sacerdote de ese día. La cuarta pata contiene la entrada que sólo debe ser utilizada por el que va a ser curado y reequilibrado. La quinta pata contiene sólo la salida de aquel que ha sido reequilibrado y curado. Ya me han oído antes canalizar el mensaje de que el Espíritu disfruta con la ceremonia. El Espíritu disfruta con la ceremonia por razones que ustedes no conocen. El Espíritu no desea ser adorado, ¡difícilmente podría ser así! El Espíritu conoce la humanidad de todos ustedes, y la ceremonia engendra repetición. Como ven, la verdad es la verdad y es estática. Funciona lo mismo, una y otra y otra vez. Es inmutable. La ceremonia es socia de la repetición. (*Con ella se supera el rasgo humano de desear siempre algo nuevo. Ayuda a proporcionar el mismo proceso que necesita ser repetido cada vez con exactitud. A menudo envuelve procesos exactos y verdaderos, en el velo de la religión. Si tuvieran que pensar en su propia respiración, ya lo habrían dejado hace tiempo.*)

Hay simbolismo en la entrada y salida que sólo debe utilizar quien vaya a ser curado, pues la entrada representa ascensión y es del color de la murte. El tubo que desciende, que es la salida desde la cámara, regresa a la Tierra, y representa el renacimiento, y también tiene un color apropiado. Son la ceremonia y el simbolismo en sus elementos más exquisitos (*más humor cósmico*).

Les llevo ahora a la cámara interior. Mientras que antes les ofrecí la visión de lo que estaba teniendo lugar aquí, ahora les diré cómo tiene lugar. Hay dos mesas, y las dos giran. Verán ahora que las dos mesas se mueven en una sincronización perfecta. Es decir, cuando una se mueve en una dirección la otra hace lo mismo. También giran a la misma velocidad. En una mesa, como ya les dije previamente, hay una multitud de facilitadores, que rodean la mesa con sus manos sobre algo. También les dije que el objetivo humano, el que ha de ser reequilibrado, se encuentra en la otra mesa, solo, en compañía únicamente de un facilitador. Ahora, les mostraré claramente lo que tiene lugar. En la mesa donde está la multitud, hay alguien que destaca. Ella tiene las manos sobre dos globos. (*Ella es la sacerdotisa.*) Los globos están conectados con la maquinaria, es decir, con lo positivo y con lo negativo. La maquinaria mide a la persona que tiene las manos sobre los globos, que tienen muescas para sus dedos. Quienes se encuentran a su alrededor le proporcionan más equilibrio. Por la misma razón, quienes se encuentran reunidos aquí como un grupo, se ofrecen más equilibrio los unos a los otros de lo que podrían hacer por sí solos. La sacerdotisa del día es la que tiene el mayor equilibrio disponible, medido por la máquina. La máquina mide los órganos equilibrados del humano (*incluidas todas las polaridades correctas*), los interpreta y hace fluir la información hacia la gigantesca maquinaria situada por encima y por debajo del objetivo humano, con lo que reequilibra la polaridad de los órganos del objetivo humano. ¿Han captado esta imagen? ¿Ven cómo funciona la polaridad? ¿Comprenden lo que está sucediendo? Un humano equilibrado, con la polaridad correcta, no permitirá la enfermedad. Un humano equilibrado vivirá durante mucho tiempo. Eso es lo que ellos llamaban rejuvenecimiento.

La mesa que contiene el objetivo humano se sitúa en muchos planos físicos: vertical, horizontal y, también elevado con una cierta inclinación (*en oscilación rotatoria*). El facilitador situado cerca del objetivo humano es un trabajador, que sólo está ahí para que el humano se sienta cómodo *y para asegurarse de que el humano permanece firmemente sujeto a la mesa que contiene el sistema*. El trabajo se realiza con una ciencia tridimensional, con la interacción de la máquina y de la sacerdotisa humana equilibrada, dando a la máquina información que le permita equilibrar el objetivo humano. Una vez terminado el proceso de rejuvenecimiento, el objetivo humano se levanta de la mesa y hay una gran celebración. Todos los presentes en la sala se sienten llenos de alegría, y aplauden el proceso. Hay ceremonia y se le pone una túnica especial, y luego el humano desciende por el tubo del renacimiento hasta la Tierra. (*La túnica se lleva durante tres días, para que todos lo sepan y lo celebren con el humano.*) Ahora ya conocen lo que ha tenido lugar en ese templo. Es en realidad un templo con un sacerdote o sacerdotisa, y es pura ciencia. *La biología y la mecánica asociadas con la inteligencia.*

Algunas de estas cosas pueden parecerles estúpidas. La verdad seguirá siendo la verdad, al margen de su nivel de comprensión.

Finalmente, acabaré diciéndoles lo siguiente. Hace dos días que mi socio planteó una pregunta. Se trata de una pregunta que nunca hasta ahora se le había planteado al Kryon. La respuesta del Kryon fue insignificante. La pregunta decía por sí sola muchas cosas.

Como ven, cuando el Espíritu aparece ante los humanos, éstos reaccionan de una forma esperada (*eso es apropiado, debido a su dualidad*). Muchos se sienten temerosos. Muchos se sienten imbuidos de un gran respeto. Las preguntas que los humanos le plantean al Espíritu siguen siendo las mismas: «¿Qué debería hacer?». Los humanos preguntan: «¿Adónde deberíamos ir? ¿Cómo funciona esto? ¿Qué va a ocurrir?». Raras veces, sin embargo, plantean los humanos la pregunta que se le hizo al Kryon hace dos días. La pregunta que se planteó fue: «¿Qué puedo hacer por usted? ¿Qué hace que el Kryon se sienta feliz?».

Queridos míos, esta pregunta, por sí sola, demuestra la dualidad del amor. Pues ahora son ustedes capaces de amarme, y tienen disposición para ello, del mismo modo que yo les amo. Es el principio de la comunicación a dos bandas que tan tiernamente deseamos establecer con ustedes. La nueva energía empieza a proporcionarla, y el Espíritu empieza a sentirla y se muestra sensible a ella.

¿La respuesta a la pregunta? Es sencillamente lo que pueden ustedes esperar si me conocen.

Lo que el Kryon desea es, simplemente, permanecer sentado a sus pies, y amarles.

Y así es.

Kryon

Del escritor

Poco después de que concluyera la canalización que acaba de leer, se me acercó un caballero llamado Mark Wonner. Mark es un arquitecto titulado que en marzo de 1993 había leído la transcripción de la canalización de Kryon y había asistido a otras posteriores. Se sintió intrigado por el «Templo del Rejuvenecimiento» de la Atlántida, al que Kryon nos había llevado de viaje dos veces en el término de varios meses.

Me preguntó si lo podía dibujar, puesto que el viaje había sido muy real para él, y estaba convencido de haberlo «visto», junto con el resto de nosotros. Estuve de acuerdo en que podría ser agradable, y me pregunté íntimamente si él podría representarlo realmente (es decir, dibujar lo que yo había visto). No le ofrecí a Mark más información sobre el templo de la que yo mismo había visto durante la canalización, y que fue expresada por Kryon (que es la que acaba de leer).

Al cabo de una semana, Mark me llamó para preguntarme si podía ir a verle para contemplar los dibujos a lápiz que había hecho. Mientras me dirigía a lo largo de la costa hacia la casa de Mark, situada junto al mar, revisé de nuevo la moralidad de mis acciones, pues no había revelado un gran punto arquitectónico que había «visto» en la canalización, y que mantuve oculto precisamente como prueba de que los demás también veían lo mismo que yo. Eso es algo que hago con frecuencia, ya que todavía me aferro a esa parte humana de mí que me grita: «Demuéstralo», cuando el Espíritu me transmite información que me parece extraña, como en el caso del «Templo del Rejuvenecimiento» en la Atlántida.

Kryon nos había llevado en dos ocasiones al templo, y yo me sentí situado de pie delante de él, y luego en el interior. Observé su altura y su anchura en perspectiva (proporción del aspecto), y más tarde llegué incluso a oler el interior. Sospecho que habitualmente obtengo la mejor vista de estas cosas (más que otros que participan en la reunión), pero el Espíritu siempre me dice que estas cosas no son propiedad de nadie, así que ¿quién sabe? La información que decidí mantener en secreto fue que las dos agujas estaban retorcidas o como «acanaladas como un corcho», igual que uno de esos conos de helado que le sirven a uno en las heladerías. No dije a nadie nada de esto, y puesto que la mayoría de las agujas de las iglesias son rectas en nuestra cultura, esperaba que la mayor parte de la gente imaginara el templo con agujas rectas, a menos que hubieran «visto» realmente lo que yo mismo había visto al canalizar la información a través de Kryon. Nuestra cultura también tiende a construir estructuras «angélicas», es decir, altas y delgadas, como un dedo que señalara hacia Dios.

Entré en casa de Mark, sabiendo que si las agujas no aparecían correctamente retorcidas en sus dibujos, podía llegar a la conclusión de que Mark imaginaba algo que en realidad no había visto. Al sacar los dibujos, me quedé asombrado. Allí, delante de mis dubitativos ojos, se encontraban las mismas agujas que yo había visto. ¡Mark también había estado allí! ¿Por qué debía dudar tanto de estas cosas? Quizá si el Espíritu me ofreciera de modo incontestable la verdad, y lo hiciera de un modo regular, llegaría a «captarlo» algún día.

Felicité a Mark por su trabajo, y le pregunté si podía incluirlo en este libro. El dibujo que aparece en la página siguiente es el resultado de su trabajo. En mi opinión, este es el dibujo exacto del Templo del Rejuvenecimiento, que muchos de nosotros utilizamos en la Atlántida. En este punto, sé que tuvo que ser así. Observe el dibujo por un momento, y vea si guarda alguna clase de recuerdo de esta estructura. Debería remover algo en su interior, puesto que fue un símbolo grandioso de nuestra victoria sobre la muerte, y de nuestra sabia comprensión acerca de cómo la ciencia, la salud y el espíritu se encuentran eternamente entrelazados, algo que tanto anhelo en estos tiempos «modernos».

Volvemos a encontrar aquí un ejemplo de cómo cada uno de nosotros está acostumbrado a complementar la totalidad del trabajo. Yo no soy artista, y sin la buena voluntad de Mark para hacer lo que, evidentemente, el Espíritu deseaba que hiciese, estar en el lugar correcto y en el momento adecuado, no tendríamos ahora ninguna representación y este libro sería menos completo de lo que es.

Debo expresar mi agradecimiento a Mark y a otros que, a lo largo del camino, han contribuido a la obra de Kryon. En el Apéndice A, al final de este libro, se encuentran todas las declaraciones de las preguntas planteadas por Mark a Kryon acerca del dibujo, así como las respuestas canalizadas por Kryon.

EL ESCRITOR

Templo del Rejuvenecimiento

«Templo del Rejuvenecimiento» de la Atlántida tal como fue canalizado por Kryon

(véanse páginas 107, 155, 273 y el Apéndice A)

Las entidades que les rodean

Canalización del 22 de septiembre de 1993

Del Mar, California
Grupo de Luz Kryon

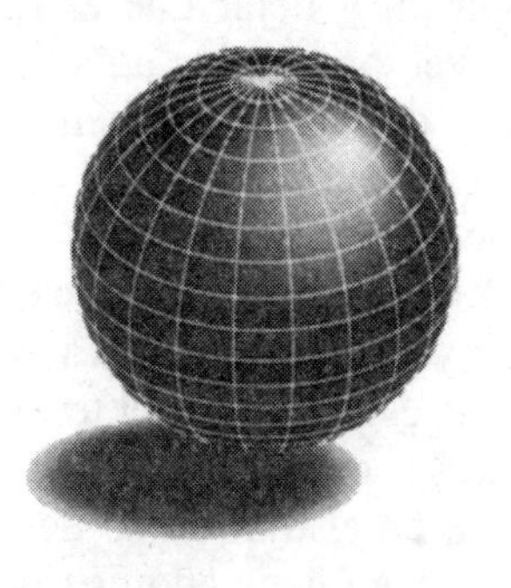

The Kryon Writtings

1155 Camino del Mar, 422
Del Mar, California 92014

Las entidades que les rodean

Canalización del 22 de septiembre de 1993
Grupo de Luz de Del Mar

Saludos. Soy Kryon, del servicio magnético. Le hablo ahora a mi socio. Tenga paz con todo lo que sigue, pues puede usted dejarlo de lado, socio mío, mientras que la información fluye libremente.

Saludos, queridos míos (*especialmente incluidos los lectores*). Les conozco, y ustedes me conocen. Es todo lo que el Espíritu desea en este momento, presentarse ante aquellos que se reúnan en nombre del Espíritu, y dejar que el Espíritu se siente a sus pies. Damos la bienvenida a todos aquellos que están con nosotros (*no humanos*), y de los que no hemos hablado antes, desde el grupo Solar, y les honramos, y les amamos como parte del apoyo, y les reconocemos.

Es el tema del Kryon el decir esto cada vez que nos encontramos: que aunque yo soy la mecánica, y he venido desde una gran distancia, el tema es el amor, y el tema son ustedes, y el tema es su poder. Nosotros, como el Kryon, solicitamos sentarnos a sus pies, y amarles y, en el transcurso de ese proceso, informarles. Esta noche, esa frase puede adquirir un significado especial, y ya la han oído muchas veces a través de este canal: ¡Son ustedes los guerreros de la luz! Ese es su propósito mientras están aquí, y no es ninguna casualidad que hayan elegido estar aquí (*o leer esto ahora*). Jóvenes, escuchad esto: tampoco es ninguna casualidad que se encuentren aquí, pues les hablo directamente a ustedes. Aunque quizá no lo recuerden (*o lo comprendan*), todo lo que se diga esta noche producirá un «despertar» cuando se recuerde, pues estarán aquí (*en la Tierra*) a través de épocas especiales (*los próximos cambios planetarios*). No es ninguna casualidad para ninguno de ustedes. Me conocen, y yo les conozco.

Nos tomamos este momento para amarles y saludarles, y para reconocer el poder que tienen dentro de su sí mismo superior, y para reconocer sus esfuerzos por alcanzar la iluminación, que cada vez se convierte en menos esfuerzo.

Siendo la razón de la canalización de esta noche la siguiente: «que los humanos son curiosos por naturaleza», les comprendo, pues yo trabajo precisamente con la rejilla magnética y con el magnetismo que interviene en este sistema, para apoyarles, al mismo tiempo que a su salud e iluminación. Sé cómo piensan, pues comprendo su impronta. Hemos hablado muchas veces de esto. Su impronta es aquello que restringe su conocimiento acerca de su propia dualidad, la que les mantiene sumidos «en la oscuridad», hasta que estén preparados para expresar la intención hacia el Universo a fin de lograr que las cosas sean diferentes.

Su curiosidad les ha llevado a plantear preguntas acerca de las entidades que les rodean, acerca de la jerarquía que es su grupo de apoyo en el Universo, acerca de otros canales de los que han oído hablar, acerca de la información que llega en relación con seres que ostentan nombres extraños. ¿Cómo encaja el Kryon con todos estos? ¿Quiénes son ellos? ¿Qué están haciendo? ¿Cuál debería ser su reacción ante ellos? Aunque esto no juega casi ningún papel en relación con lo que hagan ustedes consigo mismos ahora, en la nueva energía, asumiré su petición de obtener respuestas, con la capacidad y la propiedad de la que dispongo como el Kryon.

Los seres humanos disfrutan colocando cosas en cajas y etiquetándolas. Disponen las cajas cuidadosamente, y cuando se sienten felices con sus disposiciones, siguen adelante. Honro este proceso, pues eso forma parte de la impronta humana. Esta misma noche, espero poderles dar algunas etiquetas para sus cajas (*para que realmente puedan seguir adelante*).

Busquen la prueba de lo que sigue en los próximos pocos minutos. Se les ofrecerá alguna información que parece como un rompecabezas. El Espíritu desea que la conjunten. El Espíritu disfruta cuando ustedes abren las cajas y mezclan las etiquetas y encuentran una etiqueta nueva. El Espíritu desea que descubran respuestas por sí mismos, y que utilicen las soluciones que siempre se refieren a ustedes mismos. Así pues, la canalización de esta noche será informativa, pero habrá preguntas de las que no son conscientes. Algunos de ustedes ya tendrán las respuestas incluso mientras escuchan esto (*o leen esto*). Otros descubrirán las respuestas a medida que lean y escuchen cosas de la información canalizada que ha de llegar. Luego, recordarán una parte de la información que se les ofrece esta noche, tanto leída como escuchada. Busquen la prueba, pues la prueba se encontrará alrededor de ustedes mismos. Esta información dada ahora es exacta y verdadera, pues se encuentran sentados delante del Espíritu. Se han quitado los zapatos como una forma de honrar al Espíritu, y el Espíritu se quita el calzado para honrarles a ustedes. Son ustedes los honrados. Este es su tiempo. Es, de hecho, el tema recurrente del Kryon, que les ofrezco, y continuaré ofreciendo hasta que llegue el tiempo en que ya no se encuentren aquí.

La historia humana limita a la Tierra. Cuentan con un espléndido linaje sobre el planeta. Su linaje se remonta a más de 300.000 años. Se les advierte, sin embargo (si es que tienen que estudiar la historia para saber quiénes fueron), que consideren la información de que sólo tienen una antigüedad de 100.000 años. ¿La razón de que esto sea así? Si se consumen a sí mismos en la búsqueda del conocimiento y la información que representa un período más prolongado, se encontrarán estudiando a humanos que no son como ustedes, pues se produjo un notable cambio en ese período (*hace 100.000 años*). Los humanos que les rodean ahora y a los que conocen, se conforman sólo a los de hace 100.000 años. Antes de eso hubo un escenario muy diferente, un escenario que quizá tenga interés, pero del que no se hablará aquí esta noche. En el pasado ya hemos hablado de su historia antes de la glaciación (*en canalizaciones anteriores*), y de la biología seminal de su especie. La diferencia está en el ADN. Así es como saben que se trata de su tipo humano específico. (*Su vida historia específica ha sido canalizada muy claramente por algunos de los que hablaremos a continuación.*)

Estructura universal. Empezaré con la estructura del Universo, una estructura que es inconcebible para ustedes. Conozco su impronta, de modo que eso es simplemente inexplicable, así que más adelante les ofreceré una metáfora. Les hablaré, sin embargo, de su forma, en la medida en que pueda hacerlo esta vez. Es importante que sepan que la estructura no se corresponde con nada que tengan en el planeta. En este planeta, los humanos tienden a tener disposiciones jerárquicas de poder y control, de tal modo que independientemente de la cultura, de lo democrática que sea, o de la impresión que tengan de poder decir algo acerca de lo que sucede, la estructura sigue siendo desde el que más hasta el que menos. Así es como ven y configuran la organización en la Tierra. Así es como han elegido hacerlo, lo que no resulta nada sorprendente teniendo en cuenta su impronta. Eso no refleja, sin embargo, la forma en que funciona el Universo, pues en el Universo no se trata de control y poder. Con la organización humana, el que está en lo más alto suele ser aquel que dispone de una mayor abundancia, de control y de poder, mientras que a los que están abajo les sucede exactamente lo opuesto. Esto, sencillamente, no se encuentra en la disposición del Universo, y hablo ahora de todo el Universo, tanto del visible como del invisible para ustedes.

Está configurado como sigue: ustedes no pueden concebir su forma, pero está configurado desde el interior hacia el exterior. En semicírculos de influencia y dirección. En la organización universal, poder y control no son palabras que tengan los significados que ustedes les atribuyen. El Universo se centra sobre amor y propósito, como muchos de ustedes están descubriendo ahora en la nueva energía. Quienes se encuentran más alejados del centro no son necesariamente los que tienen menos, como se demuestra con lo que está sucediendo ahora con la Tierra. He aquí un atributo que no puedo explicarles, pero del que les hablaré de todos modos. Es críptico y parecerá no tener ningún sentido. A medida que los semicírculos de influencia y dirección se hacen más y más grandes a partir del centro, los exteriores se comban hacia adentro y se convierten de nuevo en el centro. Esa es la forma de la jerarquía universal, de dirección, creación y amor. Es un concepto difícil.

Metáfora de la mano. Les hablaré ahora de la metáfora antes aludida, que puede ayudarles a comprender, pues existe una gran ironía en el hecho de que dentro de la estructura celular de su propia biología haya presentes claves acerca de la forma en que está organizado el Universo. Desearíamos que imaginara que tiene capacidad para interrogar a las células de su propia mano. Por extraño que pueda parecer en esta fantasía, podrán contestarle con sabiduría espiritual, así como con exactitud biológica, y ofrecerle la verdad. De este modo puede preguntarle a su mano:

¿Quién eres?

«Somos tu mano, una especialista. Soy un mecánico y sirvo a la totalidad.» (*Observe el uso del «yo» y del «nosotros», pues esto es importante.*)

¿A quién perteneces?

(Sabiendo muy bien que la mano pertenece al brazo, las células de la mano le contestan:) «No pertenezco al brazo. Facilito a la totalidad, pues sin mí la totalidad no podría comer con facilidad. Tendría incluso dificultades para levantarse o sentarse. Lo que es bueno para la totalidad, es bueno para mí.»

¿Quién es tu director? ¿Quién es el jefe?

«No tenemos ninguno. Pues lo que es bueno para la totalidad es bueno para la mano. No hay rebelión, pues dentro de la estructura sólo hay amor y equilibrio, y la polaridad apropiada entre las partes.»

¿Quién la creó?

«En el nivel celular y atómico de mi estructura hay energía. No siempre fuimos una mano. Algún día, dejaré de ser una mano, y entonces, quizá, vuelva a convertirme algún día en una mano. La energía es indestructible, por lo que siempre fui y siempre seré esta energía. La totalidad no cambia, y el número de partes siempre permanece igual.»

¡Esa es su mano que le ha estado hablando! Bastante sabio para tratarse de una mano.

¿Te sientes feliz?

«Sí. Mantenemos una relación de amor con las partes que nos rodean. No hay nada negativo, ni rebelión, ni inapropiación. Estamos equilibrados» (*o siempre en el proceso de equilibrarnos*).

Ahora, puede hacerle a la mano una pregunta engañosa:

Háblame de la lucha que hay en ti

(Conoce muy bien los sistemas defensivos de su propio cuerpo y el propósito de los anticuerpos y de las batallas inmunológicas, y la lucha que, según se le ha dicho, se libra en sus venas.) Pero la mano le sonreirá y le dirá: «Es apropiado para el cuerpo humano caminar libremente sobre la Tierra, entre las enfermedades y entre los microbios, y entre las bacterias que penetran en el cuerpo, lo que puede parecer extraño. Pero, apropiadamente, el cuerpo equilibrado dispone de defensas para neutralizarlas, para transformar lo negativo en positivo y para reequilibrarse a sí mismo, para asimilar. No se trata en absoluto de una lucha. Es una transmutación, una asimilación equilibrada apropiada. No hay batalla en absoluto. Estoy en paz.»

Estas son preguntas hechas sobre su propia biología, y estas son las respuestas que le daría. También son las respuestas que recibiría si interrogara a las partes (*grupos de entidades*) del Universo, desde el centro hacia el exterior. Pues la jerarquía no refleja lo menor o lo más grande, sino sólo la organización hacia el propósito creativo (*que se inclina hacia atrás sobre sí mismo, para involucionar hacia el centro*). Y ahora llegamos al «quién» y a los «por qués».

Las entidades que le rodean. Ahora sólo hablo de las entidades que «hablan» regularmente con ustedes. En lo que sigue, hablo ahora de su grupo de apoyo. No me dirigiré a las entidades que puedan coexistir en su plano de la Tierra, en lo que ustedes llaman otras dimensiones, ni les hablaré de ellas, y que no tienen ningún papel que jugar en su período de aprendizaje o en su juego. No son conscientes de usted (*de su propósito*), aunque a veces pueden ser conscientes de ellas, de una forma apropiada o no en su caso. ¿Cómo conocen las diferencias cuando se las encuentran? La respuesta es la siguiente: las entidades de su grupo de apoyo les conocerán, queridos míos (*lo que es, de hecho, una afir-*

mación incompleta). Ellas conocerán la Tierra. Sabrán de este planeta que sale de la Era y reconocerán el poder de ustedes (*quiénes son*). Habrá excitación, pues todas ellas conocen este lugar al que llaman Tierra en esta galaxia. Si no conocen estas cosas, entonces es que son del otro. No son negativas, sino que simplemente no se encuentran en su grupo de apoyo; en consecuencia, no les servirá de nada asociarse con ellas. Tampoco le causarán daño. Así pues (esta noche) les hablo de aquellos que les rodean, aquellos de los que quizá hayan oído hablar, aquellos que son populares, y aquellos de los que serán más conscientes a medida que transcurra el tiempo. Representan a entidades que *han canalizado* y que *canalizarán*, y empezaré con el Kryon, no porque tenga mayor importancia que los demás sino porque, según miden ustedes las distancias, procedo de la zona más alejada.

Hechos de Kryon. Les he dicho muchas veces que he llegado aquí por designio, que fui convocado aquí a través de los actos realizados durante 50 años por los humanos y que han cambiado este planeta. Vengo para reajustar su sistema de rejilla magnética para su salud e iluminación, para su impronta. Vengo para decirles que la intervención es posible ahora (*desde el Espíritu*). Pueden pedir implantes para vaciar su karma. Pueden tomar su poder, convertirse en seres de luz (*luz refiriéndose al poder del sí mismo superior*). Pueden cambiar la vibración de este planeta. Pueden pasar al «estatus de graduado» y luego comunicarse con las otras dimensiones. Este es el propósito y la razón por la que estoy aquí. Pero todo se reduce a ustedes y a su sí mismo superior del alma (*sin que importe cuántas entidades de apoyo les rodean*).

Esa es la razón por la que estoy aquí, y en el proceso también les traigo, a nivel celular, una liberación de amor que tienen permiso para sentir en cualquier momento. Algunos de ustedes ya se han dado cuenta de que al encontrarse sentados delante del Espíritu (*o leer estas palabras del Espíritu*), especialmente cuando se encuentran con el grupo de Kryon, o cualquier otra entidad de tipo ángel, de que ahora ha llegado el tiempo, incluso mientras escuchan estas palabras, de solicitar la curación (*de cocrear*). ¿No se les ha ocurrido esto? Algunos de ustedes lo están haciendo incluso ahora, y esa es la razón por la que hablo de ello, pues no hay mejor momento que este.

Les he dicho que el Kryon procede del Sol dentro del Sol, de la gran zona central; aquí está el tema del centro que va hacia el exterior. Ahora les digo que tiene otro nombre, y un nombre que escucharán a menudo (busquen la prueba). Es la Fuerza Creativa Fundamental. De ahí es de donde emano. Lo que hago ahora por ustedes, lo he hecho por otros muchas, muchas veces. Es el amor y la comprensión del Espíritu lo que me envía a ustedes ahora, y el que les ama mientras están sentados aquí, haciéndolo a cada uno por su nombre. (*Como se había canalizado previamente, soy enviado por un grupo al que ustedes llaman los Hermanos, o quizá «La Hermandad». Este grupo ha estado siempre en la Tierra y es muy, muy antiguo. Es el grupo por el que yo soy dirigido.*)

¿Qué más desearían saber sobre el Kryon? Se lo diré, puesto que se me ha preguntado: «¿Qué fue específicamente lo que le hizo venir aquí? ¿Apareció, simplemente, o se produjo algún acontecimiento?». Sí, se produjo un acontecimiento, y ahora les diré por primera vez de qué se trataba. ¿Un rompecabezas? Sí, pero no difícil. En escritos pasados ya les he hablado del año en que llegué. Dos años antes de eso, en el octavo mes de su año 1987, ocurrió algo especial que me convocó, pues había una interrogación del planeta planteada por el Espíritu, para ver si la vibración del planeta Tierra encajaba en el plan universal. Un escenario de «llave en la cerradura» en un plano astronómico (literalmente), que planteó la pregunta: «¿Están preparados?». Y el planeta contestó: «Sí». Pues las vibraciones que estaban presentes en ese octavo mes de su año 1987 hablaban muy encomiablemente de lo que habían hecho. Eso fue la convocatoria, y se extendió la noticia que trajo a los guías, los maestros, los trabajadores, y el mecánico, así que inicié mi viaje. Aquellos de ustedes que sepan de estas cosas sabrán lo que fue ese acontecimiento; se trata de pequeños rompecabezas que ustedes mismos tendrán que armar.

Mi facilitación de la rejilla, aunque compleja, se corresponderá con la información canalizada. Facilita aquello que ustedes han pedido y que en su cultura llaman «el duodécimo rayo». Si comprenden lo que eso significa, sabrán que los colores de los rayos que responden a sus chakras se mezclan para formar conjuntamente el duodécimo rayo. No es pues ningún secreto que si les estoy facilitando este poder, quiere decir que ustedes, como humanos, han cambiado radicalmente, ¿verdad? Pues eso afecta a todos sus colores y a todos sus chakras. Así es como mis ajustes de rejilla facilitan su biología. Ahora comprenden que la trilogía de Dios es la Tierra, la biología y el Espíritu, pues mi trabajo afecta y coordina a todas ellas. Ese es el servicio del Kryon. De ahí es de donde vine cuando fui convocado, y así es cómo trabajo. No obstante, al ser de la Fuerza Creativa Fundamental, hace que les ame mucho más pues yo «veo» con una visión clara sus bandas y los colores de las entidades del período de aprendizaje que son ustedes. No las pueden ocultar ante mi vista. Sé quiénes son, y por esa razón, me siento a sus pies. (*También he canalizado el hecho de que mi grupo de apoyo está igualmente aquí, estacionado en la órbita de Júpiter. Esto se refiere al camino seguido por la órbita de Júpiter alrededor de su Sol, y no a un satélite que pueda encontrarse en la órbita del planeta Júpiter. Mi grupo de apoyo se encuentra en una «nave» muy grande, cuyo nombre se encuentra en sus historias terrenales acerca del rey Arturo (otro rompecabezas). Hay casi 100.000 entidades que están aquí, directamente en apoyo de mi trabajo.*)

La Galaxia – Su Grupo Central. Cada galaxia tiene una dirección creativa, un grupo que tiene un nombre. El Espíritu raras veces numera nada. El Espíritu conoce todas las partes por su nombre. Es humano otorgar números a estas cosas. Ustedes todavía desconocen el nombre del grupo situado en el centro de la galaxia que es el responsable de ustedes, así que esta noche lo llamaremos los Sagitarios. Los denominamos así porque si salen al exterior y mirar en la dirección de la constelación de Sagitario, ahí es donde se encuentran. Pues al hacerlo así, estarán mirando hacia el centro de la galaxia, la Vía Láctea. (*Que no hay que confundir con aquellos de ustedes nacidos bajo el signo de Sagitario; esto sólo es una referencia direccional que indica el lugar donde se encuentra este grupo.*)

Los Artúricos y los Ashtar. Los que se encuentran a continuación de estos, que están más cerca de ustedes que estos, y que se encuentran situados directamente frente a ustedes, canalizando actualmente en este planeta, son los que en su cultura se han llamado «Los Artúricos». (*Tienen dirección para su zona o parte.*) Se hallan tan interrelacionados que a ustedes les resulta difícil saber la diferencia entre ellos. Su propósito es claro, y busquen ustedes en sus canales las frases y las palabras que se correspondan con las del Kryon. Recuerden: «Ahora es el tiempo». Recuerden: «Tomen su poder». Recuerden que son ustedes «guerreros de la luz». Su tarea consiste en trabajar con los más jóvenes. Si tuvieran que preguntarles directamente, así se lo dirían. Como prueba de quiénes son, de que el Kryon los conoce, y de que ellos conocen al Kryon, les diré lo siguiente: en los escritos pasados les he indicado cuándo quedará completado mi trabajo, y les he dicho que terminará en un año concreto (aunque el grupo del Kryon no abandonará nunca la Tierra, debido al servicio de mantenimiento de la rejilla). Once años después del año de completado mi trabajo, se tiene previsto que los Artúricos también se marchen. Esto es un rompecabezas. Busquen la prueba. Conjunten los números por sí mismos cuando la información sea canalizada por los Artúricos, y reciban la verificación y la experiencia del «¡Ajá!», y sepan que en este día han estado sentados ante el Espíritu y conocido la verdad.

Los Ashtar y los Artúricos son aquellos que hablan con sus gobiernos en la Tierra, que no hay que confundir con naves que puedan haberse estrellado, procedentes de otras zonas de su galaxia, o con aquellos seres que perecieron y fueron encontrados por sus gobiernos en la Tierra, y ni siquiera con aquellos que pudieron haber sido capturados. Esos no son los Ashtar o los Artúricos. Los Ashtar son capaces de moverse entre esa dimensión que ustedes llaman tres, y la que está arriba, lo que es como decir que tienen la capacidad para ser visibles o invisibles para ustedes. Les traen grandes mensajes de amor. Su trabajo principal va dirigido a los más jóvenes del planeta, y canalizan libremente una información maravillosa y útil.

Su grupo seminal. Aquellos que caminan entre ustedes y con los que se relacionarán de la forma más clara y fácil (quizá lo hayan imaginado ya, puesto que los conocen muy bien) son aquellos que les aman tiernamente, y que están aquí para observar e inducirles al amor. Tienen que permanecer a la «distancia de un brazo» para poder mostrar su ciencia. Son como ustedes. Tienen una biología que es como la suya. Son sus semillas y proceden de las «Siete Estrellas». Son los Pleyadanos. No hay ninguno que esté más cerca de usted (que no camine con usted diariamente), más que estos. Tienen la capacidad para caminar entre ustedes, y no pueden saber quiénes son. Se encuentran en su dimensión, y deben llevar cuidado para que su ciencia no se derrame sobre la de ustedes, porque todavía no ha llegado el momento de que eso suceda. Pregúnteles: «¿Por qué están aquí?», y ellos contestarán: por amor, y porque «ahora es el tiempo». (*Traen información acerca de cómo funcionan las cosas alrededor de ustedes, desde la perspectiva de seres que tienen la misma biología que ustedes, que están iluminados acerca de lo que ocurre en relación con su humanidad, y que son muy prácticos.*)

El Grupo Solar. A medida que continuamos, también hay otros. Existen algunos a los que ustedes conocen en su cultura como el Grupo Solar. Son los que ustedes llaman ángeles. Son aquellos que los observan, que les aportan una información maravillosa, con más historia universal actual que cualquiera de los otros, pues los otros sólo son facilitadores. La mayoría de los otros se ocupan de objetivos universales y planetarios, pero los pertenecientes al Grupo Solar están llenos de historia y de información práctica para ustedes, y también están llenos de amor. (*Como ya se ha canalizado previamente, los podrán identificar por su color dorado.*) Hablo ahora de nombres que conocen ustedes como Solara, y del arcángel Miguel (*y de muchos más que no están en su cultura*). Todos ellos les aman tiernamente, lo mismo que el Kryon. Busquen su información canalizada y utilícenla.

Queridos míos, si no lo he dicho antes, les digo ahora que posiblemente no pueden escuchar a un solo grupo, o contar con un solo apoyo o tener un solo canal y conocerlo todo. Somos especializados. Busquen y consuman toda la información procedente de los muchos, y eso les permitirá encajar su rompecabezas, y les servirá para su iluminación.

Los Maestros. Luego están los que son Maestros Ascendidos. Sus atributos es que todos ellos han estado en la Tierra como humanos. Su tarea consiste en regresar en canalización para ofrecerles conjuntos de instrucciones, información que es práctica para ustedes desde su perspectiva de haber estado aquí antes ellos mismos. Son maestros como Jesús, Juan el Bautista, el rey Salomón, el rey Arturo, muchos faraones, y aquellos que han ocupado altos puestos de gran sabiduría. Nombres como El Morya, Sananda, Mahatma (*St. Germaine*), Kuthumi (*y muchos más que no están en su cultura*) sólo son algunos de los que les aportan información para su cultura. Escuchen sus instrucciones, pues serán específicas.

Sobre los Templarios. Este grupo está ofreciendo ahora mucha información relativa a la reconstrucción del Temple. Para el humano que se encuentra esta noche en este grupo, y que es el más interesado en esto, acepte esta información: en toda la historia de esta información Templaria canalizada, a partir del rey Salomón, hay muchas cosas que han permanecido constantes. La reconstrucción de esta estructura iba a tener lugar en la zona sudoccidental de este continente, en esta cultura. Eso sigue siendo apropiado, y ese portal está ahora abierto y preparado. Ahora se produce un cambio: hay otros cuatro portales, también en este continente, que funcionarán igualmente. El Temple puede ser reconstruido en cualquiera de los cinco, y si desean saber su situación, pueden encontrarla, pues la nación hopi ha canalizado esto para ustedes. El Temple es el centro de comunicaciones para una Tierra graduada. Es el nuevo faro. Al ser construido, comunicará con las otras dimensiones. Su faro les dirá: «Somos la Tierra. Nuestro planeta de libre elección se encuentra ahora en estatus graduado, y ahora ya pueden venir» (*y disfrutar de la biblioteca de la Tierra*).

¡Usted! Quizá piense que la Tierra es un lugar muy pequeño en el esquema universal de las cosas, como algo inconcebiblemente pequeño dentro de la inmensidad de los sistemas estelares, tal como los ven. ¡Nada podría estar más alejado de la verdad! Todos los iluminados saben quiénes son ustedes. Aquí, queridos míos, en este planeta, es donde se encuentra toda la excitación, pues ustedes, los que caminan mientras están en período de aprendizaje, son los exaltados. Cuando no están aquí, se yerguen altos y giran con muchos colores. Todos aquellos que los miran saben de su estatus «en período de aprendizaje», y también saben cuántas veces han estado en la dualidad. Como ya les he dicho antes, eso es como los anillos de uno de sus árboles terrestres: muestran ustedes sus bandas y todos conocen esas recompensas, y les honran con celebración. Su trabajo es de lo más difícil, mucho más duro y más honrado que el del Kryon.

Su curiosidad negativa. Ahora les hablo de algo que puede generar temor. Pero antes de hacerlo, permítanme recordarles su impronta humana: es cómica en un sentido del que ya les he hablado, queridos míos, en el sentido de que hubo algo maravilloso que ocurrió y hubo algo horrible que ocurrió, y casi todos ustedes, sin excepción, dirían: «¡Cuénteme lo horrible!». ¿Lo ven? Desean, por naturaleza propia, conocer lo negativo. Ello es así porque su karma está hecho de temor, y lo llevan muy bien. Así que están familiarizados con ello y eso es lo primero hacia lo que se sienten atraídos.

Los oscuros. Permítanme hablarles de aquellos que buscan a Lucifer, pues están creando a un fantasma. El Universo es literal, y sin juicio. Aquellos que se levanten y pidan que venga Lucifer, recibirán gratificación, pues recibirán exactamente aquello que esperan. Serán capaces de cocrear lo negativo, del mismo modo que ustedes tienen ahora el poder de cocrear el amor, la curación y el poder iluminado de lo positivo. Lucifer es el fantasma de su propia creación y configuración, pero permítanme decirles esto, queridos míos, y no olviden nunca lo que se deriva de mis palabras: si uno solo de ustedes se encontrara en estado iluminado y con equilibrio, y se levantara libremente en medio de aquellos que cantan y llaman a Lucifer, tendrá poder total sobre todos ellos. ¡En este planeta no hay nada que su nuevo poder no pueda tocar! Aquellos que llaman a lo negativo están desequilibrados, y lo hacen así precisamente debido a su desequilibrio. Esto no tiene nada que ver con ninguna entidad negativa que pueda haber sobre el planeta. Esto es algo que los humanos se hacen a sí mismos.

Pero he aquí que, según le dijo su propia mano, los humanos son capaces de caminar por el planeta en libre expresión. Le dijo que podía verse regularmente «invadida», pero le dijo también que contaba con las herramientas del equilibrio. Lo mismo sucede sobre el planeta de libre elección, pues hay varios tipos de entidades a las que se permite estar con ustedes, debido a la regla y la dirección de la no intervención. Esas entidades, casi sin excepción, no son conscientes de quiénes son ustedes. Sólo se sienten atraídas hacia sus atributos. No tienen concepto alguno de los Sagitarios, de los Artúricos, de los Ashtar, de los Pleyadanos, de los Solares. Sólo conocen la vibración más baja de sí mismas y buscan información y respuestas. En ellas no hay conspiración alguna contra los principios universales, sino que simplemente desean saber, y ustedes son como su biblioteca.

Hay varios de estos grupos. Uno busca información sobre sus emociones. En concordancia con la regla de la intervención, se les permite interferir con su biología. En consecuencia, hay humanos que actualmente tienen atributos de estos negativos. Ser humano, sin embargo, caminar en la luz durante el período de aprendizaje, les proporciona poder absoluto sobre cualquier parte de este atributo oscuro. A estas entidades se les permite, específicamente, facilitar su karma y constituyen una parte apropiada de su período de aprendizaje. Esto es como decir que cualquier humano que se encuentre en este estado puede recrear equilibrio por sí mismo, puede producir asimilación y transmutación de lo negativo. Si cualquier humano siente que no puede, que los atributos de los negativos son demasiado fuertes, cuentan ahora con el poder a través de la intención y de la comunicación con los guías, para solicitar la intervención por medio del implante neutral (*tal como se ha canalizado antes*). (*Puesto que el implante se ocupa específicamente de vaciar lo kármico, puede observar la interrelación que existe con estos oscuros.*) Estos oscuros se sienten atraídos hacia sus emociones porque ellos no tienen ninguna, y desearían estudiarles, pues ustedes las tienen en abundancia. (*Las emociones son energía, y son ustedes como un faro para aquellos que las buscan. Necesitan encontrar respuestas, pues sienten que su misma existencia se ve amenazada por la pérdida de esta energía natural.*)*

Los de la segunda clase también se sienten atraídos por ustedes. Tampoco ellos tienen consciencia alguna de la búsqueda que hacen ustedes del período de aprendizaje o del karma. Aunque no tienen consciencia de su karma, lo que ustedes hacen con él es lo

* Véase la página 280.

que les atrae hacia su cultura, como mariposas nocturnas que se sienten atraídas hacia el fuego. En consecuencia, también se les permite interactuar con su período de aprendizaje. Hablo ahora de los muchos que hay aquí, porque ustedes los alimentan realmente, y los alimentan con su propio temor. Aquellos de ustedes que viven sumidos en el temor son los que los alimentan diariamente, y ellos regresarán e invadirán su vida, aplastándoles, necesitados de más alimento. Comprenden que cuanto más temor sientan ustedes, tanta más comida habrá para ellos. Por increíble que pueda parecer este escenario (*para muchos humanos*), ¡es cierto! Los encontrará atracándose a los pies de aquellos humanos que llaman a Lucifer. Se les permite estar ahí, con toda propiedad, pero tienen ustedes poder absoluto y dominio sobre todos ellos, pues ni siquiera legiones de ellos tienen poder alguno ante uno solo de ustedes. ¡Créanlo! Es la verdad del Espíritu. No tienen razón alguna para temer a ninguno de estos oscuros. En otras canalizaciones hemos hablado del fantasma del temor. Ya hemos hablado antes de la confianza del Espíritu, y de cómo dejar atrás el karma. No es ahora el momento para revisar todo eso.

Las otras entidades oscuras se explican muy sencillamente. Son biológicas, y son como ustedes. Se les permite estar aquí, procedentes de otros lugares de su galaxia. Disponen de las máquinas para viajar hasta aquí. Pero el hecho de que dispongan de la ciencia no quiere decir que tengan la iluminación. Esos son los que se han estrellado aquí. Son aquellos que, a través de sus propios errores, han sido capturados, no los Artúricos, ni los de Ashtar. Lo que sus gobiernos terrenales estudian actualmente es la ciencia de estos que proceden de otros lugares.

Hay mucho más que saber acerca de aquellos que les rodean, pero he perfilado a los principales. Cada uno de estos grupos es rico en su propia historia, en sus propias lecciones, en cómo llegaron a estar con ustedes. Hay grandes enseñanzas que se pueden alcanzar buscando sus obras canalizadas, y mucha sabiduría universal que se puede acumular al escucharles. Todos ellos están muy bien dispuestos a ofrecerles lecciones sobre su linaje, a ayudarles a apreciar el propio.

Y ahora, queridos míos, les llevo hasta el punto de esta canalización. Deseo que sientan el amor del Espíritu mientras proyecto (*les envío luz*). En relación con aquellos de los que he hablado: quizá se hayan sentido ustedes intimidados por estas entidades sin rostro procedentes de toda la galaxia, que caminan por la Tierra, junto con ustedes, en las trincheras del período de aprendizaje, compitiendo por ocupar espacio, tanto espiritual como físico. Quizá se han sentido inciertos, les han temido, sienten que hay conspiraciones por todas partes, no saben exactamente qué hacer, temen incluso quedarse dormidos, sin saber quién es bueno y quién no lo es. Estoy aquí para decirles que todos éstos, procedentes desde el centro hacia el exterior, representan la compasión del Espíritu. ¡Están aquí para apoyarles! ¡Todos ellos! Incluso los aparentemente inapropiados están aquí para su período de aprendizaje, en el planeta de libre elección, con toda la propiedad del Espíritu (*Recuerden que es su trabajo, a la vista de todo esto, lo que les ha permitido ganar su propio poder*).

En este planeta donde no se permitía la intervención, han efectuado ustedes cosas notables. Se han elevado por sí mismos y se están preparando para pasar al estatus de graduado. Todos los que se encuentran en su grupo de apoyo, y de los que he hablado esta noche, y todos los canales y toda la información que se vierte desde ellos, se está ofreciendo con amor, y representan la compasión del Espíritu por ustedes. No deben temer a ninguno de estos. Salúdenlos y dénles la bienvenida por su nombre (*su grupo de apoyo*). Aprendan sobre ellos y sepan quiénes son. Sientan la «unicidad» y el amor del Espíritu que permitirán que tales interacciones se produzcan centradas alrededor de ustedes. Sepan que cada vez que escuchen nuevos mensajes en canalización, representan la compasión del Espíritu, la misma razón por la que el Kryon está aquí esta noche. La compasión del Espíritu nace dentro de la Fuerza Creativa Fundamental. (*No hay exclusividad en el Espíritu. Su apoyo es todo especializado, sin que ninguna entidad tenga precedencia sobre ninguna otra.*)

Esta noche, entre ustedes, hay quienes gritan en solicitud de curación, que desearían saber más acerca de por qué están aquí. ¿Cómo se sienten al saber que hay masas de estas entidades de apoyo para cada uno de ustedes? ¿Qué esas entidades no hacen más que apoyarles en su búsqueda, con la esperanza de que alcancen ustedes la iluminación, con la esperanza de que escuchen el mensaje y reaccionen, situados a su lado, dispuestos para su acción? ¿Hace eso que se sientan especiales? ¿Les ofrece eso una nueva perspectiva acerca de quiénes son? Deberían abandonar este lugar con la cabeza bien alta. Piensen en los colores y en las bandas que son suyas cuando no están aquí. Piensen en esa parte de ustedes que está representada en la dualidad del sí mismo superior, que es una pieza de Dios en sí misma. Pues eso, queridos míos, también procede de la Fuerza Creativa Fundamental.

Los guías. Ahora, para concluir, les hablaré de un grupo que no he mencionado todavía. Al hacerlo, les llevaré en un viaje. Estos son los *tranquilos*. Encontrarán muy pocos canales de comunicación con este grupo, pues se hallan literalmente muy ocupados. Hablo ahora de los guías. Son aquellos que les fueron asignados a ustedes al principio de la vida, que se encuentran cerca de ustedes y los sostienen de las manos y les aman. Son aquellos a los que ocasionalmente perciben, pero que siempre parecen estar fuera de su alcance. Son aquellos que se aparecen en sus sueños. Eso es el humor cósmico del Espíritu en sus sueños, pues pueden experimentar a otras entidades y otros mensajes en sus sueños. Pueden hablar incluso directamente con el Espíritu en sus sueños, todo ello de una forma muy real, exacta y apropiada. No obstante, al despertar, y al contar sus sueños a otros humanos, sólo serán eso, sueños, considerados como fantasías comunes a todos. (*Los sueños constituyen a menudo el vehículo de la comunicación con los guías.*)

Un viaje. Angenon y Veréhoo fueron guías. Angenon era diferente, pues había sido antes un humano. Así, llevaba consigo la banda del humano. Veréhoo nunca había sido humano, y siempre había pertenecido al grupo de los guías. Los dos habían estado con humanos durante un período de vida tras otro. Tanto Angenon como Veréhoo se sentían excitados, pues se encontraban camino de otra sesión de planificación que indicaba el principio de otra vida humana.

Iban a conocer dentro de poco a la entidad que les había sido asignada, una de aquellas que era el guardián del amor, una de aquellas que sería enviada al plano de la Tierra como humano, una de aquellas programadas para que se convirtiera en guerrero de la luz. Estos dos guías, Angenon y Veréhoo, uno al lado del otro, acudiendo a la sesión de planificación, iban a conocer a la entidad que llamamos *Quién*. Ya hemos oído hablar antes de *Quién*, en una parábola anterior canalizada hace un año, en esta misma sala, cuando recorrimos un período de vida de *Quién*, que entonces era un hombre, y experimentamos un viaje con él cuando caminó a través de su «casa de lección». *Quién* se encuentra ahora en la cámara de planificación, cerca del portal que conduce a la cueva de la creación. *Quién* está preparado para reasumir su esencia y regresar con su karma intacto al planeta Tierra. Angenon y Veréhoo forman parte de la planificación. Aquí es donde *Quién* y todos los demás planifican el karma que ha de ser generado por las lecciones por las que van a tener que pasar, y la planificación es clara, y no hay que confundirla con la predestinación. Pues, una vez más, *Quién* llegará al plano de la Tierra, donde se verá expuesto al karma apropiado, y tendrá su oportunidad de caminar a través de él (*tal como ha hecho en el pasado*). Esto se hace para darle a *Quién* la oportunidad de elevar la vibración del planeta a través de sus esfuerzos, de ser reconocido por la galaxia, y por los Sagitarios, los Artúricos, los Ashtar, hasta la Fuerza Creativa Fundamental, pues todos conocen a *Quién*.

Así pues, *Quién* se prepara en la sesión de planificación para reasumir su trabajo allí donde lo dejó (*con la sabiduría del karma*) y regresar a la Tierra. Aquí, *Quién* planifica con otras entidades que todavía tienen que acudir al período de aprendizaje, y también, queridos míos, hay planificación con las almas superiores de quienes ya están en la Tierra, pasando por su período de aprendizaje. El karma (*tal como se ha descrito en una canalización anterior*) puede ser un plan muy complejo. Así fue como *Quién* decidió regresar con Angenon y Veréhoo, esta vez como una mujer, de modo que *Quién* es ahora «ella». Los guías inician de muy buen grado su viaje para regresar a la Tierra con ella. Así fue también como ella eligió el atributo de nacer el primer día del mes de septiembre. Va a tener que pasar por un período difícil con el control.

Durante el primer año de su vida, *Quién* es maltratada por su padre. *Quién* es maltratada por su padrastro. *Quién* es maltratada incluso por el hermano de su padrastro. Cuando tiene once años lleva consigo un pesado karma de un ciclo de tiempo prolongado, por designio (*y durante este tiempo, Angenon y Veréhoo están junto a ella, y observan cómo se desarrolla el karma elegido*). Queridos míos, la predestinación no existe. Sus lecciones se deciden y se organizan con antelación, pero las soluciones las tienen que encontrar ustedes mismos, mientras se encuentran en la Tierra. Esto es así: si tuvieran que enviar a la Tierra entidades como martillos, y las visitaran algunos años más tarde, no se sorprenderían al encontrarlas en compañía de los clavos. Esto es lógica, no predestinación. Así pues, los atributos de los nacidos el uno de septiembre son conocidos, y no les sorprenderían los problemas con los que se encontraran, o las lecciones por las que tuvieran que pasar.

Quién tiene un tiempo difícil con los hombres. No tiene problemas con la abundancia, pues no es ese el karma que lleva consigo. El dinero parece acudir fácilmente a ella, y en el ámbito de los negocios terrenales ella disfruta en su búsqueda por elevarse hasta lo más alto. Se hace rencorosa debido a la cólera y a la energía de su lección kármica, y devora el espíritu de los hombres que la rodean, disfrutando con el juego de los negocios y con ganar a sus compañeros masculinos. En tres ocasiones intentó asociarse con un hombre, pero ninguno de ellos fue capaz de sobrevivir, debido a la cólera de ella. A medida que *Quién* se hizo mayor, su salud empezó a empeorar y su desequilibrio permitió la aparición de un ácido excesivamente abundante y de otras enfermedades relacionadas con el estrés.

Angenon y Veréhoo observaban con amor, sabiendo apropiadamente que todo estaba siendo apropiadamente conjuntado para la siguiente fase, pues *Quién* y los otros habían decidido que ésta podía ser una encarnación muy importante, una encarnación que se recordara, debido a los nuevos atributos de la Tierra. Cuando *Quién* cumplió 47 años se vio «accidentalmente» expuesta a una mujer iluminada, durante unas de esas reuniones intensivas de negocios en las que los humanos se ven obligados a trabajar juntos durante una semana, incapaces de escapar, todo ello en nombre de la eficiencia. Tanto Angenon como Veréhoo reconocieron a la mujer, pues se trataba de una entidad de la misma sesión de planificación a la que habían asistido 47 años antes. Ésta era la misma cuya aparición estaba programada para este año, y si *Quién* se hallaba preparada a su vez, debía de informar al Espíritu.

Como si el destino lo hubiera querido así, *Quién* se interesó por esta mujer. *Quién* deseaba saber qué había de diferente en ella y, como si así lo quisiera el destino (*humor cósmico*), *Quién* se aproximó a la mujer una noche y le preguntó: «¿Cómo es que tiene usted paz? ¿Cómo es que se muestra tan tolerante con los demás? ¿Cuál es su secreto?».

¡Angenon y Veréhoo se pusieron de puntillas! Allí, en el equilibrio de un solo momento se encontraba todo aquello que habían esperado. Ambos percibieron la potencialidad de lo que estaba sucediendo, y supieron que esta era la ventana fundamental de oportunidad que habían esperado. En la historia de sus asignaciones como guías nunca había ocurrido nada como esto. Cuando la mujer habló, *Quién* se mantuvo estoica, pero siguió hablando con ella. Más tarde, aquella misma noche, ocurrió: a solas en su habitación, lloró abiertamente, levantó las manos en un gesto aparente de desesperación, y le pidió verbalmente al Espíritu que le concediera una audiencia. Entonces, como si la luz se hubiera encendido de repente, Angenon y Veréhoo entraron en acción. ¡Ella había expresado intencionalidad! ¡Sí! El Universo la escuchaba. ¡Sí! Aquí había algo mucho más grande que el intelecto humano, y ¡sí!, ella podría tener paz durante su encarnación. Angenon y Veréhoo lo celebraron e hicieron que *Quién* pasara una noche de insomnio con tanta actividad como se produjo alrededor de su cama.

Las cosas empezaron a cambiar rápidamente para *Quién*. Se encontró con aquella mujer muchas más veces y se hizo rápidamente amiga de ella. Conoció a otros que la ayudaron a pasar por procesos y que le dieron la información que necesitaba. Durante todo ese tiempo, Angenon y Veréhoo se regocijaron con la nueva comunicación que ahora se les permitía tener con *Quién*, y con su sí misma superior y divina. A Angenon y Veréhoo se les unió un tercer guía procedente del grupo de guías maestros, y así fue como *Quién* pudo caminar directamente hacia su karma, y perdonar a todos aquellos que le habían causado tanto daño, y así fue como ganó en sabiduría y se dio cuenta de su propia responsabilidad por todo lo ocurrido. Y con la sabiduría llegó el amor. Y con el amor llegó la acción. Llegó un momento en el que *Quién* no sólo pudo tolerar a los hombres en su vida, sino que realmente llegó a juntarse con uno de ellos, y lo hizo con éxito y con amor, de un modo notable.

Al cumplir *Quién* 53 años, a Angenon y Veréhoo se les pidió que se marcharan. *Quién* había alcanzado ya tal vibración que se necesitaba de un conjunto totalmente nuevo de guías para que la sirvieran mejor. Cuando su conjunto de guías se apartó de ella, *Quién* se quedó durante un período de 90 días sin apoyo y, a pesar de hallarse estresada, *Quién* comprendió lo que estaba sucediendo, y se ocupó tranquilamente con otras cosas humanas, y pasó por este período sin mayores dificultades. Angenon y Veréhoo lo celebraron de nuevo. Quizá piensen que ellos debieron de sentirse desgraciados, sumidos en el lamento y la pena por tener que separarse de una amiga tan querida, y precisamente en el momento que tanto habían esperado y planeado. Pero Angenon y Veréhoo sabían que las partes estaban en equilibrio, y que la graduación de aquella exaltaba a la totalidad, y partieron con buena predisposición, sin rebelión alguna, ni con ningún otro pensamiento que no fuera amor por el proceso.

Dejamos a *Quién* aquí, porque su futuro no se ha realizado todavía, como el de ustedes mismos.

Queridos míos, así es como los procedentes del centro hacia el exterior celebran la iluminación de *Quién*, pues fue un acontecimiento universal, y conocido por todos. Fue significativo, pues ayudó a la totalidad. Y así es como aquellos que están en el centro de su galaxia lo supieron, y así es como lo supieron también los Artúricos, y los de Ashtar y los Pleyadanos, y todos los ángeles del Grupo Solar, y también los Maestros Ascendidos. *Y así es como algunos de ellos juntos pudieron hacer lo que la una había hecho por sí misma, ofrecer la intencionalidad de tomar su poder mientras se encontraba en período de aprendizaje.*

Y así es.

Kryon

Para un análisis de esta parábola, véase por favor el Apéndice B.

Postdata del canalizador

Muchas veces, mientras estoy en canalización, recibo conceptos y visualizaciones que no son traducidos, debido al hecho de que la información acude muy rápidamente y algo de la misma se pierde. En canalizaciones pasadas le he pedido a Kryon que se comunique más lentamente para que esto no suceda. A medida que me acostumbro más a estos acontecimientos en directo, sé que el ritmo se coordinará mejor.

No expresado, pero muy importante, es el sentimiento subyacente que tuve durante toda esta canalización: Kryon quiere que sepamos que si el jugador estelar del juego se siente muy entusiasmado y se queda inmóvil, contemplando con respeto a sus compañeros de equipo, el juego no terminará de jugarse nunca, y mucho menos se podrá ganar. Tenemos que acumular información como herramientas para nuestra propia acción. No tenemos que estudiar nunca a los miembros de nuestro grupo de apoyo, hasta el punto de que eso detenga nuestro propio desarrollo. Ninguna entidad de apoyo ha venido aquí para ser adorada, y esa es la razón por la que Kryon ofrece guías indicativas de los peligros de convertirse en un «forofo» de la canalización, o en un «forofo» de la historia, para dedicarse a estudiar a aquellos que se encuentran al otro lado del velo, sólo por el objetivo de perseguir el estudio histórico en sí mismo. Esto constituye una trampa para nuestro pleno potencial y no es apropiado. Todo es un material fascinante, pero cuando se considera que ya conocemos toda la información, y que está simplemente oculta para nosotros, mientras que estamos aquí, el estudio histórico palidece en comparación con la excitación de lo que todavía no es conocido, el futuro del planeta a través de la acción de seres iluminados como nosotros mismos. Kryon dice, con amor: ¡Adelante con ello!

El escritor

Cambios de la Tierra... «Su llamada del despertar»

Canalización del 10 de febrero de 1993

Del Mar, California
Grupo de Luz Kryon

The Kryon Writtings

1155 Camino del Mar, 422
Del Mar, California 92014

«Su llamada del despertar»

Canalización del 10 de febrero de 1994
Del Mar, California

Saludos, pues soy Kryon, del servicio magnético. Saludos a los iluminados. Saludos a los dubitativos. Sé quiénes son, pero se les ama igualmente. Tomémonos sólo un momento para ajustar la sala a la energía del amor que se va a transmitir esta noche, a través del tercer lenguaje, y que acompañará toda la demás información que recibirán también en su propio idioma.

Por cada uno de ustedes que está ahora aquí mismo, en esta sala, hay por lo menos otros dos con cada uno. Le sostienen las manos, le aman y le miran, y le piden que ofrezca intencionalidad de seguir adelante con sus vidas. Sientan la paternidad del Espíritu y de su Sí Mismo Superior mientras reciben la información de esta noche. Sientan que no están solos. Y aunque se encierren en un armario, no están solos.

He aquí el tema recurrente del Kryon en el Espíritu: queridos míos, en esta nueva energía es en la que ustedes son los guerreros de la luz. Son aquellos a los que servimos con amor. Estamos aquí gracias a los que ustedes mismos han hecho. Estamos a su servicio. Les amamos.

Hay buenas noticias que comunicar. Deseamos decirles esta noche (tanto a aquellos que están en esta sala, como a aquellos que lean y escuchen estas palabras) que llegarán a ser miles; lo que se presenta en esta noche es información nueva, información que se han ganado. Información acerca de la cual algunos se burlarán, incluso dentro de su sistema de creencias, hasta que quienes se burlan se acerquen algún día a ustedes, temblorosos de temor, deseando saber lo que ustedes saben sobre lo que está ocurriendo. Presten atención, pues es posible que puedan ayudarlos.

La canalización de esta noche será una respuesta a una pregunta planteada al Kryon poco después de la Luna Nueva del pasado mes. La pregunta era buena, pero también revela cómo piensan ustedes en tanto que humanos.

Esta es la pregunta: «Kryon, sólo han transcurrido unos pocos días desde que estuvimos sentados delante de usted, en la canalización, delante del Espíritu, cuando de pronto la Tierra se sacudió violentamente, no muy lejos de este mismo lugar. Se perdieron vidas, las propiedades sufrieron daños y hubo un gran temor. ¿Por qué no nos lo dijo? Afirmó que nos amaba, como nos ama el Espíritu. Dijo que somos piezas de Dios y, sin embargo, no dijo nada del terremoto. ¿Cómo puede sentarse delante de nosotros y guardar silencio acerca de algo tan importante para nuestras vidas?».

Queridos míos, el Kryon y el Espíritu, y los mensajes procedentes de la Gran Fuente Central, no hablan a los grupos. El Espíritu habla a los individuos y a los corazones. Y las respuestas de esta noche a esa pregunta hablarán a los individuos y a los corazones, de modo que no teman nada de lo que está teniendo lugar, para que puedan tener una plena comprensión de que, con los cambios que se produzcan en la Tierra, recibirán ustedes cambios en poder, que son conmensurables, que se mueven juntos, de modo que uno se da para que el otro pueda suceder, para que no tengan que aguardar sentados, temerosos de estas cosas, y para que tengan paz sobre estas cosas porque comprenderán lo que está teniendo lugar.

Permitan que Kryon les hable esta noche de los terremotos, o de los cambios del tiempo, un poco de los cambios agrícolas y del magma de la Tierra. Lo que hablamos ahora, como el Espíritu que habla a su corazón, no lo hablamos para generar temor, sino para darles buenas noticias. Cuando hayamos terminado, comprenderán las buenas noticias.

Su Tierra está cambiando. Esa es la razón por la que estoy aquí, pues he sido convocado, literalmente, por ustedes mismos, en la nueva energía, para *realizar* estos cambios. Queridos míos, la Tierra está siendo preparada para el estatus de graduado, para el amor y la abundancia, para la paz, para el portal que conduce a la otra dimensión. Y todo esto sucederá, centrado alrededor de los próximos ocho años. Cosas que quizá no hayan ocurrido en cien o doscientos años, sucederán ahora.

Estamos sentados delante de ustedes y les hablamos de la aceleración de la nueva energía, precisamente en la última Luna Nueva. Y aquí estamos de nuevo, para decirles que ya ha empezado. Aquellos de ustedes que sepan cómo funcionan los terremotos comprenderán cómo están relacionados con el motor del campo magnético. Pues el campo magnético es generado por la polaridad del motor entre su núcleo de la Tierra y el Sol. Y cuando Kryon empieza a ajustar las rejillas magnéticas, tendrán lugar otras cosas. Esto no puede ser sorprendente para ninguno de ustedes.

Les hemos dicho, incluso en canalización, hace ya año y medio: «Si no quieren mojarse, no vivan a orillas del río». Han elegido vivir en lugares donde se sabe que hay fallas en la Tierra. Les hablo a aquellos de ustedes que se encuentran en esta sala. Si eso les genera temor, entonces deben marcharse. Literalmente, el consejo del Espíritu, ofrecido hace más de un año, fue el de trasladarse allí donde hiciera más frío. Esto no es nada críptico. Esto es exacto. Si temen vivir en su zona, deben marcharse. Pues, queridos míos, la tierra seguirá moviéndose, y aún se moverá más. Además, la Tierra se moverá en lugares en los que hasta ahora nunca pensaron que pudiera moverse. Aquellos que sientan que viven en la más completa seguridad, en medio de su continente de América, allí donde crece el trigo, allí se moverá la Tierra. En las zonas desérticas sobre las que quienes viven en la costa dicen: «No deseo vivir allí. La Tierra se mueve», la suya se moverá también. Eso va con el territorio. Como ven, la Tierra se encuentra en construcción.

Permítanme hablarles del tiempo. Aquellos científicos a cargo de estudiar el tiempo les dirán que en este último mes se han producido extrañas coincidencias, creando un tiempo muy frío que es muy insólito. Tienen en cuenta las cosas que esperaban de su corriente en chorro, del manto de nubes, y dicen que los acontecimientos «coincidentes» se corresponden exactamente con los de un acontecimiento muy insólito, pues han tenido ustedes un tiempo ártico. Veamos lo que dicen sobre «cosas» cuando vuelvan a ocurrir extrañas coincidencias una y otra y otra vez. Van a tener que imaginar otra historia. Ya veremos qué es lo que hacen. Sí, su tiempo continuará cambiando. Prepárense para ello.

Tenemos consejos que dar a quienes viven en las zonas agrícolas. Queridos míos, recuerden esto: están ustedes a cargo de alimentar al mundo en su continente. Eso no cambiará nunca, pues es como debe ser. Pero habrá zonas donde antes solían recoger cosechas y en las que ya no crecerán. Y no sabrán por qué. Habrá otras zonas en las que nunca creció nada, y que serán fértiles. El Espíritu honra a aquellos que se dedican a obtener alimentos en su continente, por lo que ya han iniciado. La abundancia, dos y tres veces, será dada a aquellos que continúen encontrando formas de honrar a la Tierra, de modos naturales, para controlar las pestes que estropean la comida mientras crece. Es decir, serán recompensados aquellos que aprendan a utilizar los recursos naturales de la Tierra para hacer esto.

Hablemos ahora del magma, el fluido interno de la Tierra, pues van a ver más de él. Saberlo es lo más sensato, aunque ninguno de ustedes sea científico, pues a medida que cambia la rejilla magnética y que la Tierra se mueve en consonancia y se agita, y que cambia el tiempo, también se producirán cambios en el núcleo. El resultado serán los volcanes, islas que aparecerán como nuevas en el océano, volcanes que permanecían dormidos y que ahora serán activos, y montañas de las que nunca sospecharon que fueran más que montañas, se convertirán en infiernos rugientes.

No decimos estas cosas para crear temor, pues dentro del ámbito de su ciencia humana, verán venir muchas de estas cosas y podrán desplazarse en consonancia con ello. Así pues, no generarán temor. El único temor generado será el de los que no tienen ni idea de lo que está teniendo lugar y que ven estas cosas como negativas. Es el atributo kármico del planeta en este tiempo el generar este temor. Es la intención del Espíritu en este tiempo el generar paz en sus corazones, a través del conocimiento de lo que está teniendo lugar. Como ven, digo que la Tierra se encuentra de nuevo en construcción.

Es algo similar a encontrarse en una situación, quizá como humanos, en la que hacen remodelar una casa a su alrededor. Han acordonado una o dos habitaciones donde vivir mientras todo eso tiene lugar. Saben cómo puede ser eso, pues se produjeron ruidos, crujidos, temblores e irritaciones e inconvenientes hasta que todo estuvo terminado. Y apenas si podían esperar a que se acabara. Pero una vez que estuvo hecho y entraron ustedes, todo olía a fresco, la energía era nueva, y había una sensación de abundancia, de novedad. Eso es lo que tendrá lugar, queridos míos, sobre su planeta, durante los próximos ocho años. Esa es la razón por la que el Kryon está aquí, para visitarles, para efectuar los ajustes y para canalizar la información de su nuevo poder hacia ustedes.

No son ustedes víctimas de estos cambios. Permítanme decirlo de nuevo. La victimización no ocupa ningún lugar en sus vidas. Hay quienes, incluso dentro de esta sala, sienten sus vidas como arrojadas y vueltas del revés, como si fueran las víctimas de las olas del planeta. No comprenden su nuevo poder. Está sentado delante de ellos, con un papel de pared delgado, con todo el amor apropiado a la espera de ser ofrecido. Lo único que se necesita para conseguirlo es la intención. El tema recurrente del Kryon es el de pedirles que muestren intención al Espíritu. ¡Tomen su poder! Aspiren a conseguir la ayuda de los guías que tienen y procuren reconocerlos. Soliciten al Espíritu la cocreación de aquello que necesitan. Y una parte de lo que necesitan es la capacidad para pedir, y para casarse con su sí mismo superior, para poder estar así en el lugar correcto, en el momento adecuado. ¡Esto es crítico! Pues el Espíritu nunca se sentará delante de ustedes y les dirá que giren a la izquierda o a la derecha. Eso es algo que sólo depende de ustedes. Eso es su nuevo poder, el conocer, y no somos nosotros quienes debemos decírselo.

La información que viene a continuación tiene el potencial para causar un gran temor. Y es durante este tiempo que les pedimos que sientan verdaderamente el amor del Espíritu, pues la información que se ofrece debe ser recibida totalmente, y escuchada con atención, pues se trata de noticias asombrosamente buenas.

Permítanme hablarles de una cita. Permítanme hablarles de un acontecimiento astronómico. Permítanme hablarles de una roca oscura y ominosa que viaja por el espacio, que algunos llaman asteroides y otros llaman meteoro (*el temperamento del fuego es el que constituye la diferencia*). La roca, de aproximadamente un kilómetro de diámetro, tiene un nombre; un nombre conocido por todas las entidades universales. Es conocida como «la roca muerta». Es Myrva. Esta cosa negra es la que va a chocar contra un continente sobre la Tierra en los próximos ocho años. Y según continúa el escenario, se producirá una gigantesca nube de polvo, además de devastar todo el territorio de los alrededores. El acontecimiento conocido como Myrva fue la terminación de su planeta. Y había razones por las que esto iba a tener lugar. La nube de polvo podría crear entonces el efecto invernadero global. El hielo empezaría a derretirse en sus capas polares. El desplazamiento del peso añadido del agua al llegar a otros lugares de la Tierra, elevando el nivel del agua de los océanos, crearía entonces una rotación sobre el eje del planeta, y este giraría. No hace falta decir que todos ustedes perecerían. Myrva se acercaba.

Ya les había dicho previamente, cuando llegué por primera vez, que el Kryon había llegado en el año 1989, que habría tres años de preparación antes de que pudiéramos canalizar hacia ustedes, en 1992. También canalizamos la información de que el grupo de apoyo para el Kryon se encontraba en la órbita de Júpiter (*el arco de la órbita de Júpiter alrededor del sol*). Ajá, queridos míos, hay una gran alegría e ironía en lo que estoy a punto de decirles. Científicos, escuchen atentamente: ustedes saben que la proporción matemática y la relación con la órbita de Júpiter (*alrededor de su sol*) se cruza con el camino de los asteroides en la elipse alrededor de su sol. En consecuencia, saben por qué estábamos en Júpiter. Incluso aquellos que se encuentran en esta sala ya pueden suponerlo.

Pues durante los tres años que estuvimos aquí, en *su sistema solar*, antes de que empezáramos a canalizar hacia ustedes, nuestra tarea consistió en desarmar por completo y totalmente a Myrva. Y así puedo ahora estar sentado aquí, ante ustedes, ¡en regocijo!, pues es un hecho que Myrva, «la roca muerta», de un kilómetro de diámetro, se ha convertido ahora en trozos. Esto no fue nada misterioso, pues hay protocolo y precedente de lo ocurrido con

Myrva, ya que sus científicos lo han visto antes, en otros caminos de asteroides. Como ven, fue un alineamiento maravilloso de muchas coincidencias. (*Risa de Kryon.*) Tendrán que preguntarles a sus meteorólogos qué fue lo que ocurrió, *pues ellos parecen comprender las coincidencias*. No hubo nada que ustedes pudieran llamar místico. Cuando llegamos, pusimos en movimiento aquellas mismas cosas que sabíamos que tendrían lugar. ¡Ustedes mismos se lo han ganado! Se han ganado esto.

Myrva ya no existe. Y así, aunque las rocas todavía se encuentran de camino para interseccionar con su planeta dentro de los próximos ocho años, ahora son muchas menos, y el curso ha sido alterado. Dependiendo del nivel de energía de este planeta en ese tiempo, es posible que las rocas pasen de largo. Si alguna de ellas choca contra la Tierra, sólo medirá cien metros de diámetro o menos. Algo que causa temor, pero que no supone la exterminación planetaria.

Esta es la información que deseamos transmitirles, lo específico. Sus científicos lo verán. Ellos les darán las razones. No serán misteriosos ni místicos. Serán matemáticos. Así es como le gusta trabajar al Espíritu.

Así pues, queridos míos, ¿se dan cuenta de lo importantes que son? ¿Se dan cuenta de lo que han hecho? Pues todo esto fue trabajo realizado en respuesta a la interrogación de la Tierra en 1987, cuando se encontraba en el octavo mes, cuando se les preguntó y se les midió: «¿Están preparados?». Y ante la sorpresa del Espíritu, la respuesta fue: «¡Sí!». La vibración planetaria se había elevado hasta el punto en que sabían ustedes que habían cambiado toda la polaridad del Espíritu.

Así pues, Myrva ha desaparecido. Y el acontecimiento que nosotros llamamos Myrva no tendrá lugar. Hablemos ahora de cómo afecta eso al mapa de los indios hopi, y aclaremos también qué ha ocurrido con el mapa más reciente generado por su filósofo Nostradamus. Ya les hemos dicho previamente que el mapa hopi es exacto. Recuerden esto, queridos míos: también les hemos dicho que toda profecía es cien por cien exacta en el momento en que es canalizada, pues representa el nivel de energía que cabe esperar en ese momento.

El mapa hopi es extraordinario. Contiene información que es

asombrosa para ustedes. Pero no es *la información* que ustedes creen que es. Para la parte del mismo que fue canalizada, y que representa la invasión de sus tierras por las aguas, Myrva es el responsable. Y les estoy diciendo que Myrva ha desaparecido. En consecuencia, la noticia es mucho mejor de lo que muestra el mapa hopi y pueden ignorar muchos de los perfiles costeros del agua. Diremos más acerca de esto a continuación.

Pueden preguntarse, ¿cómo es posible que una vieja canalización pueda tener mejor información que otra más reciente? Para Nostradamus sólo fue hace cuatrocientos años, y él canalizó también la existencia de Myrva. Y les dijo que los perfiles de su continente quedarían cubiertos por el agua, por las mismas razones que yo les he explicado esta noche, al hablarles de lo que se suponía que iba a suceder. Pero, como ven, en los últimos quinientos años de la existencia de su Tierra, su conzciencia adquirió un impulso hacia abajo. Utilizaron la tecnología que se les proporcionó para lo negativo, en lugar de para lo positivo, para el daño, en lugar de para el bien. Y así, por tanto, el Espíritu esperaba que la Tierra sería terminada, que el experimento acabaría, y que la polaridad cambiaría de un modo muy diferente a lo que había sido hasta entonces.

Eso fue en los tiempos de Nostradamus. Y cuando él canalizó eso (*a Myrva*), sabía lo que tendría lugar en los siglos venideros. Y esa fue la energía (*de su tiempo*) que él representó en su información. Ahora pueden ustedes desechar esa información, porque ha dejado de ser exacta, ya que ustedes mismos han cambiado eso incluso durante los últimos cincuenta años de su existencia aquí, sobre este planeta. De ese modo, el mapa hopi eleva su consciencia como más exacta que la de Nostradamus.

Pero los lugares del mapa hopi que son asombrosos son las *zonas* exactas de los cinco portales de su continente, que van a convertirse en las zonas de comunicación con las otras dimensiones. Esos portales son total y completamente exactos. Estos son los portales en los que se puede construir el Temple en cualquiera de ellos. Esos son los lugares para la comunicación con el resto del cosmos. Muchos de ustedes vivirán para ver el inicio de esto. Buenas noticias para todos. Buenas noticias. Myrva ha dejado de ser «la roca muerta».

¡Se lo han ganado ustedes! ¡Deben saber quiénes son! Elévense en el honor, aun cuando sus improntas y sus implantes no les permitan comprender plenamente lo que ha tenido lugar. ¡La noticia es buena!

Ahora le contestaremos a la pregunta: «¿Por qué yo? ¿Por qué debo pasar todo esto con sufrimiento y estar en el temor? ¿Por qué debe sucederme personalmente y en este momento? ¿Por qué no nos puede decir lo que va a suceder, para que podamos apartarnos de eso?». Permítanme explicarlo. Había un hombre llamado Joe. Joe era un buen hombre y llevaba una buena vida en su cultura, en su continente. Llevaba una vida pacífica, pues adoraba la complacencia, aunque él no lo sabía. Como pueden ver, a Joe no le gustaba el cambio. Y en la sociedad abundante en la que viven, Joe fue capaz de sacar adelante una familia a lo largo de los años, llevar una vida positiva, porque se las arregló para conjuntar lo «interior» con lo «exterior». Y, en consecuencia, se sentía satisfecho. Y Joe vivió año tras año conjuntando lo «interior» con lo «exterior».

En consecuencia, Joe estaba equilibrado, o así lo pensaba él. Joe se encontraba caminando cada mañana a la misma hora, se acostaba a la misma hora cada noche. Disfrutaba con su familia de las mismas vacaciones en los mismos lugares, año tras año. Joe tenía estanterías, de las que se enorgullecía, donde guardaba sus registros. Cada vez que cumplía con una obligación, guardaba el resguardo en sus estanterías. Cada vez que Joe tomaba fotos de su familia, con la tecnología de la que disponen para esas cosas, las guardaba en sus estanterías; así, fue acumulando capa tras capa, mostrando años y años de lo mismo en la vida de Joe. Como pueden ver, Joe se encontraba en supervivencia. Mientras pudiera seguir conjuntando la «interior» con lo «exterior», Joe se sentía feliz.

Y entonces llegaron las tormentas magnéticas. Las tormentas del Espíritu en la nueva energía. Hubo agua. Hubo frío. Hubo calor. La Tierra se sacudió. Y todas las cosas que estaban guardadas en las estanterías de Joe cayeron al suelo, y él sintió temor. Pues el cambio era grande. Y se dio cuenta de que, al menos durante un tiempo, lo «interior» podía no conjuntarse con lo «exterior».

Y, sin embargo, Joe, que era un hombre de integridad, corrió a ayudar a sus vecinos antes de ayudarse a sí mismo. Y se pasó tres días enteros ayudándoles, pues se encontraban en mayor necesidad que él mismo. Cuando hubo terminado, regresó a su propia casa, con su familia, y entonces se dio cuenta de algo: había conocido a gente que había vivido a su lado durante toda su vida. Ahora conocía sus nombres y veía sus rostros. Comprendió que se parecían mucho a él mismo. Se dio cuenta de que los amaba, de que existía camaradería, de que se ayudaban los unos a los otros. Joe comprendió que cada uno de ellos tenía un don para él, algo que él no esperaba, un fragmento de conocimiento, algo de comprensión, un abrazo, algo de amor. Y Joe se dio cuenta de que había despilfarrado los años de su vida, al no comprender o al no saber nada sobre sus vecinos. Joe se sintió algo cambiado por esto. Sabía que volvería a verlos y acordó citas para que así fuera.

Joe se entregó a la tarea de limpiar su casa. Todas las cosas que antes estaban en las estanterías, se encontraban ahora en el suelo. Extrañamente, Joe empezó a tirar buena parte de lo que guardaba en ella. Y sólo guardó en la estantería que había estado allí una parte de lo que antes conservaba. En un principio, eso le extrañó, pero entonces quedó claro que todas las cosas que recogía le parecían lo mismo. Año tras año, hasta las cantidades de las obligaciones eran las mismas, y sólo cambiaban las fechas. Vio sus fotos, las recogió y las dejó en la estantería. La única diferencia era que su rostro envejecía *en las fotos*. Entonces, Joe se dio cuenta de lo que había ocurrido. Se había pasado la mayor parte de su vida sumido en la complacencia, temiendo el cambio, sin vivir plenamente la vida. Joe se dio cuenta también de que se había perdido muchas cosas, de que se había perdido mucho amor, de que todo aquello que fuera lo mismo y complacencia no eran buenas cosas, que el temor no era una buena cosa. De repente, Joe se dio cuenta de que había cambiado.

Así pues, llamó a su familia y les habló del cambio experimentado; les dijo que no debían temer lo que había tenido lugar, que pasarían por todo eso, gracias a sus vecinos y a él mismo. Y hasta le dijo a su familia que la próxima vez que sucediera, acudirían a la iglesia (*refiriéndose a la próxima vez que estuviera programada la apertura de la iglesia. Risas*).

Como pueden ver, queridos míos, Joe experimentó una llamada del despertar. Pues bien, ¡esta es su llamada del despertar! La vida de Joe tenía que verse un poco agitada para que él comprendiera el «despertar» y viera todo aquello que le rodeaba. Ese era el servicio al Espíritu, el hacer esas cosas. Y sus guías se regocijaban por el hecho de que Joe hubiera encontrado una luz diferente hacia la que mirar. Y no era una luz que le produjera temor. Pues el temor es algo que está en la naturaleza humana, en su impronta y en su implante. Está ahí para ser cambiado (*diseñado para ser transmutado*). Está ahí para pasarlo y dejarlo atrás. Está ahí para que ustedes mismos lo alteren. No está ahí para que les atormente.

Hay humanos iluminados, incluso en esta misma sala, a los que no se necesita agitar ni siquiera un poco. Y, sin embargo, hay otros que sí lo necesitan. El Espíritu se encarga de hacer esto con todo honor y amor. No hacerlo así sería una parodia; dejar que ustedes permanezcan simplemente en el lugar en el que están, sin «despertar», no sería exacto o apropiado, no sería amoroso.

Se ha hecho la pregunta: «Espíritu, ¿por qué no puedes decirnos estas cosas con antelación? Podías decirnos al menos cuándo van a ocurrir (*estas cosas*), para que podamos alejarnos y no tener que experimentarlas». Queridos míos, aquellos de ustedes que plantean esta pregunta lo hacen porque siguen sin comprender que el aumento de la vibración de este mismo planeta es algo causado por el karma, por el «caminar a través» del karma. En otras palabras, por el temor; el resultado de lo que está teniendo lugar es la acción necesaria para aumentar la vibración del planeta. Quizá esto sea una sorpresa para ustedes, pero su sí mismo superior puede intervenir, en cualquier momento, a través de la intuición, y decirle que se haga a un lado.

Esto es a lo que nos referimos cuando les pedimos que ofrezcan intencionalidad, que se casen con su sí mismo superior, que permitan que esa pieza de Dios les hable en su oído y les diga: «Quizá es el momento de que se trasladen. Quizá es el momento para que giren a la izquierda o a la derecha», y que aprendan a honrar esa voz, que permitan que sus guías indiquen el camino a seguir, y que hagan lo que se les ha dicho, apartándose del daño, mientras reajustamos su planeta y les ofrecemos la llamada del «despertar». Este es su nuevo poder, y les invitamos a tomarlo.

Si esto no fuera así, y si les habláramos con antelación de estas cosas, entonces daría lo mismo que nos limitáramos a levantar el velo, encender las luces, y todos ustedes se marcharían a casa. Eso, sin embargo, no sería apropiado. Ustedes siguen estando en período de aprendizaje. Esto sigue siendo el planeta Tierra, el único planeta de elección libre. Esas palabras deberían resonar en su mente, con honor.

Y ahora, permítanme hablarles de cómo percibe el Espíritu su futuro, la verdadera forma en que se hace, para que no se sientan confundidos por el enigma aparente que está siendo canalizado. Por un lado, el Espíritu les dice que ustedes tienen una cita con la roca de la muerte, que ahora ha sido desmantelada. Les habla de acontecimiento que han de suceder, y que sucederán, o que pueden no suceder.

Eso supone hablarles de su futuro, ¿verdad? Por otro lado, el Espíritu les dice que nadie puede contarles cuál va a ser su futuro. Que eso es algo que depende de ustedes mismos, que está en sus propias manos. Así pues, ¿quién tiene razón? ¿En qué mano se asienta la verdad?, podrían preguntar.

¡En ambas! Así es como funciona: el Espíritu ha situado una parte de su futuro en su lugar, cosas que representan el hecho de que ustedes sólo pueden existir en la dimensión que ustedes llaman trina. No pueden existir en ninguna otra dimensión. Esta es la dimensión que se corresponde con el período de aprendizaje. Eso es algo que no pueden cambiar.

Los aspectos planetarios de lo que se encuentra alrededor de ustedes son algo que tampoco pueden cambiar. Eso está determinado por el Espíritu. Y, sin embargo, el camino que sigan dentro de estas cosas depende por completo de ustedes. He aquí un ejemplo: imaginen por un momento que ven ante ustedes las vías de un tren. El Espíritu ha trazado una vía férrea. El Espíritu sabe adónde conducen las vías. El Espíritu sabe dónde unas vías se cruzarán con otras. Ajá, pero resulta que no hay tren, sino sólo las vías. Entonces, el Espíritu les proporciona el tren. Ustedes mismos son el tren y el Espíritu les deja a solas y les dice: «Ahora ya pueden viajar por estas vías. Sabemos hacia dónde se dirigen. También sabemos dónde se cruzarán con otras, pero disponen ustedes de control sobre su propio tren. Pueden hacerlo avanzar con toda rapidez, o tan lentamente como deseen, cambiar su color, cambiando de ese modo su índice vibratorio. También pueden dejar que se estropee hasta llegar a detenerse. Pueden destruirlo. Pueden hacerlo mejor aún y llegar a mejorarlo por completo». Ustedes tienen poder para hacer todas estas cosas.

Así pues, pueden comprender ahora cómo el Espíritu tiene capacidad para decirles ciertas cosas sobre la vía. Pero depende de ustedes, de los que están en el tren, el cambiar esas cosas, pues disponen del poder para hacerlo así. En consecuencia, ahora ya pueden comprender cómo el Espíritu ha establecido el futuro de ciertas formas, mientras que otras son controladas por ustedes mismos.

Llegamos ahora a una parte de esta canalización que quizá no comprendan del todo. Queridos míos, les pedimos una vez más que sientan el amor que está siendo transmitido esta noche, a través del tercer lenguaje. No se equivoquen acerca de quién se sienta ante ustedes en este momento. Este es el Espíritu del Gran Sol Central. Esta no es una entidad que haya vivido antes en su planeta, y que haya regresado para ofrecerles consejo. Están recibiendo la misma información, procedente de la misma fuente, que recibieron todos los humanos a lo largo de la historia. El mismo Espíritu de Abraham y de Moisés se encuentra ahora ante ustedes. Sientan el amor, que es suyo, el honor, que es suyo. Permanezcan delante del Espíritu.

Uno de ustedes está siendo curado, incluso mientras hablamos, pues ha expresado intencionalidad. Algunos otros lo están considerando. Hay todavía alguno que duda. Sientan el honor, y sepan que son amados, de un modo uniforme, independientemente de sus creencias y de lo que tiene lugar en este momento.

El Espíritu desea hablarles ahora acerca de cómo ve la vida, la vida humana, y es algo difícil. Les diré por qué es difícil. Lo es porque sus improntas son muy fuertes. Lo único que saben ustedes es sobrevivir. Llegan al plano de la Tierra con un prerrequisito: ¡mantenerse con vida! Y eso es en lo único en que piensan. Y para eso fueron diseñados. Y es correcto que así sea, y apropiado. Y, sin embargo, no es así como el Espíritu ve su vida.

Esto es algo que tiene muchas ramificaciones y que es completo, pero permítanme darles un ejemplo de por qué quizá no lleguen a comprender lo que sigue. Imaginen que tienen mucha, mucha hambre. No han comido desde hace una semana. Se mueren de hambre. Literalmente, su vida se encuentra en peligro si no encuentran comida. Muchos de ustedes, en esta cultura, nunca se han sentido de este modo. Algunos comprenden de lo que estoy hablando.

Todo aquello que hacen y cada hora de vigilia, y cada sueño gira alrededor de la comida, de encontrarla, ingerirla y sobrevivir. Entonces, de repente, imagínense a sí mismos en una sala de conferencias y que el profesor que está ahí les ofrece exquisitas recetas culinarias. Es muy probable que ustedes no recuerden ni una sola de esas recetas. Pues lo único en lo que son capaces de pensar es en cómo conseguir comida.

Pues bien, su impronta acerca de su vida humana es muy parecido a esto. El Espíritu honra el hecho de que valoren esto de una forma tan grande, especialmente en su cultura. Es apropiado, pues se trata de su supervivencia.

Recuerden esto, queridos míos: antes de que llegaran aquí se produjo una sesión de planificación en la que ustedes planificaron una vida apropiada y una muerte apropiada. Lo que ven como cosas horribles, trágicas y negativas, son cosas que fueron planificadas por ustedes mismos. Eso incluye lo que considerarían como muerte accidental, incluso para los niños. Como ven, cuando no están aquí las sesiones de planificación se hacen con honor, y con amor, y *con la sabiduría de la conciencia de Dios*. Un niño puede estar de acuerdo en llegar y permanecer aquí como un niño, sólo para ser terminado, apropiadamente, por el bien del karma de sus padres. Como ven, tiene lugar mucho de esto. En consecuencia, no hay accidentes, y toda muerte, incluso la de los grupos, es apropiada, conocida por ustedes mismos, y especialmente por sus sí mismos superiores.

Imaginen que van a organizar una obra de teatro, y que todos los presentes en esta sala recibieran un papel para aprenderlo y participaran en la representación de la obra. Habría héroes y habría villanos, y algunos de ustedes incluso elegirían morir sobre el escenario, como parte de la trama que se va a representar.

Una vez representada la obra con éxito, tendrían, quizá, una reunión de actores en la que habría una gran frivolidad. Y analizarían cómo se desarrolló la obra, y hasta qué punto lo hizo bien cada uno de ustedes. No sería ese un momento en el que se enojarían con el villano, vitorearían al héroe, sentirían la horrible tragedia de aquellos que murieron en el escenario. ¿Comprenden el significado de esto? El Espíritu no ve sus muertes tal como las ven ustedes.

Hay pruebas de ello en sus canalizaciones antiguas, incluso en el libro que ustedes llaman la Biblia. Pues cuando lean la historia de Job, les sorprenderá. Job fue un ejemplo para otros humanos. El Espíritu permitió la muerte de su esposa, muerta, según dicen algunos, por el propio Dios. El Espíritu permitió la muerte de sus hijos. El Espíritu permitió que se le arrebatara su abundancia.

Ese fue Job, un hombre fiel de Dios. Job fue convertido en ejemplo para muchos, pues su fe se mantuvo firme y comprendió y honró al Espíritu por lo que el Espíritu era. Qué trágico, dirían ustedes, que Dios permita que sucedan cosas tan horribles. Aunque sólo se trata de un ejemplo, lo cierto es que no comprenden la mente del Espíritu, y siguen sin comprender su propia impronta.

Les digo todo esto para que comprendan cómo contempla el Espíritu la vida. Pero también se lo digo para que sepan que las cosas han cambiado. Las cosas que han cambiado son estas: con la aceleración de la nueva energía y dentro de los próximos ocho años, y con las cosas que van a tener lugar, deseamos, de entre todas las cosas, que ustedes permanezcan.

Si así lo eligen, habrán pasado los tiempos para la muerte, el renacimiento y la generación del nuevo karma, pues eso es ahora ineficiente. Las cosas se están moviendo con mucha mayor rapidez de lo que se movían hasta ahora. Deseamos que ustedes permanezcan, que se casen con sus sí mismos superiores. Les pedimos que vivan vidas muy prolongadas. Deseamos que se produzcan milagros dentro de su cuerpo, y por esa razón, les hemos transmitido el conocimiento de la polaridad. Queridos míos, ¡deseamos que se queden!

Escuchen estas palabras entre todas las otras que se han pronunciado esta noche. Aunque el Espíritu parezca ser indiferente a la muerte y a la terminación, no es indiferente a su corazón. Comprendemos lo que trae consigo su karma y cómo funciona el temor. Deseamos curación para ustedes. Deseamos a cada uno de ustedes que escuchan y leen estas palabras que comprendan y que puedan permanecer, a través de la intencionalidad.

Algunos de los que ya han dado los pasos, han sido milagrosamente curados. Esto está documentado. Esto ocurrirá una y otra y otra vez, hasta que muchos de los que dudan capten la imagen. Deseamos que se queden.

Si tienen iluminación, y saben lo que está ocurriendo y desean formar parte del gran plan, no es nuestro deseo que sean aplastados por una gran roca, o que se vean ahogados por una inundación. Deseamos que se queden. Que se extiendan hasta conectar con sus guías esta misma noche, y tomar sus manos.

Queridos míos, les hablo finalmente de otra alineación, de una alineación excitante, que tendrá lugar el 23 de abril (*de 1994*). Es posible que el 23 de abril llegue y pase sin que nadie note nada. Pero el 23 de abril se producirá una de las alineaciones más asombrosas con el mapa hopi, pues permitirá que se abra un portal de interdimensionalidad.

Tienen ustedes el honor y el privilegio de asistir a una alineación que finalmente les permitirá comunicarse con otras dimensiones. Y la alineación que tendrá lugar facilitará la catálisis para esto, de modo que cuando finalmente se hayan realizado y construido los portales, comprenderán lo que significa *haberlo conseguido*.

Hay quienes no comprenden lo que es la dimensionalidad. No comprenden que ustedes viven en la dimensión del tres, y que eso es lo único que ven a su alrededor. Hay quienes harán juicios sobre el planeta, sobre la vida, sobre la espiritualidad, sobre el Espíritu y el amor mismo, basándose para ello únicamente en lo que ven. Y, sin embargo, hay mucho más de lo que ustedes ven.

Aquello que ven es únicamente aquello que se les ha permitido ver mientras están en período de aprendizaje. Lo que tiene lugar ahora mismo, en esta canalización, es interdimensional. Pues Kryon y el Espíritu viven en todas las dimensiones al mismo tiempo.

Soy privilegiado como Kryon, por estar con mi socio, el canalizador, durante todo el tiempo. Aunque esto no se ha mencionado hasta ahora, Kryon no aparece simplemente una vez al mes. Kryon vive con el canalizador. Y la energía de Kryon permanecerá con él y con su sí mismo superior, mientras él lo solicite así, mientras él se encuentre en la integridad del momento. Huirá de él en cuanto viole eso.

Le observo del mismo modo que él ve lo que ustedes suelen llamar televisión. Cuando encuentra un canal específico que le gusta, se queda en él durante horas. Y eso es lo único que ve, la única realidad para él es la historia que se cuenta por ese canal. Ahora, si yo le dijera, u otros de los que le rodean le dijeran que los canales situados a cada lado del que está viendo no existieran, todos se burlarían. Pues saben que hay muchos, muchos canales. Y, sin embargo, no hay pruebas de que existan. No aparecen como sombras cerca del canal que está viendo. Como ven, están ocultos porque no han sintonizado con ellos.

Queridos míos, están ustedes sintonizados con el canal (*dimensión*) del tres, pero hay muchas *dimensiones* más a su alrededor, y que están tan activas como aquella en la que se encuentran, y que son tan reales. Esta es la información que finalmente deseamos mostrar a su ciencia, para que comprendan cómo funciona, para que les sirva.

El Espíritu ha terminado esta noche con la canalización y la información. Pero el Espíritu no ha terminado con ustedes. Salgan de este lugar sintiéndose queridos. ¿Hay algo que anda mal en su cuerpo? Desprendanse de eso.

Sientan la energía del amor que se vierte a través de su chakra de la corona. Sientan la inundación del Espíritu. No dejen que estas cosas les llenen de temor, pues eso sólo son fantasmas, que esperan, esperan a su milagro. Deben saber estas cosas, mientras Kryon se halla sentado delante de ustedes, a sus pies, preparado para inundar a cada uno de amor.

Y así es.

Kryon

Kryon quiere que sepamos que si el jugador estelar del juego se siente muy entusiasmado y se queda inmóvil contemplando con respeto a sus compañeros de equipo, el juego no terminará de jugarse nunca, y mucho menos se podrá ganar. Tenemos que acumular información como herramientas para nuestra propia acción. No tenemos que estudiar nunca a los miembros de nuestro grupo de apoyo, hasta el punto de que eso detenga nuestro propio desarrollo.

12. Ciencia

Del escritor

Hay tantas cosas sobre la ciencia que deseo preguntarle a Kryon, a pesar de que ya sé que se trata de un tema que no puede ser contestado con la claridad que a mí me gustaría. La razón es buena, y muy comprensible. Si se nos ofrecieran las respuestas en bandeja (sin necesidad de trabajar para encontrarlas), entonces no se produciría aprendizaje y no se podría ayudar al planeta a través del autodescubrimiento. Kryon nos ha dicho repetidamente que la nueva ciencia surgirá en los próximos años a través del equilibrio y la iluminación. Los humanos ayudarán a los humanos. Así es como debería ser, y honro este proceso. Mientras tanto, me siento de todos modos imbuido de una ardiente curiosidad.

No hace daño plantear preguntas, aunque Kryon no las conteste directamente, pues a menudo nos ofrece atisbos y comprensiones acerca del funcionamiento de las cosas, y quién sabe, quizá la información que sigue pueda ser algún día el catalizador para alguien que utilice esos atisbos para crear la primera máquina de antigravedad. El Universo se ríe de esto, pues ya sabe que tengo buena intuición en cuanto a la verdad de esta afirmación.

Respecto del trabajo de Kryon, existe la impresión subyacente de que, como canalizador, lo siento constantemente. Es así:

todo es lógico y sigue el orden. Hasta los acontecimientos más extraños para nosotros se derivan del orden y de la física universales. Afirmo una vez más que la comprensión científica actual fue la magia de ayer. Si realmente comprenden esto, entonces podrán comprender fácilmente que la magia de hoy es la comprensión de mañana. La metafísica tendrá que cambiar de nombre cuando la filosofía ya no pueda «ir más allá de la física», y esta es una posibilidad muy clara. Cierto que no todo el funcionamiento del Universo será nuestro, que no podremos saberlo todo mientras nos encontremos en «período de aprendizaje», pero buena parte de la relación entre mente y materia que en este escrito aparece un poco como un «galimatías» para el científico, será finalmente definida y comprendida.

No me puedo imaginar una entidad maestra mejor a la que preguntarle acerca de la ciencia, pues el trabajo de Kryon gira alrededor del magnetismo. Eso significa que está trabajando con la esencia misma del núcleo de la ciencia terrestre, pues el magnetismo es el «encuentro» básico entre nuestra biología y la tierra. Participa en el gran misterio de la gravedad, y en el debate de la nomenclatura de la luz, y en el comportamiento de las partículas subatómicas.

El prefacio del escritor ha sido escrito una vez más antes de que se produjera la canalización, de modo que puede unirse nuevamente a mí en mis pensamientos, antes de que se ofrezca cualquier respuesta en relación con este tema. Pero veamos antes qué tiene que decir Kryon al respecto...

... en relación con la ciencia.

Ciencia

Saludos, queridos míos. Tal como ha afirmado su socio, jamás les daré información que deje al descubierto la dualidad, o plantearé cuestiones para que reflexionen los científicos terrestres, y que puedan poner en riesgo los nuevos niveles de aprendizaje en los que se encuentran. No obstante, se me permite, dentro de la propiedad de su nueva energía, ofrecerles atisbos que pueden aparecer por primera vez en estas lecturas. La razón por la que eso es así, es para impulsar a los especiales que leen esta información a utilizar esos atisbos para solucionar los problemas científicos que se encuentran ante ellos. Esta información, combinada con la nueva energía natural que se han ganado, les proporcionará las respuestas.

Hasta el momento, y a través de todos los escritos y canalizaciones, les he ofrecido ocasionalmente información que es valiosa para la explicaciones de las cosas sobre las que ahora reflexionan. Un ejemplo de ello: aunque es posible que lo hayan pasado rápidamente por alto, al principio de este libro les hablé de un fenómeno que indudablemente está siendo estudiado ahora por su ciencia, pero acerca del cual quizá no se publique nada. Hay una energía muy alta, de rayos gamma cortos, que estalla y choca contra su atmósfera. ¿Recuerdan por qué? Busquen la respuesta al principio de estos escritos. Es una solución espiritual, algo que no es del todo insólito en su física, pues lo espiritual se encuentra eternamente casado con lo físico. Lo espiritual constituye la base de su ciencia, y establece las reglas para las observaciones que ustedes hacen diariamente.*

El pintor llegó un día y cubrió la Tierra con amor y con atributos espirituales. Eso impregnó la tierra de energía y la tierra respondió con vida y equilibrio, unificando para siempre al pintor

* Véase la página 227.

con la tierra y la fuerza vital que hay en ella. Los humanos, a los que se ha encargado la tarea de caminar por la Tierra protegidos de la realidad de la verdad, han descubierto recientemente pruebas de la pintura. No obstante, continúan desconociendo y rechazando la existencia del pintor, pues no han encontrado razón alguna para creer que la pintura no se creó a sí misma. Cuando algún día descubran finalmente al pintor, el equilibrio del tres estará claro, y ya no se sentirán mistificados por los atributos de la pintura. Sin el pintor no hay consciencia de por qué se mezclaron los colores como se mezclaron, o incluso por qué funcionaron juntos.

En relación con la ciencia de la Tierra, en general, les ofrecí una advertencia con respecto a su método científico. Está retrasado con respecto a como debería estar. En realidad, está vuelto del revés, por así decirlo. Deberían contemplar todos los fenómenos, por muy extraños que puedan parecerles, y deberían plantear la pregunta: ¿existe alguna correlación consistente dentro de esos fenómenos que exija una mayor investigación? En lugar de eso, ustedes se limitan a mirar aquello que ya saben, y a partir de ahí extraen suposiciones que sólo encajan con aquello que comprenden (o creen comprender). Aplican las suposiciones a estas cosas que observan a su alrededor, y si sus pequeños postulados no encajan con lo que está sucediendo realmente, ha menudo rechazan por completo lo que sucede. Queridos míos, esto no les servirá de nada. He aquí un ejemplo: con este método, han descartado efectivamente el equilibrio dipolar natural de los órganos del cuerpo humano, por lo que también han ignorado la forma de medirlo y equilibrarlo, a pesar de que las pruebas de estos se encuentran a su alrededor, como lo han estado durante siglos. ¿Cómo pueden ignorar algo que es tan evidente?

También han descartado las influencias astrológicas, negando con ello que el movimiento del sistema solar interactúa con su magnetismo, tanto planetario como biológico. ¿Cuánto tiempo tardarán en aprender a trabajar hacia atrás a partir de los fenómenos generales? Deberían decirse a sí mismos: este fenómeno, por extraño que pueda parecer, merece ser investigado porque está ahí, y parece ser consistente. Si existe una correlación dentro de su funcionamiento con algo que sea de valor humano o que tenga un valor para la Tierra, ¿cuál es entonces su funcionamiento? En lugar de eso, se están diciendo: «*Las cosas que he estudiado y comprendido funcionan de una determinada manera, y he descubierto lo básico en cuanto al por qué. Al aplicar mi comprensión a grandes fenómenos inexplicados, no encaja, por lo que niego la existencia de la realidad de los nuevos fenómenos*». ¿Se da cuenta del retroceso que eso significa? La *totalidad*, más grande, debería dictar el estudio de las *partes* que la hacen funcionar. En lugar de eso, ustedes se dedican a examinar las partes individuales, y extrapolan a la totalidad el supuesto funcionamiento universal.

Imagine que, dentro de 50.000 años, una cultura muy diferente a la suya aterriza en la Tierra y descubre una pequeña parte de uno de sus complejos vehículos lanzadera espaciales. A partir de esa pequeña parte, extrapolan el uso probable de la misma, y el propósito del vehículo. A continuación, efectúan una proyección del aspecto que podría haber tenido el vehículo, basándose para ello en la comprensión de la ciencia que tienen en su propia cultura, e incluyen esa descripción en su historia de los humanos, incluso con dibujos. Mucho más tarde, sus hijos crecen, regresan a la Tierra y descubren el verdadero vehículo, completo e intacto, pero no lo reconocen. Es diez veces más grande de lo que habían creído, y muestra una configuración errónea para «volar», por lo que no tiene parecido alguno con el vehículo humano del que aprendieron algo en sus libros de historia, y del que vieron dibujos. En consecuencia, clasifican el vehículo espacial como una especie de arte de la Tierra, o como una estatua espacial, a la que los humanos tuvieron que haber adorado. Después de todo, si se basan en la historia que ya «conocen» sobre los humanos, no pudo haberse tratado de nada útil. ¿Se dan cuenta de cómo la «adoración» de la parte oscureció la realidad del todo? Si esa supuesta cultura hubiera descubierto antes el cohete, todo habría sido diferente.

En el caso de ustedes, el «cohete» de esta historia se encuentra a su alrededor, y le conceden el beneficio del funcionamiento de manera cotidiana. Desgraciadamente, muchos de sus científicos y líderes religiosos terrestres han creado ya los «dibujos» de sus opiniones eruditas acerca de cómo tiene que funcionar la totalidad, pero cuando ven la realidad del conjunto, no la reconocen. No encaja dentro del modelo que han postulado y, en consecuencia, descartan que pueda ser lo que es en realidad.

Científicos, escuchen: ¿Cómo es posible que quienes pertenecen a otras culturas alcancen grandes curaciones humanas con tanta frecuencia, y de formas tan extrañas? ¿No merece eso una verdadera investigación, o es que acaso han descartado su existencia sólo por el hecho de que no encaja en su modelo? ¿Cómo es posible que el cuerpo humano elimine milagrosamente la enfermedad por sí mismo, casi de la noche a la mañana? Existe una documentación consistente sobre esto, y se correlaciona con la energía del pensamiento. ¿Qué hacen ustedes con eso? ¿Ignorarlo? También existen correlaciones consistentes relativas a los atributos magnéticos con respecto al comportamiento y a la salud humanas. Fíjense en ellas. Finalmente, empiecen a comprender cómo son las cosas relativas a la polaridad y el magnetismo en el ámbito de la salud y del comportamiento. Esto les servirá inmensamente y les proporcionará herramientas capaces de aumentar su período de vida, ahora. Se trata de una tecnología antigua. Vuelvan a descubrirla.

También deben dejar de lado su ego y preguntar al astrólogo serio acerca de este sistema descartado en su cultura, permitir que esa persona les muestre las fuertes correlaciones existentes, y la enorme historia humana de su creencia y uso a lo largo de miles de años de existencia humana, para abordar luego los «cómos» y los «porqué», y hacerlo de una manera científica, desde el exterior, puesto que esa es su especialidad de investigación, lógica y descubrimiento. Construyan su propio modelo acerca de cómo funciona científicamente, y luego añádanlo a su lista de herramientas humanas y utilícenlo en su propio beneficio. La astrología no es mística. ¡Es una ciencia!

¿Cómo es posible que no deseen investigar estas cosas aparentemente intangibles? Esto no es una advertencia, sino una verdadera pregunta, pues existe de hecho una razón por la que no investigan estas cosas. Hay responsabilidad espiritual conectada con estos descubrimientos, y ahí se encuentra un tema completamente diferente.

Recuerden esto: cuanto más se acerquen a la verdad física real de las cosas, tanto más cerca se encontrarán de los principios espirituales básicos. Si su sistema de creencias descarta lo espiritual y considera que no tiene cabida en la ciencia, entonces no tardarán en alcanzar un punto muerto personal. Cuando aquellos que les rodean y que no se sienten afectados por esos sesgos, empiecen a mostrar progreso y comprensión en su propio trabajo científico, con postulados de trabajo y éxito demostrado, ¿seguirán descartando estas cosas? Se están dirigiendo muy rápidamente hacia un puente y hacia un muro. Lo uno es revelación y lo otro es ignorancia. Ninguno de ustedes tiene por qué convertirse repentinamente en espiritual o «extraño» para cruzar este puente; lo único que se necesita es tener una mente abierta a todas las posibilidades, y no sólo a aquellas que a ustedes les parezcan como aceptables.

Sigo siendo el mecánico, el maestro magnético, y el científico. Sigo permaneciendo en el amor.

Kryon

13. Preguntas sobre la ciencia

Pregunta: Deseo empezar ahora mismo con la pregunta más grande que tengo que plantear, y sobre la que muchos desearían saber algo. ¿Podemos descubrir la antigravedad? ¿Existe tal cosa? ¿La utilizan los ovnis?

Respuesta: El término que ustedes utilizan, antigravedad, es inapropiado. Deben cambiar por completo su concepto acerca de cómo puede tener lugar esta propiedad, antes de que puedan descubrirla. ¿Dirían ustedes de una persona que está llena de desamor cuando se siente colérica? La gravedad es un producto absoluto de los atributos de la masa y el tiempo, y ustedes pueden cambiar una de esas cosas.

Lo que me dispongo a describirles ahora no es nada nuevo, pero todavía no ha sido desarrollado sobre su planeta. Ha sido observado aquí por los humanos, pero debido al tiempo, nunca se ha permitido que sea desarrollado. Ninguna entidad universal lo detuvo nunca, excepto por el «tiempo». Quiero decir con ello que la tecnología para expandirlo y experimentar con ello no estaba preparada y, en consecuencia, no sucedió nada cuando fue descubierto.

Deben saber esto: la mayoría de sus leyes físicas son correctas. Han realizado un exquisito trabajo de observación y documentación de la física de los objetos más comunes que les rodean. Sus matemáticas son buenas, y los postulados que aplican a cómo se comporta la masa también son buenos; a pesar de todo, efectúan suposiciones interesantes, aunque comprensibles acerca de la masa. Ya saben que la gravedad es un atributo de la masa, y que siempre está ahí. Lo que hasta el momento han pasado por alto en sus pensamientos es cómo se relaciona la gravedad con el tiempo (algo que no pueden concebir o cambiar con facilidad), y que todo el tema de la gravedad, la masa y el tiempo no es lineal.

Hablemos sólo del tema de la masa/gravedad: en los confines del Universo, tienen la impresión de haber observado objetos con una gran masa y gravedad, pero que son de pequeño tamaño físico. Eso les ha inducido a llegar a la conclusión de que la densidad es también muy importante en la fórmula de la masa. No obstante, la idea que se hacen acerca de cómo la masa se hace densa, no es en modo alguno exacta.

Han podido medir cómo se mueve un objeto en el espacio y, en consecuencia, pueden calcular su masa. Si conocen también su tamaño, entonces también pueden calcular de qué está compuesto, si se trata de gas o de roca, de hielo o de vapor, etc., puesto que están computando la densidad, que es la clave para la verdadera medición de la masa. La mayor parte del Universo se compone de elementos que apoyan sencillas proporciones de tamaño/densidad, y la verdadera prueba de la masa y densidad de un objeto misterioso es la forma en que se mueve en relación con otros objetos. Pero es al encontrar los objetos que no se comportan de este modo determinado cuando se sienten desconcertados. Recuerden esto: sus observaciones se hallan restringidas a su propia estructura del tiempo. Eso significa que puesto que las propiedades de la gravedad son un resultado de la masa y del tiempo, y como ya les he dicho estas no son lineales, sólo llegan a ver las propiedades situadas dentro de su propia estructura del tiempo. Si fueran capaces de alejarse de esa posición, aunque sólo fuese levemente, verían un escenario de atributos de gravedad completamente diferentes.

¿Qué ocurriría si usted, nuevo para la Tierra, se pasara 30 años en una isla primitiva situada en el ecuador de la Tierra? Usted, un científico acostumbrado a utilizar sólo la observación, estudiaría las propiedades del agua lo mejor que pudiera, hasta que tuviera la sensación de haberla comprendido por completo. Se encontraría a su alrededor, en mayor cantidad de la que pudiera imaginar, y se sentiría cómodo con sus propiedades, la encontrara donde la encontrase, en su forma de moverse, en su forma de refractarse visualmente, en su forma de fluir en pequeñas corrientes sobre la tierra, en cuanto a su peso en el momento de transportarla. Todo eso se convertiría en una certidumbre física. De repente, aparece una nave espacial para llevarle al polo Norte, donde se sentiría desconcertado al descubrir de pronto un atributo completamente nuevo del agua, algo que la hace ponerse dura como una roca cuando hace frío. Imagínese, agua dura, ¡qué concepto! Nunca pudo generar esta condición por sí mismo, puesto que en su isla no se podía simular esto. Creía haber comprendido el agua por completo, y ahora descubre que no era así. Lo mismo sucede con su observación limitada de la masa en su propia «isla del tiempo».

Muchos de ustedes han calculado correctamente que el magnetismo y la electricidad juegan un papel crítico en la determinación de los atributos reales de la masa, y que las variables magnéticas que determinan el producto de la masa funcionan a menudo dentro de partículas muy pequeñas, para crear la densidad de un objeto, ¡y también su estructura de tiempo!

Puesto que son capaces, a cierta distancia, de ver aparentemente pequeñas cosas densas con tremendos atributos de masa (masa grande – gravedad fuerte), ¿se han detenido alguna vez a pensar lo inverso? Lo que les estoy diciendo es que lo que ustedes llaman «antigravedad» se corresponde en realidad a su búsqueda del mecanismo para crear los atributos de lo que yo llamaré una condición «sin masa». Es la mecánica de la partícula pequeña lo que determina en realidad los atributos de masa de un objeto y, en consecuencia, la gravedad y la estructura del tiempo que rodean el objeto. ¿Se imaginan un objeto con densidad cero, sin que importe su tamaño? Son muy pocas las cosas que existen en el Universo en este estado, pero eso es algo que se puede crear artificialmente, utilizando simplemente los mecanismos de la densidad de lo que determina la verdadera masa del objeto.

Sus fórmulas científicas no permiten hacerlo así, y ni siquiera algunas de sus mejores teorías están realmente preparadas para permitir la existencia de un objeto sin masa. Utilizando sus teorías más exquisitas, pueden deducir que, si lo que les digo es correcto, entonces la energía de un objeto sin masa sería igual a cero. Puesto que han postulado que la masa, multiplicada por el cuadrado de la velocidad de la luz equivale a la energía de un sistema aislado, su propio postulado tiene que equivaler a una energía cero para un objeto sin masa. ¿Se imagina qué situaciones podría crear un objeto con masa negativa? ¿Cuál es su concepto de la energía negativa? También pueden estar interesados, aunque eso no se halle relacionado con esta discusión científica, por la reacción de la luz ante un objeto sin masa. Ya han calculado que la gravedad fuerte inclina la luz, ¿qué creen que podría hacer la total ausencia de masa, energía y gravedad a la luz que rodea a un objeto? Eso es algo en lo que deben reflexionar. Mientras lo hacen, consideren también la masa negativa, la energía negativa y la gravedad invertida.

La experimentación con las líneas de influencia de un campo magnético que corra en ángulos rectos con respecto a otro campo eléctrico también les proporcionará gratificaciones en su investigación para alterar la masa de un objeto. Estos son los mecanismos para alterar real y temporalmente el comportamiento de polaridad de una pequeña partícula, lo que se traduce en densidad, en su ausencia, o en su inversión (densidad negativa). La cantidad, configuración y otros parámetros de su trabajo sobre esto son cosas que dependen de ustedes. Al descubrir cómo alterar estas cosas, sean precavidos, puesto que también crearán con ello un pequeño desplazamiento del tiempo, que puede ser físicamente peligroso para ustedes mientras no comprendan cómo interactúan correctamente los objetos en desplazamientos de tiempo alterado.

Aunque comprendan que ese sistema mecánico tenga que ser circular, no hagan ninguna suposición acerca de la configuración de los campos magnético y eléctrico que interactúan, ni acerca de cuál debería ser el medio para llevar las propiedades de polaridad a dicho sistema. Recuerden, sin embargo, que también se pueden utilizar con efectividad el gas y los metales líquidos para transportar una carga. Aunque les parezca un misterio, dentro del contexto de esta discusión, no se sorprendan si descubren que el agua bajo presión también juega un papel importante en este sistema.

Con gran ironía les digo que este estado sin masa fue exactamente creado en el primitivo taller de un gran científico eléctrico, en su cultura del continente americano, no hace mucho tiempo. Si pudieran visitar su taller, observarían los agujeros producidos en el techo y el cristal parcheado que cubrió el tragaluz por donde salieron disparados literalmente sus objetos sin masa y volaron alocadamente por todas partes. Si ese científico hubiera nacido cincuenta años más tarde, habría podido controlar los atributos de su experimento. Pero, tal como sucedieron las cosas, no dispuso de las herramientas de precisión de las que ahora disponen ustedes para dirigir y controlar tal experimento. Su gran pasión consistió en comprender este fenómeno, pero como era tan incontrolable y esporádico, nunca pudo conseguir que otros lo vieran funcionar, ya que no pudo crearlo de una forma consistente. Eso le deprimió mucho en años posteriores, pues la suya era una gran mente tridimensional, en un cuerpo que no pudo esperar el tiempo suficiente para que las nuevas herramientas demostraran sus ideas creativas.

Por tanto, este estado sin masa no es un pensamiento nuevo para ustedes y continúa siendo reconocido como una propiedad viable dentro de muchos grupos humanos, a pesar de lo cual no han sido capaces de llevarlo hasta un estado funcional. Quizá esta misma canalización contribuya a impulsar a aquel que se supone debe «descubrirlo» a seguir adelante con ello.

Su pregunta sobre los ovnis fue significativa. Esto forma parte del sistema que utilizan para viajar en la gravedad de ustedes. Ya les he ofrecido claves acerca de qué ocurre realmente dentro de la influencia de un objeto sin masa, pero deben comprender que un verdadero objeto sin masa ya no obedece a las leyes de la física de su estructura temporal. Los desbocados inicios y paradas, velocidades y giros entran bien dentro del ámbito de un objeto sin masa, puesto que este crea su propia influencia de energía sobre todo aquello que le rodea. Sean conscientes también de que, como he afirmado, la referencia temporal de un objeto sin masa es ligeramente diferente a la de ustedes, lo que les hará parecer ligeramente más lentos que el objeto sin masa. Su reacción a las moléculas de masa más tradicionales que le rodean también es algo predecible: debido al muy ligero desplazamiento del tiempo, tiende a cambiar el número de electrones que contienen los átomos situados en contacto directo con el mismo. Esta es una clave acerca de cómo detectar un objeto sin masa, aunque ustedes no la puedan ver.

Un verdadero objeto sin masa no se verá afectado por la influencia de su campo gravitatorio, a pesar de lo cual esas máquinas que les visitan demuestran una gran maniobrabilidad. Eso debería indicarles que los atributos de la masa se pueden cambiar con suma facilidad, y ser realmente enfocados. ¿Qué ocurriría si la masa negativa (fuera de la sincronización con su estructura temporal) se enfocara contra su masa tradicional? La respuesta es «repulsión». Ese sería el resultado de enfocar una masa negativa artificial contra la masa común de la Tierra. En consecuencia, disponen ahora de una indicación de que los atributos de la masa son realmente «sintonizables» y que con más de un «motor de masa», un sistema de objetos conectados podría ser multifacético, o disponer de múltiples atributos al mismo tiempo. Ciertos lados de un sistema conectado pueden sintonizarse con ciertos atributos de masa, mientras que el arriba, el abajo u otros lados se pueden sintonizar de modo diferente, algo que no existe en el Universo de una forma natural. No sólo puede ser un atributo o sistema de lados tener una masa negativa (estar en un modo de repulsión con respecto a una masa común), sino que un lado puede ser también de masa común que es más pesada que el otro lado. Una vez coordinado con precisión, este sistema puede permitir un movimiento exquisitamente controlado en todos los planos. Esto también debería explicar ahora las anomalías magnéticas relacionadas con las experiencias con los ovnis, que ustedes mismos han documentado, y los «sonidos» que producen en sus receptores de radio. Esos sonidos no son sonidos en absoluto, sino simplemente el resultado de una constante y exquisita sintonización de la densidad de los motores de masa, de los que puede haber hasta siete. El magnetismo implicado aquí produce interferencias con sus transmisiones de radio que son, al fin y al cabo, magnéticas. Cada motor de masa controla una plancha de masa enfocada que es bastante pequeña. Sucede a menudo que muchos de los sistemas del vehículo son «vinculados» en un sistema controlado, de tal modo que muchos vehículos parecen moverse exactamente juntos, como si fueran uno solo. Esta es una forma eficiente de impedir que los motores de masa de muchos sistemas interfieran entre sí al reaccionar a la gravedad de la Tierra. Y no sólo es eficiente, sino necesario.

Para que este sistema funcione, el operador de los motores tiene que comprender plenamente los atributos comunes de masa de los objetos contra los que empuja y de los que tira, pues las leyes de la gravedad permanecen constantes dentro de una estructura temporal concreta, y sólo se cambian la densidad de masa y la polaridad de las planchas del vehículo para empujar o tirar de una cantidad de masa conocida. Las anomalías gravitacionales de la Tierra pueden causar estragos con un sistema como este, y esa es la razón por la que a veces se estrellan estos vehículos. Hay anomalías conocidas y desconocidas de la consistencia gravitacional de su planeta. Créanme, la mayoría de ellas ya han sido bien estudiadas y aparecen indicadas en los libros de bitácora de quienes les visitan con regularidad. Son como las rocas ocultas de un puerto aparentemente tranquilo para un barco oceánico de madera que surcara la Tierra.

Buena parte de los progresos técnicos que se alcancen en este campo se alcanzarán mediante la aplicación de atributos de densidad muy altos y muy bajos a cantidades cada vez más pequeñas de materia, reduciendo así el tamaño del aparto que realice el trabajo. Cuanto más aprendan sobre la estructura atómica, tanto más claro quedará esto y es la comprensión de la polaridad de la partícula pequeña y su comportamiento lo que constituye la clave de todo esto. Quizá su búsqueda debiera empezar con lo muy pequeño, para aprender cómo responden los átomos los unos ante los otros, dada la exposición de los mismos a parámetros eléctricos muy específicos. Incluso un cambio muy pequeño en la distancia entre el núcleo y partes de la órbita de los átomos puede significar una gran diferencia en la densidad de la masa. Descubran cuáles son las «reglas» por las que la distancia es tan grande entre el núcleo y las partes que lo orbitan. ¿Cómo pueden cambiar eso?

Una última advertencia acerca de todo esto, y es una advertencia de gran importancia. ¡Protéjanse mientras efectúan el experimento! Los resultados de sólo un motor de masa eficiente pueden dañar a su propia biología con muy poca exposición. Cuando finalmente descubran cómo utilizar el sistema, tendrán que protegerse a sí mismos si deciden viajar dentro del sistema. ¡La protección es necesaria! Para empezar, experimenten con cristales aplastados como aislante. Pronto descubrirán las propiedades que tiene esto, y el resto ya será evidente.

Pregunta: ¡Me alegro de haberle hecho la pregunta anterior! Hablando de estructura atómica, ¿hay algo asombrosamente nuevo que no hayamos descubierto todavía?

Respuesta: Sí. Además de lo dicho anteriormente acerca de lo que sucede con la materia cuando se empiezan a manipular las polaridades, también habrá nuevas partes que descubrir. Una de las cosas más interesantes, sin embargo, será cuando descubran a los «gemelos».

Oculta dentro de la estructura atómica común pueden echar un vistazo rápido a algo que les desconcertará total y completamente, pues parecerá ir en contra de todas las leyes del tiempo y del espacio. Los «gemelos» son un par de partes atómicas que siempre se relacionan entre sí y que siempre se encuentran por parejas. No les diré, sin embargo, dónde tienen que mirar. Créanme, lo sabrán cuando lo descubran. Unos pocos ya han visto su «huella».

Su comportamiento les asombrará. Descubrirán que, cuando son estimulados correctamente, siempre se mueven juntos, como una pareja. Cuando se empieza a separarlos por la distancia, para experimentar, continuarán moviéndose exactamente juntos. No importa lo mucho que los separen el uno del otro, se moverán exactamente juntos. Incluso si uno de ellos fuera lanzado al espacio, para viajar más allá de su sistema solar, seguirían moviéndose como uno solo. Si se estimula a uno, el otro también se moverá. Forman un par eterno, y son indestructibles. Si se convierte la energía de una, lo mismo sucederá con la otra.

Eso hará que tengan que volver a examinar por completo sus ideas acerca del tiempo y del espacio, pues esta condición no seguirá la «velocidad última» de transmisión que ustedes creen como correcta, la de la velocidad de la luz. Habrán descubierto así algo que viaja más rápido de lo que jamás hayan podido imaginar. Esta comunicación instantánea entre las partes de los «gemelos», constituye la base de la comunicación de todas las entidades del Espíritu Universal en el Universo. Es el mismo mecanismo que, en 1987, permitió que todos conocieran instantáneamente la disposición de la Tierra para el cambio. Así es como me comunico instantáneamente con la gran fuerza creativa, y eso se conforma con la forma del Universo, de la que les hablé en canalizaciones anteriores.

Pregunta: Mientras estamos en período de aprendizaje, ¿podemos comprender verdaderamente la forma real del Universo?

Respuesta: No. Eso no sería apropiado mientras se encuentran al mismo tiempo en período de aprendizaje. Su dualidad quedaría revelada y eso no serviría a la situación de lo que están consiguiendo con éxito sobre el planeta. Algún día, cuando la Tierra ya no se encuentre en período de aprendizaje, tal como ustedes lo conocen, los humanos que están aquí conocerán mucho más.

Pregunta: Me intereso por las computadoras. ¿Hacía dónde va esta tecnología? ¿Seguimos el camino correcto al crear máquinas que nos ayuden? ¿Son peligrosas las computadoras?

Respuesta: Su tecnología de computación fue absolutamente necesaria para permitirles continuar con la ciencia de la Nueva Era. Consideren los saltos que les han permitido dar. Cada vez que vean esta clase de aceleración científica, deberían saber que es apropiada. No obstante, lo que hagan ustedes con ese conocimiento constituye su prueba mientras están en período de aprendizaje. ¿Se utilizará siempre como un arma? ¿O será utilizado ahora para el medio ambiente y para los descubrimientos relacionados con la buena salud de muchos?

En relación con la tecnología de las computadoras, están pasando por alto el aspecto más evidente imaginable. Puesto que ven en funcionamiento la computadora más extraordinaria que existe sobre la Tierra, que actúa en los seres biológicos que les rodean, ¿por qué no se limitan a imitarla? ¿Desean disponer siempre de la tecnología a medias, o quieren la tecnología completa?

Aumentarían instantáneamente su ciencia de las computadoras en 10.000 veces si empezaran a combinar lo que ya saben con la química. La máquina computadora electroquímica es la forma de actuar del Universo. Es la forma en que actúa su propia biología y su propio cerebro. ¿Cuándo empezarán a investigar la combinación de las dos?

Esto no tiene absolutamente nada que ver con la creación de células vivas. Se trata, simplemente, de una tecnología que combina los parámetros eléctricos con los químicos, para crear un poder y una velocidad insospechados, del mismo modo que el que tienen ahora en sus propias cabezas. ¿Qué les parecería una computadora capaz de recordar todo lo que haya sucedido en el término de cincuenta años, y almacenada en el espacio de una nuez? A partir de la imitación de lo que el Espíritu ya ha hecho dentro de su naturaleza terrenal, se encontrarán muchas respuestas científicas y técnicas.

Pregunta: En los escritos anteriores, dijo que nuestros desechos nucleares constituían uno de los principales peligros que arrostrábamos ahora. Esos desechos parecen indestructibles y volátiles para siempre. ¿Qué podemos hacer al respecto?

Respuesta: Sus desechos atómicos activos son, realmente, el mayor peligro al que se enfrentan. Ya han visto cómo una vasta porción de tierra puede quedar envenenada durante mucho tiempo, debido simplemente a un accidente atómico. Piensen en la tragedia que supondría perder una parte de su propio país a causa de una situación así, simplemente por ignorar elementos enterrados a gran profundidad bajo tierra, que se acercan a un punto crítico en cuanto a su actividad. Ahora mismo, mientras usted lee esto, existe una pequeña ciudad en el continente americano, cuyo nombre empieza por «H», que está preparada para caer en esta situación. Sucederá un verdadero desastre si lo ignoran, puesto que todo esto es tan sencillo como la física básica. Sin embargo, no tienen por qué esperar a que suceda una catástrofe para actuar.

No abriguen la idea de desprenderse de los desechos, pues eso es innecesario y, en la mayoría de los casos, no funcionará. Una sustancia activa como esta es como el ácido. Hagan lo que hagan con ella sólo será temporal, hasta que devore todo aquello con lo que la rodeen. ¡No la guarden nunca en sus océanos o lagos!

La verdadera respuesta debería ser evidente. Esos desechos se tienen que neutralizar. Ya he hablado de esto en canalizaciones anteriores, pero ahora ampliaré la información. Hay muchas formas de neutralizar estos desechos, pero la única que se encuentra actualmente al alcance de su tecnología es bastante simple y pueden disponer de ella. ¡Deberían atender inmediatamente a la biología de la Tierra! Busquen los microorganismos que ya conocen y que son capaces de devorar estas sustancias activas y hacerlas inofensivas. Desarróllenlos, utilizando su ciencia, para aumentar su número y eficiencia, y dejen luego que devoren sus desechos.

Quizá se pregunten por qué esto no se está haciendo ya, puesto que esos organismos ya han sido descubiertos. Miren hacia sus gobiernos para encontrar las respuestas. Exijan que se complete la investigación y que se inicie el proceso. Comprendan la política de la Tierra para entender por qué no se les ha informado plenamente acerca de esto, o por qué no se ha destinado a esto los recursos necesarios. Un organismo de esta clase es pequeño, fácil de transportar y de crecer, y no le importa alimentarse de un arma o de un desecho arrojado.

Ya es tiempo de que los líderes de la Tierra dejen de lado los temores de las tecnologías capaces de cambiar el equilibrio de las armas. Es una ironía de la ciencia que, con mucha frecuencia, los nuevos descubrimientos se puedan utilizar para la paz o para la guerra, y que sea la propia iluminación de ustedes lo que determine eso. Ahora mismo, reflexionan sobre una de las herramientas medioambientales más exquisitas que se hayan desarrollado jamás, incluida aquella de la que he hablado para reducir sus desechos nucleares. También se encuentran preparados para recibir una gran cantidad de tecnología útil para incrementar su período de vida, aumentar el control de las enfermedades y afectar a su salud, en general. No permitan que los temores de unos pocos impidan el bien para muchos.

Pregunta: Kryon, sospecho que, al ser humano, no puedo comprender del todo su constante referencia al hecho de que nos encontramos en un «tiempo lineal», mientras que el Universo se encuentra en el tiempo del «ahora». ¿Hay alguna clase de ejemplo que pueda ofrecernos para clarificar esto? Resulta realmente confuso comprender cómo pueden existir los dos simultáneamente.

Respuesta: Su intuición le sirve muy bien, pues no pueden comprender verdaderamente cómo funciona esto hasta que dejen de formar parte de ello. Esta es la esencia de su dualidad, y es apropiado que esto siga estando protegido. No obstante, les ofreceré una analogía muy simple y breve, relativa a lo que desean saber. Imaginen la vía de un tren construida en un trazado que efectúa un círculo muy grande. Hay sobre ella un pequeño tren que le representa a usted. Está siempre en movimiento, viajando aproximadamente a la misma velocidad. La vía es su estructura temporal lineal y el tren es usted, en movimiento temporal lineal, moviéndose siempre hacia adelante desde donde estaba hasta donde estará.

Las entidades universales, incluido el Kryon, se encuentran hacia el centro del círculo, observando cómo atraviesa usted su tiempo lineal. Puesto que el Universo construyó la vía, y las vías que la rodean, en otros acontecimientos del tiempo lineal, sabe exactamente lo que está sucediendo, y qué acontecimientos terminarán por ocurrir para romper su círculo. Es decir, sabemos cuánto tiempo durará su sol, y cuándo se producirán las diversas citas con cuerpos en trayectoria de colisión. Todo esto se encuentra en un momento muy, muy alejado de su tiempo lineal. En consecuencia, nos mantenemos tranquilos, observándolos a ustedes en movimiento. En cualquier momento que lo deseemos, podemos mirar a la derecha o a la izquierda, para observar no sólo lo que fue, sino el lugar donde se encontrará su tren en el futuro. Así es como podemos estar en el estático «ahora», mientras que ustedes están en movimiento.

Lo que no sabemos, sin embargo, es lo que van a hacer ustedes con su tren sobre la vía que hemos construido. ¿Cuántos vagones más añadirán o sustraerán, de qué color será el tren? ¿Destruirán el tren? ¿Lo limpiarán y lo mantendrán en buen estado de funcionamiento, o dejarán que se estropee hasta que ya no pueda funcionar? ¿Lo harán más eficiente, cambiando con ello su velocidad? Todas estas cosas dependen exclusivamente de ustedes.

Este es el escenario, y es la razón por la que podemos decirles que aunque no existe la predestinación de su futuro personal, desde la perspectiva del Universo, sabemos, a pesar de todo, adonde conducen todas las vías.

Pregunta: Empieza a existir una gran cantidad de objeción científica y religiosa a las enseñanzas de la nueva era. Cuando leo esas publicaciones críticas, algunas de ellas parecen tener sentido para mí, con argumentos válidos relativos a la premisa de que «si está ahí, y es real, ¿por qué no podemos verlo, tocarlo, medirlo y conseguir que se repita?». Sus afirmaciones anteriores sobre la gravedad, la astrología y la curación se encuentran bajo crítica por parte de estos hombres y mujeres, muchos de los cuales son muy inteligentes, con mentes abiertas y dispuestos siempre a escuchar a la razón. ¿Qué dice a esto?

Respuesta: A principios del siglo XVIII un hombre exquisito, inteligente y temeroso de Dios aparece en la costa oriental de su continente, con vestimenta de peregrino. Está lleno de honor y respeto por la naturaleza y por Dios. Está ahí por designio, habiendo elegido el camino difícil de romper con los otros que, en su opinión, habían comprometido su integridad en cuestiones divinas. En consecuencia, su intención fue vista por todos como algo genuino (incluido el Espíritu). Condujo con éxito a su pueblo hacia un nuevo principio en una nueva tierra.

A lo largo del camino, es buscado por otro hombre que ve al peregrino como alguien cercano a Dios. Ese otro hombre le confía una visión que ha tenido: afirma haber visto el futuro. Este hombre le dice al peregrino que hay ondas invisibles en el aire que son capaces de transportar una voz a grandes distancias. Le dice que algún día será posible hablar instantáneamente con alguien situado en el continente madre, y su visión le lleva a hablar de que hasta la música y otras maravillas viajarán por el aire. El peregrino sabe que todo eso son tonterías, puesto que él mismo no ha tenido visión alguna (a pesar de estar tan cerca de Dios), y la ciencia de la época nunca ha visto ninguna prueba de que eso pueda suceder.

Asqueado por este hombre «loco», el peregrino convoca a Dios para que lo castigue, con la impresión de que su misma esencia es maligna. El hombre en cuestión es apartado y más tarde asesinado porque se le consideró en alianza con el diablo.

En este escenario no han cambiado mucho las cosas en sus tiempos modernos actuales. La sofisticación de su sociedad lo ha amortiguado, pero la esencia de lo ocurrido en el ejemplo del siglo XVIII sigue estando ahí. Sus líderes religiosos convocan al Kryon, la obra del diablo, y sus científicos les dicen que no encuentran ninguna prueba acerca de la validez de sus escritos y que, en consecuencia, no tienen ninguna credibilidad. Para ellos, usted no es más que un payaso, y para los líderes religiosos no es más que un satánico.

Retroceda por un momento hasta el peregrino. El hombre con la visión, claro está, tenía toda la razón. Las ondas de radio son magnéticas, y rodeaban por todas partes al peregrino, incluso mientras estaba allí, negándolas, puesto que el Universo las crea de modo natural. Las ondas ya existían, y se encontraban a la espera de ser descubiertas y utilizadas para transportar la voz y la música. El peregrino no podía verlas y, además, su ciencia no disponía todavía de ningún medio para medirlas. En consecuencia, las ondas no existían para él. A todo esto se añadía el hecho de que cualquiera que viera el futuro, sin haber sido autorizado para hacerlo así por la Iglesia, y por los escritos aceptados de la Iglesia, era visto como satánico.

Sólo es una cuestión de tiempo para que estas enseñanzas lleguen a ser muy reales para ustedes, y existan para su ciencia. A diferencia de los cientos de años que tardaron en descubrir las ondas invisibles de la época del peregrino, descubrirán algunas de las verdades invisibles del Kryon en el término de pocas décadas a partir de ahora, en lugar de tener que esperar siglos. Así pues, a quienes dudan, les digo: *llevad cuidado acerca de cómo juzgáis al mensajero, debido sólo a vuestra ignorancia del mensaje.*

Pregunta: Finalmente, una pregunta médica: ¿lograremos dominar el sida?

Respuesta: A estas alturas deben saber que no puedo ofrecerles su futuro. Y ello no porque tenga limitación alguna, sino porque son ustedes quienes lo controlan por completo. Yo disfruto con las sorpresas tanto como ustedes mismos. Lo que sí puedo decirles es que el mecanismo para su control se encuentra bastante al alcance. Con la clase de progreso iluminado que ha demostrado recientemente su planeta, el Espíritu espera que lo encontrarán, y con ello descubrirán otros mecanismos mucho más gratificantes de la invasión biológica de las pequeñas partículas. Aunque puedan parecer crípticas para algunos, mis canalizaciones anteriores sobre el mecanismo de las partículas biológicas pequeñas ya contienen las respuestas. De hecho, hasta es posible que cuando estos escritos se publiquen ya se encuentren a mano las respuestas a su pregunta. Recuerden: la polarización y el magnetismo juegan un papel mucho más importante en su salud de lo que actualmente creen y acreditan. ¡Hay mucho más por descubrir!

Kryon

Predicciones de observación científica de los guías y maestros que llegan

Véase la pág. 67, canalización agosto de 1993
Véase la pág. 208, canalización diciembre de 1993

Explosiones de rayos gamma: ¿una extensión distante?

Como cohetes que explotaran en el cielo nocturno, las explosiones de rayos gamma liberan un torrente de fotones de alta energía antes de apagarse de centésimas a décimas de segundos después. Estos fogonazos de radiación se encuentran entre los fenómenos más misteriosos observados en el universo. Nadie ha descubierto las fuentes de las explosiones, y no se sabe si los fogonazos se originaron dentro de nuestra galaxia o mucho más allá.

Science News, vol. 14
5 de febrero de 1994

Los científicos escuchan extrañas explosiones en el cielo

Washington. Misteriosas explosiones dobles de emisiones de radio, que tienen su origen cerca de la superficie de la Tierra, han sido detectadas por un pequeño satélite diseñado para detectar explosiones nucleares. Desde que se detectó la primera, el 5 de noviembre, un instrumento conocido como «Barbanegra», montado a bordo del satélite «Alexis», del Laboratorio Nacional de Los Álamos, con un coste de 17 millones de dólares, ha registrado unas cien explosiones de este tipo, «que nunca han sido descritas en la literatura científica», según dijo Dan Holden, el principal investigador del «Barbanegra».

The Grand Rapids Press
15 de febrero de 1994

14. Preguntas finales

Del escritor

Las siguientes son preguntas que, simplemente, no parecen encajar en ninguna categoría propia.

Pregunta: Kryon, si fuera invitado para aparecer ante el presidente de Estados Unidos (actualmente el presidente Clinton), ¿cuál sería la dirección principal de sus comentarios?

Respuesta: Es posible que esta respuesta le sorprenda. Aunque he hablado acerca de los desechos nucleares, de los temas del magnetismo de la Tierra, y he hecho advertencias relativas al medio ambiente, las comunicaciones más fuertes hasta el momento se han referido acerca de su autodescubrimiento como individuos y como planeta.

¡Creemos en su lucha causada por la dualidad! ¿Me han preguntado alguna vez qué cree el Espíritu que sucederá en la Tierra? Se trata de una cuestión dentro de estas páginas que ahora he preguntado para ustedes. El Espíritu (y el Kryon) creen que sobrevivirán ustedes, crecerán y se elevarán a sí mismos mucho más allá de lo que originalmente se esperaba. Esa es la razón por la que actualmente hay tanta actividad a su alrededor. Por eso enviamos a nuestras entidades más exquisitas y fuertes, para que les asistan con toda propiedad. ¡Por eso les amamos tanto! Por eso estoy aquí.

¡Están ustedes haciendo *realmente* el trabajo! Están teniendo éxito, y les honramos mucho por su lucha por alcanzar la verdad, dentro de las limitaciones de su dualidad. Creemos que están destinados a efectuar grandes descubrimientos, que se dirigen hacia la obtención de la paz entre las naciones, y que durante ese proceso efectuarán el autodescubrimiento individual. Todo esto quizá les parezca lento, pero eso se verá acelerado a medida que pasa su tiempo.

Si pudiera pedirle algo a su gobierno estadounidense, así como a otros líderes de su planeta, le pediría ayuda para permitirles ver alguna verdad universal, para permitir que se de publicidad a la información que retienen relativa a la historia documentada desde hace 50 años en relación con visitantes que han tenido desde fuera del planeta.

El gobierno mundial de la vieja energía se refería al control. El gobierno de la nueva energía se referirá finalmente a la organización y coordinación del medio ambiente, la salud y la paz. Los secretos de la naturaleza acerca de los que he hablado por voluntad propia, ya no servirán al planeta, pues ha llegado el momento de que comprendan la amplitud del lugar que ocupan en la comunidad universal. Con este conocimiento surgirán muchas preguntas relativas a su futuro, su ciencia y su religión. Eso creará el catalizador que ahora les falta para que todos ustedes se unan como un mundo, y a lo largo de ese proceso recibirán mucho autodescubrimiento, pues eso afectará personalmente a cada individuo. No pueden disponer de esta información sin reflexionar acerca del lugar que ocupan dentro de ella.

Le pediría a su presidente que permita la plena publicidad de todo aquello que se sabe sobre el tema de los ovnis verdaderos, que ha sido documentada, tanto para sí mismo como para ustedes, puesto que ni siquiera él conoce la historia completa. Le diría que él y su nación están preparados para saber la verdad, y que pueden manejarla, incluso en lo que se refiere a sus partes negativas. Liberen todas las comunicaciones e imágenes. Cuenten la historia completa, incluso la de aquellas partes que sean azarosas. También le diría que si no lo hace así, puede suceder de todos modos por sí mismo dentro de los próximos veinte años de la Tierra, cuando la comunicación con la población se produzca directamente, y será entonces un público muy enojado el que descubra que, a la vista de una consecuencia histórica tan importante, sólo fueron unos pocos los que conocieron la verdad durante casi tres cuartos de siglo, y decidieron mantenerla en secreto.

Se han ganado el derecho a conocer el lugar que ocupa su planeta en el cosmos, dentro de lo apropiado del período de aprendizaje. Estarán mucho mejor preparados para afrontar las clases diferentes de visitantes que acudirán si se les ofrece por adelantado una noticia de su existencia. De otro modo, podrían cometerse errores por temor y por ignorancia, errores que podrían retrasar a su vez su iluminación y su comprensión cósmica durante años.

Y también lo evidente: si conocen finalmente la verdad sobre los visitantes, los inapropiados contarán con menores probabilidades de visitarlos libremente, y los apropiados podrán ofrecerles incluso información científica. ¡Cuenten con ello! Algún día, cuando este libro sea descubierto en los archivos antiguos de sus bibliotecas, se reirán ante la aparente ingenuidad de esta revelación, del mismo modo que ahora refunfuñan contra aquellos que, en su propia historia, temieron viajar hasta los confines de la Tierra cuando se dedicaron a buscar otra vida en el planeta.

Pregunta: ¡Nunca pensé en dejar que hiciera sus propias preguntas! Dígame algo más que desee que nosotros sepamos, incluso sin necesidad de que yo se lo pregunte.

Respuesta: Una pregunta muy sabia, una de las mejores de todas. Al fin y al cabo, ¿cómo pueden preguntar acerca de revelaciones sobre las que no saben nada?

En este preciso momento, un fenómeno muy excitante camina por la Tierra con ustedes. Está presente en forma de «nueva semilla». Hay un grupo de gente joven, cuyo número no revelaré, que es portadora de un cambio potencial cargado del ADN para la raza humana.

Previamente ya les canalicé la información de que en 1987 su planeta fue interrogado. En este momento se decidió que, ante la sorpresa y la satisfacción de muchos en el Universo, su planeta de libre elección contenía la calidad de frecuencia de energía como para permitir que continuara hacia la siguiente fase, que es precisamente la de la graduación. Hubo una gran celebración por este hecho y esa es la razón precisa por la que estoy aquí ahora, para facilitar los ajustes de rejilla que les permitan más iluminación. Parte de la ecuación es que no sólo se les permiten implantes para evitar el karma y pasar a la nueva perspectiva de energía, sino que también se les concede el don de una evolución en la biología.

Entre los años 1978 a 1982 hubo un grupo de humanos nacidos que fueron muy especiales, pues ahora son los portadores de un cambio potencial del ADN. Se proyectó que su edad correspondiera a la interrogación de 1987 y que si para entonces se descubría que su Tierra no estaba preparada, todos ellos serían terminados. Como saben, ese no fue el caso, de modo que permanecen ahora caminando entre ustedes. ¿Quiénes son? Los chamanes de la Tierra los reconocerán al instante, pues llevan consigo los atributos de su estatus, ya que son la «nueva raza».

Al decir que son los portadores del potencial para su evolución, quiero decir lo siguiente: por sí solos no pueden hacer nada por el planeta. Tienen que procrear. Es en este proceso donde se liberará el catalizador de su potencial. La descendencia de la unión con humanos normales traerá consigo un cambio sutil pero observable en su ADN. Si procrearan entre sí, no tendrá lugar nada insólito, ya que el potencial sólo se realizará con humanos normales.

He aquí las advertencias relativas a ellos: hablo de estas advertencias puesto que hay quienes lean esto ahora que tienen control sobre estas cosas y vibran en armonía total con lo que estoy exponiéndoles.

1. ¡Oculten cuidadosamente a estos individuos! Corren peligro a manos de aquellos que creen que constituyen una amenaza para la religión doctrinal de la Tierra. Quienes creen tener la «verdad», con exclusión total de todos los demás humanos, son precisamente aquellos que, irónicamente, se proponen destruir el verdadero destino del planeta.

2. ¡Procuren que estos individuos no se mantengan solteros! Es en la procreación donde se realizará todo el propósito del Espíritu. Será tentador hacerlos participar en la religión protectora

de la Tierra, y ocultarlos con la exclusión de su verdadero propósito.

3. No los adoren. Eso no sólo sería inapropiado, sino que llamaría la atención hacia quiénes son en realidad, y los situaría en verdadero peligro.

Lo que el Kryon desea realmente que sepan: Le he pedido a mi socio que de por concluido este segundo libro con mi mensaje recurrente de amor hacia ustedes.

¿Se encuentran alguna vez anhelando que ese padre o madre amoroso les sostengan en sus brazos y les miren con un amor incondicional? Quizá se sientan cansados de su vida aquí, cansados de caminar y dejar atrás sus lecciones kármicas. ¿Anhelan el amor y la sensación de algo que apenas recuerdan? Queridos míos, su ineptitud es el resultado de la separación de Dios. En este caso, Dios es su sí mismo superior. Quizá parezca demasiado simplificado que toda su desesperación o los problemas que encuentran en la Tierra pueda estar a los pies de algo tan básico. Créanme cuando les digo que es así.

Hay una capa tan delgada como el papel que les separa del amor del Espíritu. Está presente ante ustedes en todos estos escritos, dispuestos para su examen, para su intelecto lógico y para sus sentidos intuitivos. En conjunto, está ahí, rezumante de potencial, e incluso de algún humor cósmico, pues les sonríe ante la simplicidad de su propio proceso y la dificultad del de ustedes. Como si se tratara de la puerta de acceso a una fortaleza, en la que hay muchas capas, con señales de advertencia, es un chiste fantasma, pues ese es el camino hacia su iluminación y permanece abierto en todo momento.

Los brazos del Espíritu son enormes. Son todo aquello que ustedes recuerdan y anhelan. Mientras estoy sentado figurativamente ante ustedes, a sus pies, en canalización, veo su potencial, y mi corazón del Espíritu les grita que encuentren la verdad de su propio proceso para esta nueva energía que ajusto para que sus contenidos chispeen de alegría, de paz, de curación física y con la esperanza misma del Universo. Aquellos de ustedes que le den la espalda a esto son tan queridos como aquellos otros que la acepten, pero hay mucha más alegría de Espíritu en celebración con aquellos que elijan mirar frente a frente algo tan difícil, para encontrarse de repente con un rostro familiar que les devuelve la mirada, el único que han conocido siempre, un rostro familiar recordado que sonríe con felicitaciones por un trabajo bien hecho. Luego, los brazos del Espíritu están abiertos para apoyarles en la plena iluminación para el resto de los días que les queden estar en el período de aprendizaje.

¿Por qué iban a elegir permanecer sin este gran don?

Les amo de hecho muy tiernamente, ¡como el propio Espíritu!

Kryon

Sólo es una cuestión de tiempo para que estas enseñanzas lleguen a ser muy reales para ustedes, y existan para su ciencia. A diferencia de los cientos de años que tardaron en descubrir las ondas invisibles de la época del peregrino, descubrirán algunas de las verdades invisibles del Kryon en el término de pocas décadas a partir de ahora, en lugar de tener que esperar siglos.

15. Notas del escritor

Del escritor

Bueno, me he dedicado a mí mismo un capítulo propio. No es que tenga que decir nada tan importante, pero esta información también tiene que ver con preguntas y respuestas relativas a la historia de Kryon.

La realidad

El gran chiste cósmico respecto de mi vida es que soy difícil de «contactar». Me pasé una gran parte de mi vida burlándome de gentes que hacían exactamente lo que yo estoy haciendo ahora. Además, siempre he sido uno de los que no creen en nada, a menos que sienta que por detrás hay realmente datos contrastables..., y aquí me encuentro ahora, canalizando.

Quizá se pregunta, como han hecho otros: «¿Qué se necesita para que una persona como yo llegue a un punto como este? ¿Canalizar a una entidad extraterrestre procedente del más allá?». Algunos tienen la sensación de que «lo he perdido» y me encuentro en alguna especie de nebulosa de la realidad. Casi puedo oírles decir: «Con los pies plantados firmemente en el aire, se ha aplastado el clavo sobre el dedo gordo».

El humor cósmico que hay en todo esto es que el Espíritu eligió a alguien que no sólo era increíblemente escéptico, sino que continúa siéndolo. Como ya he escrito antes, fui arrastrado, a pesar de mis protestas y pataletas, a ver a dos psíquicos distintos, con tres años de diferencia, a los que se les hizo deletrear el nombre de Kryon en una sesión, y me dijo que deseaba «contactar» conmigo. Sólo cuando finalmente me rendí a la lógica, empecé a canalizar la información.

¿Sólo cuando me rendí a la lógica?

Esa es precisamente la cuestión. El Espíritu (Dios) me ha demostrado una y otra vez que debemos utilizar nuestros cerebros lógicos, así como nuestra intuición. Una y otra vez, a lo largo de este libro, Kryon nos ha dicho que nuestra realidad cambia a medida que descubrimos nuevas facetas e ideas, y que lo que hoy es magia, mañana será corriente. Ahora lo creo así, y finalmente me doy cuenta de lo que significa este mensaje. Significa que es ilógico basar nuestra creencia (o nuestra incredulidad) acerca de cualquier tema, en una realidad estática. ¿Desea saber cuál será el siguiente paso evolutivo en el pensamiento del hombre? La tolerancia en la toma de decisiones personales, el sopesar la diferencia entre lo que se ve (y por tanto entre lo que se percibe como real) y la certidumbre lógica del descubrimiento futuro y del cambio informativo.

Kryon ha dicho repetidas veces (y parafraseo): Científicos, ¿qué haréis cuando los «pequeños hombres verdes» aterricen en el prado de la Casa Blanca y se quejen diciendo que sus líderes fueron unos estúpidos al no hablarles de su existencia? ¿Dejaréis de hacer rodar los ojos cuando la gente hable de platillos volantes? ¿Cambiaréis vuestras ideas sobre la realidad? ¿O la negaréis a la vista del hecho? Cuando descubráis que la velocidad de la luz no es más que una barrera percibida, y que la materia y el tiempo se hallan tan fuertemente relacionadas que ignoran la barrera por regla general, ¿recordaréis lo que habéis leído aquí? La advertencia: reservad vuestra lógica para la certidumbre del cambio, y la posibilidad de que estas realidades alternativas abran vuestra mente a un pensamiento expandido. Sería ilógico por vuestra parte hacer otra cosa. Si no lo hacéis, no habréis cambiado vuestro pensamiento en 400 años, y sólo tendréis más luces parpadeantes sobre vuestras herramientas.

Kryon ha dicho repetidas veces (y parafraseo de nuevo): Líderes religiosos: ¿estáis realmente interesados por Dios, o sólo por lo que habéis enseñado que es Dios? ¿Podéis estar abiertos para un cambio de los hechos? Cuando los rollos sean finalmente examinados y comprendidos por eruditos sin sesgos, ¿aceptaréis el hecho de que teníais una mala información, o diréis que eso es obra del diablo y continuaréis como hasta entonces? La advertencia: dejad que el Espíritu Santo (el Espíritu) os ofrezca la verdad. Alejaos de lo que creísteis saber, y dejad que Dios os ofrezca más comprensión y nuevas realidades sobre los mecanismos del Espíritu. ¿Tenéis miedo de perder la cara, o sólo de perder a los miembros de la Iglesia? ¡El amor permanece!

Yo no estaría escribiendo libros sobre estas cosas a menos que la experiencia fuera muy real. ¿Cómo puedo decirles lo que veo y oigo, excepto mediante las páginas de un libro como este? Soy pragmático. Lo que no pueden hacer es seguirme durante todo el día para observar mi diálogo con el Espíritu. Todo lo que he canalizado, afirmo que es la verdad en mi vida cotidiana. Si el Espíritu dice que deberíamos tener paz y tolerancia por encima de las espinas de la experiencia cotidiana, que nos vuelven locos, entonces espero que se produzca esa clase de cambio en mi vida (¿no les parece eso lógico?) Si el Espíritu canalizó que yo puedo cocrear mi propia realidad, entonces espero eso también. Si el Espíritu dice que puedo dejar de envejecer tan rápidamente, ¡así lo espero!

Personalmente, el resultado es que tengo que vivir absolutamente en concordancia con la integridad de la información canalizada. Eso es algo que nunca deja de extrañarme. Yo le dije al Espíritu, ya al principio: «Si vas a hacerme pasar por esto, es mejor que sea real. No estoy dispuesto a convertirme en un payaso por una entidad falsa, o a alienarme de mis antiguos amigos de la iglesia y de mi familia, a menos que vea la verdad ejemplificada a mi alrededor, tanto en mi vida personal como en los lectores de Kryon (como usted) y en los miembros del grupo de luz».

Si han prestado atención a lo largo del libro, ya debe de saber algo sobre los resultados de los lectores: cartas recibidas de todas partes en las que se afirma tener poder para cambiar la vida, muchas curaciones, y una gran cantidad de autoconsciencia. El Espíritu está sonriendo ahora, y me dice: «¿Es eso prueba suficiente? ¿Satisface eso a tu lógica?». El Espíritu me eligió porque sabía que mis atributos eran difíciles. Deseaba que la persona escéptica que leyera esto pudiera relacionarse un poco conmigo, y quizá hasta cambiar un poco debido a ello.

Por lo que se refiere a mi vida personal, tomé el implante (claro está) y eso cambió inmediatamente mi vida. Mis reacciones ante los demás, mi karma anterior y aquellas cosas que solían volverme loco, todo eso cambió. Todo el mundo se dio cuenta de ello, incluso los compañeros en el trabajo. No obstante, yo no me sentía satisfecho; deseaba más. Ofrecí intencionalidad para permitir que el Espíritu me llevara hasta el límite de mi contrato, y fue entonces cuando las cosas dieron realmente un vuelco tremendo (no lo haga a menos que lo desee de verdad).

Este libro se titula *No piense como un humano* no sólo porque una de las sesiones de canalización en directo trataba de eso, sino sobre todo porque esa canalización iba dirigida a mí. Es mi defecto principal, y necesitaba quedar al descubierto. Ese mismo mes ofrecí intencionalidad, mi negocio, que llevaba en marcha desde hacía 23 años, se vio sacudido hasta los cimientos por acontecimientos que no estaban bajo mi control. El problema no parecía tener solución alguna, y el futuro de toda mi carrera *aparecía* bastante negro. Quienes me rodeaban me dijeron que no había solución. Yo era realmente ese individuo del que se habla en la canalización de Kryon, que se encuentra en la carretera, lanzado a toda velocidad hacia el abismo, sin la existencia de ningún puente (pág. 137). Mi biología me gritaba y me indicaba que me preocupara y que apretara los frenos, pero el amor del Espíritu se hallaba posado sobre mis hombros y me decía: «Tú no sabes lo que nosotros sabemos, confía en nosotros, sigue introduciendo carbón en la caldera; ¿puedes ir todavía más rápido?». El resultado fue que tuve que utilizar los mismos pasos cocreativos que nos ofreció Kryon en su canalización. Fue así como pude decirle a la gente qué podía esperar, cómo se sentía, y cómo funcionaba el Espíritu. La resolución fue verdaderamente milagrosa, casi como mover una montaña. ¡Y funcionó! Fue ese día cuando me di cuenta realmente de que la verdad del Espíritu había descendido para visitarme de una forma tan tangible como el «toca y siente». Ya nunca fui el mismo de antes.

A veces, la gente me pregunta: «¿Canaliza alguna vez para sí mismo?». La respuesta es que sí, pero no de la misma forma que canalizo para los demás. Aquí es donde recibí por primera vez las maravillosas palabras: «El Espíritu nunca te ofrecerá una serpiente cuando solicitas una manzana». Cuando me encontraba en el salón de mi casa, a la una y media de la madrugada, poco después de haberme dado cuenta de que mi contrato era el caos aparente que rodeaba a mi negocio (mediante la expresión de intencionalidad), recibí ese mensaje exacto. Fue entonces cuando sentí realmente el amor y la visión de poder de mi «pieza de Dios». Además, se me dijo una y otra vez: «No te abandonaremos». Aquella noche, me encontré en un sitio muy especial durante mucho tiempo.

Así pues, me encontré en el proceso de vivir lo que estaba canalizando. En el transcurso de ese proceso, tengo paz. Durante ese proceso, tengo *fe lógica*. El Espíritu me dice: «¿Cuántas veces tienes que ver este trabajo para que se convierta en tu realidad?». Aquí es cuando podemos tener *fe lógica*. Para mí, la palabra «fe» solía significar «confiar en lo invisible». Ahora, en cambio, significa «confiar en lo visible, porque he visto cómo funciona una y otra vez». El primer paso es probarlo; ese es el más difícil para mí.

¿Y me hablan de realidad? Esta es la cosa más real que he experimentado jamás.

Autoría

Deseo dejar bien claro a todo el mundo por qué mi fotografía no aparece en el Libro I, y tampoco en éste, y por qué mi nombre no aparece tampoco en la cubierta. Ya desde el principio me di cuenta de que la inclusión de mi fotografía induciría a la gente a mirarme a mí, en lugar de mirar a Kryon, y a asociar sus palabras con mi imagen, en lugar de con el Espíritu. Por otra parte, resulta muy decepcionante ver al final del libro una fotografía de alguien que no se parece nada a lo que se había esperado. (El hecho de que tenga dos narices y de que mi oreja se encuentre sobre mi frente, no influye para nada en mi decisión.)

La razón por la que mi nombre no aparece en la cubierta es similar. Yo no soy el autor, sino el escritor. El nombre del autor es el que aparece en la cubierta. Deberían saber lo que tuve que pasar con los distribuidores en relación con este tema. Por alguna razón, ellos sólo quieren encuadrar a humanos en sus listas de autores, algo muy extraño. Fue por esta razón por la que mi nombre tuvo que aparecer en la contraportada.

Para cuando se edite el Libro III, habré firmado tantos libros y asistido a tantos talleres, que mi rostro ya no será ningún misterio, de modo que quizá para entonces me decida a ponerlo. A menos que reciba cartas pidiéndome que no lo haga, lo que constituye una clara posibilidad, sobre todo cuando vean el aspecto que tengo.

Lee Carroll
EL ESCRITOR

Apéndice A

El «Templo del Rejuvenecimiento»

Del escritor

Dentro de las canalizaciones en directo del capítulo once de este libro, Kryon se refirió en dos ocasiones al Templo del Rejuvenecimiento, y nos llevó allí durante «viajes» (páginas 107 y 155). El arquitecto Mark Wonner, que estuvo presente durante muchas canalizaciones, ilustró el templo que aparece en la página 160. Esta es la serie de preguntas que le planteó a Kryon en relación con los aspectos específicos del templo, y las respuestas de Kryon.

Mark: *Saludos, grupo de Kryon. Las preguntas siguientes tienen* la intención de buscar claridad y dirección en cuanto al diseño del Templo del Rejuvenecimiento, en formas que puedan afectar a la ilustración a incluir en el segundo libro. Además de estas preguntas, se plantean otras que van más allá de la misión actual. Ahora deseamos continuar el diálogo acerca de este proyecto, de modo que pueda avanzar a lo largo de su camino destinado.

Kryon: ¡Saludos, querido mío! Su trabajo y el tiempo dedicado al Espíritu en esta empresa es realmente honrado. No es ninguna casualidad que se sienta tan fuertemente identificado con esta estructura. ¿No lo recuerda todavía? Buena parte de una antigua infancia se la pasó en compañía de su padre, que cuidaba de una estructura muy parecida a esta. Es muy familiar para usted. El karma que lleva consigo aparece en forma de insatisfacción, de la sensación de lo mismo, pues no alcanzó usted una edad apropiada en la que pudiera participar verdaderamente en la ceremonia, o ser el objetivo de su maravillosa ciencia. Parece que la Tierra tenía una agenda propia que impidió la continuación de usted. Muchos de los que le rodeaban fueron terminados también en esta época, y ellos también experimentan ese «temor seminal» de acercarse a algo que recuerdan muy bien. Una vez más, le damos las gracias por sus esfuerzos, pues aunque le causará alguna ansiedad caminar en medio de su recuerdo, eso también tendrá el efecto de cancelar su temor, de exponerle realmente a lo que es. Su trabajo le aportará acción en su vida, y su intencionalidad será recompensada de muchas formas.

Como ya le ha dicho mi socio, no contestaré a sus preguntas, ya que eso dejaría al descubierto ciertos atributos del templo, que tienen que ser descubiertos a través de la experimentación y del trabajo iluminado. He aquí, sin embargo, las respuestas que puedo ofrecerle. Dentro de las más cortas hay una gran sabiduría.

La cámara interior

Mark: Empezando a partir del núcleo del templo y avanzando hacia el exterior, las comprensiones actuales sobre la cámara interior son las siguientes:

La cámara es una esfera dividida en dos hemisferios iguales por el plano horizontal. El suelo de la cámara está montado sobre el hemisferio inferior y sostenido por este. Dentro de la cámara hay dos mesas. Una mesa se halla situada en el suelo y está centrada sobre el eje vertical de la esfera de la cámara. Esta mesa recibe al objetivo humano. La mesa gira alrededor del eje vertical, bajo la dirección de uno que se encuentra ante la mesa de control. La mesa de control se halla situada en el piso de la cámara, y lejos del eje. La mesa de control está bajo la dirección de alguien a quien se ha denominado el sacerdote del día. El sacerdote del día se ve ayudado por varios otros que se reúnen alrededor de la mesa. Sobre la mesa de control hay dos pequeñas esferas, situadas cerca del borde. Estos objetos ayudan al sacerdote del día a ajustar el templo a las necesidades del objetivo humano. La mesa de control es un círculo. La mesa objetivo es atendida por uno de los ayudantes, que se ocupa de las necesidades de aquel que se reclina sobre ella.

1. *M.* ¿Puede clarificar cualquier posible incomprensión de la declaración anterior?
   K. La mesa giratoria «objetivo» del centro no está centrada en la sala. Su eje se encuentra aproximadamente a tres metros del eje de la sala.

2. *M.* ¿Gira la mesa de control?
   K. No.

3. *M.* ¿Está montada la mesa de control sobre una plataforma que pivota y que se encuentra elevada un paso sobre el suelo?
   K. La mesa de control está permanentemente fija y ligeramente elevada. Está construida de modo que el sacerdote del día se encuentre siempre frente al eje de la sala.

4. *M.* ¿Está la mesa objetivo montada sobre la plataforma que pivota y que está elevada un paso por encima del suelo?
   K. La mesa objetivo está sobre un soporte giratorio. Se halla naturalmente elevada por parte de un instrumento que no será revelado en este momento pero que, durante el transcurso de la ceremonia, levantará esta mesa hasta un punto medio situado entre el suelo y el techo.

5. *M.* ¿Cuál es la distancia en metros o en pies desde el eje de la cámara a la mesa de control?

6. *M.* ¿Cuál es el diámetro interior de la esfera de la cámara de rejuvenecimiento?

7. *M.* ¿Cuál es el diámetro exterior de la esfera de la cámara?
   K. No es apropiado dar las dimensiones interiores o exteriores. Eso revelaría demasiadas cosas acerca del tamaño de la estructura magnética que contiene.

8. *M.* ¿Pivota todo el suelo de la cámara?

9. *M.* ¿Pivota algún diámetro del suelo?

K. ¡Sí! La imagen completa es la siguiente: todo el suelo de la cámara se encuentra sobre una plataforma giratoria. La mesa de control está fijada o montada hacia el perímetro exterior, siempre con el sacerdote frente al eje central de la sala. La mesa objetivo se encuentra sobre una plataforma giratoria separada, que gira independientemente, en direcciones y con velocidades diferentes con respecto al suelo general. Si se puede imaginar esto en movimiento, verá cómo la acción magnética en el centro directo de la sala podrá «tocar» o derramarse sobre cada una de las partes del complejo que mueve la mesa objetivo, apropiadamente con respecto a un foco de energía situado en un solo lugar.

10. *M.* ¿Pivota el hemisferio superior alrededor del eje vertical del suelo, o pivota la esfera superior a alguna distancia por encima del nivel del suelo?
K. El hemisferio superior es estático, y no se mueve. Su percepción es un recuerdo de algo más que hay dentro de la sala, que pivota y que está en lo alto.

11. *M.* ¿Se mueve el hemisferio inferior?
K. El hemisferio inferior es estático, y no se mueve.

12. *M.* ¿Hay acceso a la esfera inferior y, en tal caso, puede describir lo que contiene y por qué y cómo se accede a él?
K. El acceso a la esfera inferior y a la esfera superior se efectúa por ascensores situados en la zona del perímetro del «vestíbulo» exterior. No se trata de «áreas de servicio», como cabría esperar, sino de áreas de control y alineación visitadas a menudo. No se sorprenda si ve a técnicos en estas áreas, apropiadamente protegidos, durante el transcurso de la operación.

13. *M.* ¿Está el suelo de la cámara sostenido por un anillo estructural en el perímetro, dejando que los hemisferios superior e inferior se muevan alrededor de su plano fijo?
K. No.

La superestructura

Mark: Vemos la esfera de la cámara interior contenida y sostenida por un edificio de concha estructural, rodeado por un anillo de salas y por un pasillo que recorre su perímetro, al nivel del suelo de la cámara. Por el pasillo de circunvalación circulan personas relacionadas con las actividades del templo, que entran y salen de la cámara y de los espacios de servicio que la rodean y que conectan con las cinco patas del templo, que contienen los ascensores verticales de circulación, los suministros mecánicos, los espacios de regreso y el principal apoyo estructural para la superestructura del Templo del Rejuvenecimiento. Las patas tienen altura suficiente como para permitir que la aguja inferior se encuentre sobre la base del templo. Lo que se ha comprendido hasta ahora sobre esta superestructura es que, además de su servicio funcional para la cámara interior, el diseño de la forma exterior o piel de la superestructura queda a la discreción y sabiduría de los diseñadores.

1. *M.* ¿Afecta de algún modo la forma de la superestructura del templo a las características de rendimiento de la cámara, aparte de los materiales usados y del color del recubrimiento exterior?
   K. No. Es principalmente estético y ceremonial para el humano atendido como sagrado. Esto, sin embargo, es apropiado, puesto que añade honor al ritual, con lo que el proceso se mantiene igual durante un tiempo prolongado.

2. *M.* ¿Hay algunas formas o materiales que pudieran utilizarse en o como parte de la superestructura y que puedan aumentar las funciones de la cámara?
   K. El material principal utilizado en toda esta estructura es el cristal machacado. Este exótico material se utiliza casi exclusivamente para el propósito de proteger al humano. Tiene muchas formas dentro de los materiales del edificio, y se lo utiliza de modos extraños. El proceso que lo produce, hace que su color sea de un negro mate.

3. *M.* ¿Existe un diámetro exterior ideal del cuerpo principal de la superestructura que rodea la cámara?
   K. Sí.

Las agujas

Mark: Hay dos agujas. Una está montada hacia arriba, con su base circular en o por encima del hemisferio superior de la cámara. La otra está suspendida bajo la cámara inferior, con su base circular montada en el hemisferio inferior, con el vértice señalando hacia el centro de la Tierra. Ambas agujas tienen la forma de conos perfectos. Ambas son agujas cónicas y están alineadas con el eje vertical de la cámara interior. Ambas agujas tienen en ellas o sobre ellas al menos una espiral.

1. *M.* En el dibujo preliminar, el ángulo de las agujas se muestra como de 72 grados por encima del plano horizontal. ¿Está eso bien?
   K. Los 72 grados son exactos. ¿Cree acaso que lo imaginó?
2. *M.* ¿Necesitan las agujas tocar la esfera de la cámara o deberían quedar fijadas a la superestructura y ser sostenidas por esta?
   K. Están fijadas y son sostenidas.
3. *M.* Si están adheridas a la superestructura, ¿se alinean tangencialmente los bordes exteriores con la esfera de la cámara? Si no, describa su alineación.
   K. Sí, se alinean tangencialmente. Ha visto mucho de esto con bastante claridad, puesto que tiene un fuerte recuerdo de una ventana de una sala en la que se quedaba a menudo, y que se encontraba cerca de donde la aguja inferior se adhería a la cámara central.
4. *M.* En el dibujo preliminar, las agujas tienen espirales escalonadas similares a la rampa en espiral del minarete de la gran mezquita de al-Mutawakkil, en Samarra, Irak. Es posible, sin embargo, que la espiral necesite adoptar otra forma. No estoy seguro sobre esto en este momento. ¿Es una buena forma de diseñarlas? ¿Deberían ser aplicadas a la superficie de la aguja, quedar suspendidas y alejadas de la superficie, realzadas en relieve sobre la superficie, o quedar niveladas con la superficie?
   K. El dibujo inicial es más exacto de lo que usted mismo sabe. Se trata, de hecho, de una rampa continua, que tiene aproximadamente la misma escala mostrada en el dibujo, y también ha acertado en el número correcto de siete. Las agujas están hechas de una sola pieza.

5. *M.* Hay momentos en los que he visto que las agujas cambian su progresión geométrica, desde una espiral de gradiente constante hasta una que parece querer acelerar/desacelerar, similar a una espiral Fibunacci en serie. ¿Alguna cosa que decir al respecto?
   K. Consulte las preguntas 10 y 11.

6. *M.* ¿Puede informarnos ahora del propósito de las espirales?
   K. Son enteramente ceremoniales, no científicas. Son, simplemente, una vaina para los motores del templo, pero tienen un significado muy específico en su diseño, de modo muy similar a las pirámides en su antiguo continente desértico. Son los motores que hay dentro de las agujas los que realizan el trabajo técnico, y aquí es donde se encuentra la nueva/antigua ciencia.

7. *M.* ¿Hay más de una espiral por aguja?
   K. Una.

8. *M.* ¿Hay contraespirales, como en la cúpula de la capilla de Anet?
   K. No.

9. *M.* ¿Se muestran en el dibujo preliminar las espirales en la dirección correcta?
   K. Eso depende del hemisferio de la Tierra en el que esté construyendo. En una dirección por encima del ecuador, y en otra por debajo. ¿Recuerda la canalización sobre los giros? (Kryon disfruta haciéndole buscar respuestas.) Las espirales, sin embargo, están hechas idénticamente para la zona de la Tierra, y son absolutamente idénticas e intercambiables dentro de la misma estructura.

10. *M.* He visto en el ojo de mi mente que la espiral adopta la forma de una serpiente enroscada alrededor de la aguja superior cónica. ¿Es este símbolo antiguo y auspiciador, tal como se ve en el templo, el que se muestra en el dibujo, o es esta imagen para mi propia «diversión», por así decirlo? Ruego que se me ofrezca una comprensión lo más amplia posible.

11. *M.* En alguna ocasión, he visto la aguja superior alterada respecto de su forma pura. A veces, el vértice parece ser una «pie-

dra plana» dorada, incrustada a veces con cristales. Otras veces veo que el vértice aparece truncado en un ángulo, o plano, con una gran llama o rayo vertical de luz blanca. ¿Alguna cosa que decir al respecto?
K. Su sí mismo superior se está divirtiendo. Ya ha «visto» los cristales con la exótica superficie lisa, y también ha echado un vistazo a la verdadera majestuosidad de la ciencia que encierra, y a lo sagrado de los resultados. Era corriente representar este templo en los dibujos como teniendo un haz de luz que conectaba su aguja superior con los cielos. Esto simbolizaba la conexión con el poder espiritual superior, y usted lo ha recordado. En cuanto a la serpiente, es el símbolo del temor, como advertencia de que si se acerca demasiado a ella, ¡le volverá a morder! Su temor seminal vuelve a levantar la cabeza.

12. *M.* ¿Están huecas las agujas? Si no, le ruego que nos describa qué hay en ellas y para qué propósito.
K. Sí, véase la pregunta 6.

La base

Mark: He visto el «Templo del Rejuvenecimiento» elevarse sobre un suelo aterrazado de tierra y una estructura piramidal de ladrillo que tiene dos o tres pisos de altura y que es muy ancha, con rampas de acceso, jardines, estanques, cascadas y otros adornos similares. Contenidas en la base hay instalaciones de servicio para el templo, como salas de montaje, salas de descanso, servicio de comidas, salas de meditación, plantas mecánicas, talleres de mantenimiento, oficinas, etcétera. Incorporados a la estructura de la base se encuentran los cimientos de las patas del templo y los puntos de acceso a los ascensores situados dentro de las patas.

1. *M.* ¿Hay en este imagen algo que pueda entrar en conflicto con el propósito del templo?
K. Todo lo afirmado es correcto, excepto que cerca de la instalación no hay diversión ni se ofrece comida de ninguna clase. Todo es sagrado y práctico. Se pone en todas partes el énfasis en la belleza, y se honra a la naturaleza.

2. *M.* La forma de la base en plano, elevación o sección, ¿es importante para la función del templo? En tal caso, ruego que se nos ofrezca toda la información posible al respecto.
   K. La forma de la base es importante para su función y uso como soporte. Como ya sabe, tiene que sostener la estructura, elevar la aguja de abajo con respecto al suelo, y también permitir los ascensores mecanizados que utilizan los humanos para entrar y salir, tal como se ha descrito en la canalización anterior. Los ángulos y la forma que aparecen en su dibujo son generalmente correctos. Otras proporciones de aspecto también funcionarán, y muchos de estos templos diferían en cuanto al diseño de su base, puesto que eso no era crítico para el mecanismo que contenían. Los factores principales que intervienen aquí son la funcionalidad del apoyo y del uso, y nada más. Se organizaron concursos entre quienes construían estos templos para encontrar el diseño más hermoso, de modo que hubo variaciones.

3. *M.* Puesto que el ritual y la ceremonia son integrales para la experiencia en el «Templo del Rejuvenecimiento», ¿puede informarnos ahora de cómo era la aproximación al templo vista desde arriba? ¿Puede explicarnos ahora la experiencia ceremonial?
   K. No se ofrecerán más explicaciones acerca de la ceremonia (*véase la información ofrecida en las páginas 107 y 155*), sólo que desde su punto de vista es importante saber que la ceremonia se inicia y termina en la base de las patas. Tal como se ha canalizado previamente, hay entradas diferentes para participantes diferentes. La pata más importante es la que conduce a la salida del objetivo humano. Esto es visto casi como un «renacimiento». La ropa llevada por el objetivo humano es sagrada y no se quita hasta tres días después de terminada la ceremonia. Durante este tiempo, tiene lugar una gran celebración con la familia y los amigos. En consecuencia, puede esperar que se utilicen simbólicamente, para cada pata, diferentes metales y esculturas que representen el uso al que están destinadas. Además, en la base de cada pata hay instalaciones para celebrar la ceremonia para los participantes, tanto antes como después del rejuvenecimiento. En todas estas ceremonias se

utilizaron la luz, el sonido y el color. Hubo mucha emoción que era apropiada.

4. *M.* Veo que en lo alto de la estructura de base, por debajo de la superestructura, y dentro de la circunferencia de las patas, hay una especie de patio hundido abierto al cielo y al templo. El estanque es muy profundo y parece estar iluminado, y en ocasiones se convierte en un remolino. Cuando el estanque está en calma, el vértice de la aguja inferior casi toca la superficie del agua. ¿Alguna cosa que decir al respecto?
K. Sí, Mark, el estanque estaba allí. El agua es iluminada artificialmente para incrementar el efecto de lo que hace el motor de la aguja inferior cuando se lo utiliza, pues dentro del proceso el magnetismo es muy fuerte. La energía, aunque bien protegida, sigue siendo potente en las puntas de los vértices de ambas agujas. La aguja superior se disipa en el vértice hacia la atmósfera, aunque se produce un efecto observable en el aire durante la ceremonia, un efecto que se puede ver y oler justo por encima y por debajo de las agujas. El estanque de la aguja de abajo tiene el propósito de absorber y disipar los efectos del vértice del motor. El vértice tiene el efecto secundario de elevar y hacer girar ligeramente el agua, así como el de crear una hermosa neblina. Una vez más, se utiliza luz aquí, de una manera magníficamente hermosa. A los humanos no se les permite acercarse a menos de diez metros del vértice.

Mark: Es un supremo honor y un placer haber tenido la oportunidad de participar en el proceso de planificación. Estoy a su servicio y está usted en mi corazón, como ya sabe.

Kryon

Apéndice B

Análisis de las parábolas

Del escritor

Las diversas parábolas ofrecidas por Kryon han sido para mí una maravillosa fuente de estudio. En este libro hay cuatro, y mi favorita es la que sigue.

La definición de parábola es la de una historia sencilla contada para ilustrar una lección o moraleja. En el caso de las parábolas de Kryon, la historia en sencilla, pero sucede a menudo que todo el significado espera un mayor descubrimiento y examen. Puesto que estamos en comunicación con el Espíritu durante la emisión de la parábola, nos incumbe a nosotros extraer todo lo que podamos del mensaje que se nos ofrece. En este caso, yo soy el que tiene que traducirla, por lo que surgen comprensiones frescas cuando soy capaz de volver a conectar con el canal y dar mis interpretaciones.

Parábola del aula de la lección

Supongo que todos ustedes han comprendido que la introducción del personaje *Quién* por parte de Kryon es un intento por crear a una persona sin género. *Quién*, ¿es hombre o mujer? Es la forma que encuentra el Espíritu, que no desea crear un género que matice o interfiera en su plena comprensión de la parábola, o incluso en su capacidad para situarse en el lugar de *Quién*.

Nuestro lenguaje, como la mayoría, exige la aplicación del género para hablar normalmente, como en «él hizo tal cosa» o «ella acudió allí». Kryon pasa a contarnos que, en esta parábola, el «él» será utilizado con el único propósito de facilitar la comunicación lingüística. Esto constituye una clave importante para comprender el hecho de que cuando no estamos en la Tierra, no tenemos género, ya que de otro modo esta distinción no sería tan importante. Planteo ésto para aquellos que tengan la fuerte sensación de que quizá «estén casados como hombres y mujeres en el cielo». Creo que el matrimonio es muy diferente al de la evidente asociación que se produce en la Tierra.

En la parábola, la casa de *Quién* es evidentemente su vida, o su «expresión» sobre la Tierra (como Kryon llama a un período de vida). La analogía de las diversas habitaciones es una referencia a las ventanas de oportunidad que todos tenemos, que se hallan incluidas en nuestro contrato, en nuestro karma y, en consecuencia, en nuestro potencial.

Es evidente que *Quién* no se sentía directamente preocupado por vivir en una cultura en la que se producían guerras y muertes por inanición. Eso se relaciona con la mayoría de los que leemos este libro, pues esta obra ha sido principalmente canalizada para aquellos que viven en el primer mundo, como el propio Kryon nos ha dicho. En consecuencia, *Quién* es uno de nosotros. (Recuerden que Kryon no ha dicho que hay otros ocho canalizando esta información en diversas partes del mundo, y que ofrecen mensajes a las otras culturas.) Esto es la invitación del Espíritu para situarnos en el lugar que *Quién* ocupa en la historia. Si la parábola hubiera hablado de un individuo agobiado por el hambre, y de una economía de guerra, por ejemplo, no nos relacionaríamos con ella en absoluto.

La parte en la que se dice que *Quién* aprende aquello que le hace sentirse feliz, triste y colérico, y luego cuelga cosas en las paredes que le hagan sentirse de ese modo, constituye una información muy significativa sobre los humanos.

Esto se refiere a aquellas partes de nosotros mismos que profundizan en el pasado y vuelven a recordar los acontecimientos para sentirse de una manera determinada. Habitualmente, no es un comportamiento iluminado apropiado, puesto que hace surgir viejos recuerdos, de modo que podamos «sentir» cólera, odio, venganza y victimización. A veces sólo es un buen y viejo deseo el encontrarnos en un lugar que nos hizo sentirnos felices, como cuando estábamos creciendo, por ejemplo.

El hecho de que Kryon dijera que *Quién* «colocaba cosas en la pared» para este propósito, también es significativo. Cuando se entra en mi casa, las cosas colgadas en la pared están ahí para que las vea todo el mundo. Son mis fotos familiares y obras de arte. Lo que eso significa es que he colocado cosas en la pared para darles énfasis, incluso ante los extraños que puedan entrar en mi casa, porque siento que esas cosas son especiales. En consecuencia, Kryon presenta a *Quién* como alguien que cuelga sus sentimientos para que todo el mundo los vea y reaccione ante su «pared» del período de aprendizaje. ¿Han visitado alguna vez a alguien, sólo para escuchar una triste historia acerca de cómo fueron maltratados, o lo mal que les van las cosas? ¿Les suena esto por tanto como algo familiar en la parábola? *Quién* desea hacer participar a los demás en su propio proceso, puesto que eso hace que se sienta mejor. *Quién* todavía no sabe nada acerca de responsabilidad. Aun así, más tarde sabemos que nunca se establece un juicio sobre eso, sin que importe en qué departamento de iluminación se encuentre *Quién*.

En la página 77, vemos que *Quién* tiene temores, y que su peor temor se refiere al control. Parece ser que, en su vida, teme aquellas situaciones en las que alguien pueda cambiar su habitación (su vida). Su reacción ante la mayoría de estos temores consiste en mantenerse el mismo. Por lo tanto, su verdadero temor es el cambio, y anhela alcanzar estabilidad, o una conciencia estática. También temía el pasado, pero no sabía por qué (esto es una referencia evidente al temor seminal del que habla Kryon cuando uno se acerca demasiado a la verdadera iluminación).

Se vuelve hacia los otros humanos para aprender sobre Dios, y utiliza lo que aprende para *protegerse* del cambio. Eso es un fuerte ejemplo de qué es lo que enseña actualmente la religión. Tenemos a Dios jugando el papel de protector responsable ante el diablo, y a los miembros de la Iglesia se les anima a seguir la protección del pastor, a través del valle de las sombras de la muerte. Eso difícilmente capacita el pensamiento espiritual de los individuos, del mismo modo que tampoco promueve el concepto de aceptación de la responsabilidad por aquello que le suceda a uno.

La parte maravillosa de la historia es que aun cuando *Quién* «acepta» la clase normal y media de doctrina religiosa, ¡obtiene resultados con sus oraciones! Consigue la protección que solicita, y es efectivamente protegido ante el cambio, y ante el movimiento perturbador que se produce en un rincón. Una vez más, Kryon nos ha dicho que los mecanismos del Espíritu son absolutos, y que la energía del amor obtiene resultados a través de la oración dicha con buena intención. ¿Recuerdan la frase «Lleva cuidado con lo que pidas, porque puedes conseguirlo»? ¡Pues resulta ser cierta! Esta parábola lo demuestra.

Más tarde sabemos que la casa de *Quién* es enorme, pero él prefiere quedarse en una sola habitación y muere allí. Esto, naturalmente, se refiere a todo nuestro potencial de contrato cuando llegamos a cualquier período de vida. Esto, dependiendo del mucho karma que se consiga disolver, dicta el descubrimiento de las habitaciones importantes. Aunque no se menciona en esta parábola, hay en el mundo muchos que, como *Quién*, disponen de muchas habitaciones, a pesar de lo cual no alcanzan el poder espiritual. Cada situación afronta la clase de karma por la que se tiene que pasar. En el caso de *Quién*, su temor era el del cambio, de modo que no se aventuró demasiado por el resto de su «casa».

Todos conseguimos diversas oportunidades para alcanzar capacitación y autodescubrimiento en cada período de vida, y *Quién* también obtuvo las suyas. Aunque tenía la impresión de haber obtenido respuestas satisfactorias, el Espíritu le honró con un «empujón» por parte de sus guías. Ese fue el movimiento irritante que observó en el rincón, junto con su visión de una puerta. Fueron los esfuerzos de sus guías por llevarlo hacia otra realidad, ofreciéndole así su merecida oportunidad para el cambio, y una oportunidad para afrontar su temor. Fue, una vez más, muy comprensivo por parte de Kryon el mostrar lo que la religión del momento le decía que hiciera al respecto: a *Quién* se le dijo que el movimiento era el diablo (suspiro). Esa es la respuesta más citada que se da ante cualquier cosa que sea contraria a la doctrina popular seleccionada. Los líderes religiosos también le pidieron dinero a *Quién*, y se le dijo que su recompensa por ello sería un buen futuro. Kryon nunca se había referido antes a esto, y tampoco lo ha hecho después, pero esto tiene que ver con el control que tienen los hombres sobre aquellos que se vuelven hacia ellos en busca de ayuda espiritual.

Así que, finalmente, *Quién* murió y sucedió entonces aquello que más temía. El movimiento del rincón se convirtió en una realidad, pero, de algún modo, él lo reconoció y no se sintió aterrado. Pasamos a ver a continuación las diversas habitaciones situadas más allá de la puerta, y compartimos el descubrimiento de *Quién*.

La visita a las habitaciones es como una exposición de su contrato y, a lo largo del camino, de su iluminación potencial, con riquezas, paz y esencia personal interior de poder individual, de su «pieza de Dios». Durante el trayecto, *Quién* reconoce a sus guías, demostrándonos así que nosotros también sabemos quiénes son en realidad nuestros guías, algo que se nos oculta mientras estamos aquí. Imagínense pasar por la vida en compañía de dos o tres amigos siempre dispuestos a ayudarnos, y que nos aman a cada paso que damos, y a los que, sin embargo, ignoramos. *Quién* lo hizo así, a pesar de lo cual ellos no establecieron ningún juicio sobre su comportamiento. Esa es la materia de la que está hecho el amor del Espíritu. Algunos de los nombres de las otras puertas fueron realmente asombrosos. A mí particularmente me gusta la de los niños no nacidos. Eso es una referencia directa al hecho de que otras entidades podrían haber venido a establecer interacción kármica si *Quién* hubiera permitido que eso sucediera, pero, en la parábola, *Quién* no tiene cónyuge. Este «tema de los niños potenciales» exige una planificación anterior. Piensen en ello.

Otro de los nombres situados en una puerta era el de «líder mundial», indicando esa parte del contrato potencial de *Quién* durante su período de vida que podía participar en política y convertirse en un líder. Eso es probablemente lo último que uno le asignaría al personaje de *Quién*, y sin embargo, aquí lo encontramos. Es probablemente un concepto tan remoto como el de un hombre de negocios pragmático que se convierte en un canal de la nueva era ya bien avanzados sus cuarenta años (oh, está bien). Piensen en lo que el Espíritu trata de decirnos aquí: no existen limitaciones para nuestra imaginación acerca de para qué nos ha llamado Dios. Si parte del contrato de *Quién* era el de ser un líder mundial, ¿qué creen ustedes que puede haber detrás de sus propias puertas? Pensar en este asunto debería producirles escalofríos.

Quién empezó a captar la imagen y a sentirse inseguro, al pensar que nos había engañado mucho. Los guías, sin embargo, se dirigen inmediatamente a él y le dicen: *«No le reproches nada a tu espíritu, pues eso es inapropiado y no sirve a tu magnificencia»*. Ese fue el paso superior de *Quién*. En ese momento, pasó de ser «un humano que pasa y que está en período de aprendizaje» a ser lo que siempre fue, una pieza de Dios, una entidad universal. Lo siguiente que vio fue su verdadero nombre en la puerta, y entonces lo recordó todo.

Lo más potente para mí queda contenido en los últimos párrafos de esta parábola, que repito aquí para lograr una referencia más fácil:

> *«Quién conocía la rutina, pues ahora lo recordaba todo, y ya no era Quién. Se despidió de sus guías y les dio las gracias por su fidelidad. Permaneció durante mucho tiempo mirándolos y amándolos. Luego, Él se volvió para caminar hacia la luz, al final del pasillo. Ya había estado antes aquí. Sabía lo que le esperaba en su breve recorrido de tres días por la cueva de la creación para retirar su propia esencia, para pasar luego al salón del honor y la celebración, donde le esperaban todos aquellos que le amaban tiernamente, incluidos aquellos a los que Él había amado y perdido mientras estuvo en la Tierra.*
>
> *»Sabía dónde había estado y hacia dónde se dirigía ahora. Quién se dirigía de regreso al hogar.»*

Naturalmente, hay información interesante aquí, pero no es muy diferente con respecto a la que ya se nos ha ofrecido a lo largo de los años. Está la luz al final del túnel, descrita por testimonios como una «experiencia cercana a la muerte», y un viaje de tres días a la cueva de la creación. Nunca supe que fueran tres días, ni lo que ocurría durante ese tiempo. ¿Se nos ofrecerá quizá más información sobre esto algo más adelante? Por lo que se refiere a esta última sección hay algo que me afecta de un modo completamente diferente: es una imagen hermosa. ¡Pero yo estuve realmente allí! Aunque no aparece en el capítulo 11, esto fue una transcripción de canalización en directo, en la que se representa una canalización dada ante un grupo de personas. Cuando Kryon ofrece viajes y parábolas, me lleva realmente allí. En el caso de sus «viajes», llego a sentir el viento y la temperatura, etcétera. Esa es la razón por la que el sabor de estas canalizaciones es ligeramente diferente. Kryon me permite a menudo describir lo que estoy «viendo», además de sus grupos de pensamiento, que se me ofrecen para su traducción. En ese proceso, sin embargo, yo me veo muy afectado, y a menudo lloro con la alegría de la plena comprensión de lo que se me está presentando mientras me encuentro sentado en mi silla. Comparativamente, no hay nada que se parezca a esto, excepto lo que podemos llegar a sentir en un sueño muy, muy real.

Estuve realmente allí, como estuvo *Quién*, a punto de regresar al hogar, bañado en el Espíritu, y sentí el tirón de amor de quienes ya se encontraban allí, y anhelé la compañía de mis amigos. Vi a mis brillantes y relucientes guías (aunque no vi sus rostros), y sentí su amor, y luego tomé la mano de Kryon, y regresé a mi silla en medio de la reunión celebrada en Del Mar.

Parábola del campesino (página 110)

A estas alturas ya se habrán dado cuenta de que las parábolas de Kryon están sobrecargadas de atributos de comprensión. En esta nueva historia nos encontramos con dos campesinos. El término «campesino» se utiliza aquí claramente para representar a un humano en matrimonio con la Tierra, que actúa en armonía con la naturaleza para conseguir el sustento vital. Aquellos de ustedes que hayan seguido las enseñanzas de Kryon se sentirán atraídos por esta fuerte relación del humano con la Tierra, tal como se ha canalizado en tantas ocasiones.

Además, estos campesinos son específicamente independientes, capaces de «cultivar los campos por su propia cuenta, sin ayuda de los demás». Así pues, tenemos preparado el escenario de dos humanos que caminan por la Tierra, dependen del planeta para su sustento, y son totalmente responsables de todo aquello que les rodea. ¿Les parece familiar este escenario? Somos nosotros mismos, en una fuerte metáfora. Así pues, los campesinos representan a aquellos de nosotros que caminan por la Tierra ahora mismo.

La siguiente parte del escenario se relaciona con aquellos de nosotros que viven en relativa seguridad en el primer mundo (tal como se ha descrito antes). Kryon lo expone al afirmar cómo los campesinos llevaban buenas vidas, y habitualmente obtenían buenas cosechas cada año. Eso indica la clase de vida que llevamos la mayoría de nosotros, que trabajamos duro y, en general, nos las arreglamos para salir adelante financieramente año tras año. Kryon también pasa a exponer que la parábola tiene lugar en una economía libre, en la que «una parte de su cosecha la utilizaron personalmente y otra parte fue vendida en el mercado para aportar sustento y abundancia». Estas palabras son muy importantes, pues sitúan la historia firmemente dentro de nuestra sociedad de economía libre.

La mayor exposición, sin embargo, la encontramos en la frase «Un día apareció un humano en cada uno de sus campos respectivos, afirmando traerles un mensaje de Dios. Los dos campesinos se mostraron interesados, y escucharon atentamente el mensaje». Esto constituye una clave extraña acerca de a quién se dirige Kryon al exponer los principios de la parábola. ¿Qué sucedería con la mayor parte de la gente si alguien se les apareciera para decirles que les llevaba un mensaje de Dios? La mayoría arrojarían al tipo de sus tierras y se reirían bastante (esa es la cultura en la que vivimos). Pero estos campesinos eran diferentes, porque «se mostraron interesados, y escucharon atentamente el mensaje». Observen que no se limitaron a mostrarse pasivamente interesados, sino que escucharon atentamente. La mayoría de quienes leen esto ya se habrán dado cuenta de adonde va a parar, y lo que quiere decir Kryon es que se dispone a ofrecernos una parábola sobre dos humanos que viven en la nueva era y que son iluminados. Sólo cabe esperar que eso incluya a la mayoría de ustedes, los que están leyendo estas palabras, pues la parte práctica que hay en mí me indica que esta es la clase de persona que compró este libro.

No es la primera vez que Kryon ha hablado directamente a aquellos que han descubierto sus sí mismos superiores, y esta es una parábola especialmente dedicada a ellos. Sospecho que está especialmente dedicada para usted.

La parábola pasa a describir cómo el mensajero les hace saber que se les avecina una recompensa, pero que para recogerla tienen que hacer algo diferente e ilógico. Se trata de algo que no han hecho antes, y que va en contra de todo aquello que se les ha enseñado que funciona en el ámbito de la agricultura (en otras palabras, no piense como un humano si desea recoger su recompensa).

Observen atentamente lo que se les dijo. La traducción básica es:

1) *Purgar la vieja cosecha*, es decir, desembarazarse de todas las formas pasadas de hacer las cosas.

2) *Debían dejarla en el campo por completo y ararlo de nuevo*, es decir, enterrar tan completamente las formas del pasado, que desaparecieran verdaderamente.

3) *Debían buscar las raíces para encontrar los parásitos o los hongos y desprenderse de cualquier impureza que encontraran*, es decir, no mantener ninguna atadura, incluidas las cosas de su vida que siempre han arrastrado consigo, pero que han sabido intuitivamente que eran incorrectas para ustedes.

4) *Volver a plantar inmediatamente nuevas semillas*, es decir, empezar a cultivar con la nueva energía y emplear desde ahora mismo las nuevas formas de hacer las cosas.

5) A continuación, el mensajero les hace saber que la Tierra que les rodea va a experimentar un cambio, lo que permitirá que esta nueva disposición les sea cómoda y les siga ofreciendo sustento. Este es, naturalmente, el mensaje de Kryon: que la rejilla de la Tierra está cambiando para permitir la nueva energía y el «paso de la antorcha», por así decirlo, a todos los humanos que están en este planeta por elección libre. Se nos dice que abracemos la nueva energía, que nos acostumbremos a ella, y que la Tierra cooperará y aceptará todo lo que suceda para apoyarnos.

A medida que transcurre la historia, un campesino tiene un gran problema con todo esto, puesto que su cosecha está casi preparada para ser recogida, y no cree realmente en todo lo que el mensajero le ha dicho. Kryon nos dice que los dos campesinos se mostraron vacilantes a la hora de destruir su cosecha casi madura, mostrando así que la decisión fue muy dura de tomar, incluso para aquel que finalmente hizo lo que se le había aconsejado. Eso significa que lo que se nos pide es realmente duro. A ninguno de nosotros nos resultará fácil desprendernos de las viejas formas de hacer las cosas y abrazar la nueva energía. A pesar de las enormes recompensas prometidas (como la ampliación de la vida) será duro, puesto que en realidad no podemos ver lo que nos espera en el futuro.

No obstante, en esta parábola me he preguntado cómo se podía ignorar a un mensajero enviado por Dios. Entonces me reí de mí mismo al recordar que en la escuela dominical me hice precisamente la misma pregunta al oír hablar por primera vez del faraón que endureció su corazón una y otra vez, cuando Moisés no hacía sino «demostrarle» que era un error por su parte no dejar marchar a los esclavos. ¿Era el faraón estúpido o qué? Ahora, Kryon nos muestra el mismo «rasgo duro» en todos nosotros. Resulta realmente difícil cambiar nuestras formas de hacer las cosas cuando estas nos son tan queridas, y cuando hemos dependido de ellas durante tanto tiempo.

En la parábola, uno de los campesinos sigue el consejo, y el otro no. Poco después, ambos se quedan conmocionados cuando la Tierra cambia (aparecen lluvias y vientos que nunca se habían producido en esa estación del año). A medida que continúa la historia resulta que los cambios experimentados por la Tierra son beneficiosos para la cosecha del campesino que ha seguido el consejo del mensajero, de modo que, realmente, la cosecha recién plantada crece hasta alcanzar proporciones insospechadas. La cosecha del otro campesino, en cambio, queda destruida (a pesar de que era saludable y estaba alta).

La advertencia que se nos ofrece aquí está bien clara: las formas antiguas de hacer las cosas ya no funcionan. Los cambios experimentados por la Tierra van a hacer que las semillas caigan en terreno baldío, y que ya no puedan crecer allí. Hasta los métodos de la vieja energía más saludables y de mayor éxito van a ser inoperantes. Los métodos que tendrán éxito serán nuevos, a menudo diferentes, y representarán aguas todavía no surcadas. Se trata también de los mismos métodos que estarán llenos de amor, de abundancia y de resultados.

Esta parábola fue dirigida directamente a los iluminados, a los maestros y a los trabajadores. Fue ofrecida a mediados de 1993, y desde entonces han surgido extrañas convalidaciones de la misma, demostrando así que esta parábola no debía tomarse tan a la ligera. Tómense un momento para leerla de nuevo. Es corta, pero está llena de un mensaje maravilloso.

En cuanto al mensajero humano que aparece en la historia, ya pueden imaginarse quién es.

Parábola del pozo de alquitrán (página 123)

Vean este párrafo de esta parábola que contiene algunas de las respuestas más claras acerca del funcionamiento del implante neutral. En esta parábola, Kryon sitúa a los humanos en un pozo de alquitrán «cubiertos de alquitrán, envueltos en la suciedad desde la cabeza hasta los pies, incapaces de moverse con rapidez de un lado a otro, debido a lo espeso del alquitrán».

Se refiere a nosotros, sumidos en la vida normal de la vieja energía, encadenados por las viejas lecciones kármicas, caminando lo mejor que podemos, mientras lo llevamos todo con nosotros. A continuación, Kryon nos ofrece cinco palabras que forman parte de su humor cósmico. Dice: «Este es su estado imaginado». Esa es la forma que tiene Kryon para recordarnos a todos que la experiencia de la Tierra no es realidad, y que nuestra dualidad no es más que un fantasma. El verdadero Universo es lo que experimentamos cuando no estamos aquí.

En la parábola, «la herramienta "mágica" de Dios» es el implante. De repente, al recibir el implante, el alquitrán ya no se le pega a uno, y se puede caminar sin dificultades y limpio. Esta es una fuerte referencia a cómo le afecta el implante (tal como ha sido canalizado por Kryon desde 1992). Ya no se siente usted contenido por los contratos kármicos, y puede seguir adelante, sobre el planeta, hacia el establecimiento de un matrimonio con su sí mismo superior, para alcanzar un eventual estatus de ascensión (graduado). Kryon también menciona casualmente que hemos «cocreado» la herramienta mágica. ¡Eh, esperen un momento! Creía que la herramienta mágica era de Dios, podría decir usted. Una vez más, desea que recordemos que nos llama «piezas de Dios que caminan por la Tierra en período de aprendizaje». En otras palabras, nosotros somos Dios.

A continuación, nos hace caminar en este estado, sin que el alquitrán nos toque, indicando así que no sólo se ha disipado nuestro karma, sino también los lazos kármicos con aquellos que tuvieron la oportunidad de interactuar con los nuestros. Este es, naturalmente, el propósito de la parábola: mostrarnos cómo son nuestras propias decisiones las que crean cambios a una escala mucho mayor que la de nosotros mismos.

Pasa luego a describir lo que sucede con aquellos que nos rodean. Esto es realmente importante, y confío en que usted, como lector, no sólo pueda «captarlo», sino tener también la capacidad para explicarlo a otros, pues se trata de una pregunta constante planteada sobre el implante.

Si tomamos el implante, ¿perderemos a nuestros compañeros, hijos, trabajos, etcétera? ¿Seremos marginados? Escuche lo que dice la parábola: «¿Cree que quienes le rodean lo ignorarán? ¿Lo ignorarán mientras camina libremente, sin que el alquitrán les toque o dificulte el movimiento de sus pies?». Lo primero que surge aquí es que todo el mundo se dará cuenta de que usted es diferente, pero en lugar de marginarlo, existe el potencial opuesto. Los demás lo mirarán, se darán cuenta de cómo vive, y responderán ante eso. Algunos desearán lo mismo y le preguntarán qué le ha sucedido para efectuar ese cambio, y otros se alegrarán de que usted haya cambiado. Por lo que se refiere a compañeros e hijos, ellos serán los primeros en verlo, y los que se sentirán más extrañados de que eso haya tenido lugar, y de que usted se haya convertido de repente en una persona mucho más equilibrada.

Cuando una persona está equilibrada espiritual, física y mentalmente, sucede una cosa extraña: ¡todo el mundo quiere ser amiga de ella! Los demás reconocen que hay algo de especial en usted, y no se sienten amenazados de ninguna forma por usted. ¿Se da cuenta de lo mucho que esto puede intensificar un trabajo, un matrimonio, una amistad o un vacío generacional? (y, además, sin destruirlo). Los únicos a los que ofenderá serán aquellos que se enojen con el cambio que usted ha experimentado, y créanme, amigos, esos son precisamente aquellos a los que, de todos modos, no querrá tener a su alrededor.

Una vez que se ha dicho y hecho todo, y aunque fuera usted el único en tomar el implante, habrá docenas a su alrededor que se sentirán afectados por su elección. Esto forma parte del modo en que el Espíritu utiliza las elecciones individuales de los humanos para crear energía que beneficiará a muchos. Quizá pueda ver la dinámica de esto y comprender verdaderamente cómo el implante es mucho más importante de lo que parece.

Parábola de Angenon y Veréhoo (página 180*)*

Precisamente cuando ya creía que habíamos terminado con *Quién* (página 76), resulta que regresa. Pero esta vez es una mujer, y toda su historia se nos cuenta ahora desde la perspectiva de los guías.

Esta parábola contiene información importante relativa al funcionamiento de los guías. Recuerde que, en escritos anteriores, Kryon nos ha hablado del hecho de que todos venimos acompañados por lo menos de dos guías que están siempre con nosotros, y que algunos de nosotros tenemos incluso un tercero, y que, con el implante, existe el potencial de que se produzca un cambio completo de guías. Este cambio completo de guías constituye el período de depresión de 90 días del que se habla en el Libro I.

Ya desde el principio, Kryon nos habla de los dos guías que van a ser asignados a «Quién». No tengo ni la menor idea acerca del significado de los nombres de los guías, Angenon y Veréhoo. Quizá algunos de los que lean esto tengan alguna idea acerca de qué pueden indicar estos nombres y quisieran escribirme para comunicarme sus ideas al respecto. He puesto un acento en el nombre de Veréhoo puesto que se me dio como VER (que suena en inglés como «fur») A (que suena como «eh»), y HOO (qué suena como «who» en inglés, fonéticamente «ju», o «quién»).

Uno de los guías había sido humano, y el otro no. Esta información indicaría que los humanos no siempre regresan como humanos. ¿Se ha preguntado alguna vez si su «ángel guardián» era alguien a quien usted llegó a conocer? Esto demuestra que podría ser realmente de este modo. En cualquier caso, la información es que los guías son especialistas en servicio, dedicados a apoyarnos mientras nos encontramos en período de aprendizaje, y que en el grupo de guías hay quienes siempre fueron guías, y otros que fueron humanos, además de cualquier otra cosa que por el momento desconocemos.

La siguiente información que se nos ofrece es que los guías están ya con nosotros cuando se planifican los contratos. Kryon nos ha dicho desde el principio que somos Dios, que, mientras estamos en la conciencia de Dios (algo que los humanos no podemos comprender plenamente), planificamos nuestras propias encarnaciones y las oportunidades del período de aprendizaje que van con ellas. Y, a propósito, eso nos hace plenamente responsables por absolutamente todo lo que nos ocurra a lo largo del camino, puesto que el Espíritu nos ha permitido conocer, a través de innumerables canalizaciones, que «no hay accidentes», y que las «coincidencias» no existen.

Así pues, los guías acuden a la reunión de planificación para conocer al humano al que acompañarán, y allí planifican las oportunidades para la siguiente vida. Esta es una información maravillosa, y nos ayuda a comprender por qué son tan importantes los guías, ya que se encuentran a nuestro lado, para ayudarnos a poner en práctica los mismos planes que todos contribuimos a formar.

Aquí también oímos hablar de nuevo de la «cueva de la creación». «Quién *se encuentra ahora en la cámara de planificación, cerca del portal que conduce a la cueva de la creación*». Si siente curiosidad por saber qué es esta cueva de la creación (como yo la sentí), encontrará información al respecto en la página 69. Además, cuando Kryon utiliza el término «portal», puede encontrarse en cualquier parte del Universo. Esta palabra se refiere a la existencia de una puerta que da a alguna otra parte.

Kryon también desea que reconozcamos de nuevo la diferencia entre lo que está sucediendo en esta sesión de planificación, en relación con la predestinación. La predestinación es un concepto humano y no es una realidad con el Espíritu. Nuestras sesiones de planificación no son más que preparativos para el período de aprendizaje. En otras palabras, cuando usted se encuentra en la escuela, ante su pupitre, puede hacer cualquier cosa que desee con el examen que tiene delante: arrojarlo, formar con él un avión de papel y arrojarlo por la ventana, o dedicarse a hacerlo y entregarlo. Eso es algo que depende por completo de usted. En este caso, la prueba fue preparada por usted mismo cuando se encontraba en «la conciencia de Dios», pero no reconoce este hecho en absoluto. ¿Se da cuenta de lo mucho que esto difiere en relación con lo que entendemos por predestinación? «*Si tuvieran que enviar a la Tierra entidades como martillos, y las visitaran algunos años más tarde, no se sorprenderían al encontrarlas en compañía de los clavos.*» Esta es la forma que encuentra Kryon de presentarnos la lógica de la planificación para nuestras mentes humanas. En este escenario imaginario, establecimos las entidades-martillo, pero no les «hicimos» encontrar los clavos. Eso es algo que hicieron por elección libre, puesto que era lo lógico.

El siguiente fragmento de información asombrosa es que la sesión de planificación incluye a «*las almas superiores de quienes ya están en la Tierra, pasando por su período de aprendizaje*». ¡Observen esto! Es la primera indicación de Kryon en el sentido de que la planificación kármica implica a aquellos que ya viven y caminan entre nosotros. Así es como se facilita el «motor» del karma de grupo. En otras palabras, si el Espíritu siempre tuviera que esperar a que los humanos fallecieran antes de que se pudiera planificar la siguiente encarnación, el sistema sería muy ineficiente. Las entidades se encontrarían literalmente «a la espera» de que otros fallecieran antes de poder planificar cómo interactuar con ellas en la siguiente ocasión. Piensen en ello: usted interactúa kármicamente con padres e hijos; en consecuencia, hay grandes diferencias de edad. Eso, por lo tanto, explica cómo un niño podría llegar al mundo, morir apropiadamente para el período de aprendizaje de sus padres, y luego regresar de nuevo poco después y ser otro hijo de los mismos padres (si eso fuera lo apropiado). No digo esto para indicar que el Espíritu haya permitido que se produzca este escenario, sino para indicar cómo funciona la comunicación.

Cabría preguntar entonces, ¿cómo es posible que en la planificación intervengan los vivos? Kryon nos ha hablado, en muchas ocasiones, del «alma superior», o del «sí mismo superior» que hay en cada uno de nosotros. De hecho, la búsqueda del implante y la ascensión consiste en casarse con el propio sí mismo superior y permanecer en el planeta como un trabajador del poder. Evidentemente, este sí mismo superior forma parte de nosotros, y está en contacto con el Espíritu durante todo el tiempo, pero su energía no se halla por completo en nuestros cuerpos (véase una vez más la página 69). En consecuencia, sigue habiendo comunicación con el Espíritu acerca de las cosas kármicas (por lo menos). Esto también ayuda a explicar cómo las complejas interacciones del karma pueden continuar cambiando a medida que quienes nos rodean elaboran su propio karma y nosotros elaboramos el nuestro. En otras palabras, alteramos el plan del período de aprendizaje a medida que pasamos por cada prueba. Una parte de nosotros lleva la puntuación alcanzada.

La historia continúa y se nos dice que *Quién* se encarna el primero de septiembre en forma de una mujer. Quienes posean conocimientos de astrología comprenderán por qué Kryon dice las palabras «Va a tener que pasar por un período difícil con el control».

La historia nos dice que *Quién* fue una niña maltratada por muchos hombres que se supone deberían haber sido su grupo de apoyo familiar. Eso se nos dice para ayudarnos a comprender cómo se estableció el karma del abandono, y qué clase de tipo de personalidad puede resultar de ello. Recuerden que Kryon es un maestro de la psicología humana, puesto que el mismo sistema de rejilla en el que vivimos pertenece a sus dominios, y está asociado muy fuertemente con nuestra propia biología.

Evidentemente, *Quién* se convierte en una mujer que lo consigue todo, que no tiene problemas con el dinero, pero sí muchos problemas con los hombres (lo que no resulta nada extraño dados sus antecedentes). Le gusta ganar en los negocios, y disfruta compitiendo con los hombres (la verdadera traducción era que le gustaba derrotarlos en su propio juego). Tiene tres matrimonios o relaciones de alguna clase que fracasan, y lleva consigo una gran cantidad de cólera, que más tarde le produce una úlcera y otros problemas relacionados con el estrés.

¿Donde estaban Angenon y Veréhoo durante todo este tiempo? ¿De qué sirve todo ese material sobre el ángel guardián si no hacen nada para ayudar en este lío? Bien, estas cuestiones son de chiste, puesto que la realidad es que «*Angenon y Veréhoo observaban con amor, sabiendo apropiadamente que todo estaba siendo apropiadamente conjuntado para la siguiente fase*». Los 47 años transcurridos de la vida de esta mujer no fueron más que la preparación del escenario para una gran prueba que se le avecinaba en su vida. Piensen en ello, ¡en la paciencia de los guías!

Ahora tengo que detenerme aquí para reflexionar sobre mi propia experiencia y comentarles de nuevo que yo me encontraba en la mitad de la cuarentena cuando Kryon apareció. Si yo hubiera creído en la astrología, habría sabido algo acerca de lo que se avecinaba, pues en mi carta aparecía que algo muy especial sucedería alrededor de esta época (lo descubrí más tarde). Esta es la forma en que funciona la vieja energía de la Tierra. Debo decirles a los jóvenes que el tiempo es ahora esencial, y que el Espíritu no les mantendrá 40 años a la espera de que llegue su tiempo marcado (como hizo conmigo). La nueva energía es ahora muy diferente y promueve la intencionalidad inmediatamente. Incluso aquellos menores de 20 años que lean este libro, y que se relacionen con lo que se ha presentado aquí, sabrán intuitivamente que su contrato empezará a producir iluminación instantáneamente si hay intencionalidad. En nuestro tiempo se está produciendo una aceleración en un sentido universal, y el Espíritu trabaja con nosotros mucho más rápidamente y antes de lo que lo hacía antes. No se dejen «amilanar» por esta historia acerca de cómo *Quién* tuvo que esperar 47 años.

Volvamos ahora a la historia. La «persona programada» apareció en escena. Los guías la reconocieron al instante, y se sintieron excitados. Al seguir leyendo, nos enteramos de que esta persona programada que apareció en la vida de *Quién* formó en realidad parte del contrato de la sesión de planificación, ocurrida 47 años antes. ¡Piensen en la complejidad de todo esto! A su modo, *Quién* también reconoce a la mujer, porque se dice que *Quién* se mostró interesada por ella y por las cosas que tenía que decirle. Aquí se encontraba una mujer que era diferente: ¡el alquitrán no se pegaba a ella! (Será mejor que retroceda y lea el análisis de la parábola anterior si no comprende esto.) Observe cómo se entrelazan las parábolas con la misma información: aquí nos encontramos con una mujer iluminada, que aparece en la vida de *Quién*, y le hace cambiar. Lo único que tiene que hacer para eso es estar ahí.

Así pues, continúa diciéndose que *Quién* tuvo que conocer la paz y la alegría interna de esta otra mujer sin nombre, y también su tolerancia hacia los hombres. Recuerden que *Quién* se encontraba ahora en un estado de desequilibrio, y que estaba enferma. Ese era el estado necesario para que ella rindiera lo suficiente su propio ego como para preguntarle a otra mujer acerca de estas cosas intangibles. Observe también cómo la parábola usa a una mujer para que sea la mensajera para esta otra mujer. Aunque todos somos humanos, y se supone que nuestro género no representa ninguna diferencia para el Espíritu, lo cierto es que sí lo representa cuando se refiere al karma. Pues buena parte del karma que llevamos con nosotros es la energía generada alrededor del sexo opuesto (los temas relacionados con el padre y la madre, etcétera). La ciencia también ha descubierto últimamente que nuestros cerebros se encuentran biológicamente conectados de modo diferente, y ha reconocido finalmente que pensamos en realidad de modo diferente (no es ninguna broma). Me pregunto cuánto dinero habrán gastado para descubrir eso. Yo podría haberlo verificado gratuitamente... si me lo hubiesen preguntado.

La mujer compartió con *Quién* la verdad del Espíritu. Los guías ya estaban dispuestos y preparados para este acontecimiento. Aquí surgía por fin la prueba por la que tanto habían esperado. La parábola nos dice que *Quién* solicitó ayuda, encontrándose a solas en su habitación, y al verbalizar su intención, empezó el extraordinario proceso que siguió.

La historia continúa hablándonos de los cambios ocurridos en la vida de *Quién*, y del tercer guía que se unió a Angenon y a Veréhoo. Este guía pertenecía a un «grupo de guías maestros». Una vez más, Kryon habla de los guías maestros como seres diferentes a los normales. Para algunos, eso es lo mismo que recibir a una clase superior de ángel en sus vidas. Toda esta nomenclatura es apropiada, puesto que mi traducción de Kryon utiliza únicamente mis propias palabras. Creo que se podrían utilizar indistintamente las palabras «guías» o «ángeles» si así se deseara, y que en realidad no importa cómo se les llame, siempre y cuando se comprenda el increíble mecanismo del por qué están aquí, y el amor que sienten por nosotros.

Quién terminó por ser una humana iluminada, por perdonar a quienes le habían causado daño en el pasado, por reconocer de que era la responsable de todo, y por tener paz, por alcanzar finalmente una verdadera paz. En ese momento fue capaz de relacionarse con un hombre y conseguir que la relación funcionara, lo que constituía su verdadera prueba.

Fíjense en lo que sucedió a continuación: los héroes de esta historia, Angenon y Veréhoo, son sustituidos. ¿Qué clase de historia es esta en la que los chicos buenos se ven sustituidos a mitad de su desarrollo? Algo así no funcionaría nunca en las películas. ¿Cómo creen que se sintieron *Angenon* y *Veréhoo*? ¿Acaso no eran lo suficientemente buenos como para permanecer con *Quién* a partir de entonces? Al fin y al cabo, ellos habían soportado 47 años de cólera y frustración. ¿No se habían ganado acaso la oportunidad de quedarse a su lado y disfrutar de los resultados de la planificación que ellos mismos habían ayudado a crear?

Quién había tomado el implante y continuaba adelante, hacia un estatus que exigía la presencia de guías maestros, algo que Angenon y Veréhoo conocían, y que les produjo una gran alegría. Se marcharon con mucho amor y sin tristeza. Habían formado parte de la historia de la Tierra, y lo habían celebrado todo.

La mente del Espíritu es tal, que una entidad puede celebrar completamente la alegría de la otra. Una vez que capte verdaderamente esta gran imagen, también puede celebrar la buena fortuna de su vecino, y regocijarse por ello, aun cuando sienta que su propia vida no se desarrolla tan bien como la del vecino. Algunas personas nunca llegan a comprender cómo puede ser esto. Lo que Kryon nos pide que hagamos es «ponernos el manto del Espíritu». Eso significa llevar con nosotros la conexión con el sí mismo superior y pasar a tal equilibrio que nuestros primeros sentimientos hacia todos los humanos se basen en el amor, sin nada de ese otro equipaje que solíamos arrastrar con nosotros.

Honre a aquel que se encuentra a su lado, pues su proceso está relacionado con el de usted, aunque tenga la sensación de que es muy diferente.

Ofrecido con amor.

Leslie Carrol
EL ESCRITOR

Si tienen iluminación, y saben lo que está ocurriendo y desean formar parte del gran plan, no es nuestro deseo que sean aplastados por una gran roca, o que se vean ahogados por una inundación. Deseamos que se queden. Que se extiendan hasta conectar con sus guías esta misma noche, y tomar sus manos.

(Página 187, canalización directa «Su llamada del despertar».)

Apéndice C

Más sobre magnetismo

Del escritor

¿No se alegra de estar leyendo el Apéndice? Habitualmente, es material bastante seco, pero, en este caso, su Apéndice contiene alguna información valiosa y comprensión sobre la obra de Kryon. Este Apéndice no es ninguna excepción.

Tengo que terminar este libro en alguna parte, sabiendo muy bien que la más reciente información procedente de Kryon tiene que ser incluida en el Libro III. Incluso mientras escribo esto, cuando sólo me faltan pocas semanas para entregar el manuscrito a la imprenta, tengo la sensación de sentirme impulsado de nuevo a darles alguna información nueva y hacer una revisión de algunos de los peligros del magnetismo cotidiano.

En mayo de 1994, Kryon ofreció una importante canalización en directo ante un grupo en Del Mar. Del Mar se había convertido en la «sala hogar» de Kryon, pero este fue el último acontecimiento canalizado en directo para la zona, puesto que íbamos a viajar y llevar el trabajo de canalización en directo a la carretera. Eso permitiría a algunas de las otras ciudades el experimentar la energía de Kryon de primera mano, y también el acercar a algunas personas muy especiales a la influencia del poder curativo de Kryon, para que cumplieran sus contratos. (Esto puede parecer como material extraño, pero formó parte de mis instrucciones.) Aquí hay una agenda que yo sólo descubro a medida que sigo adelante, día tras día (suspiro).

Una de las cosas interesantes de este último grupo de luz en particular fue que no se grabó. La máquina digital que utilizamos para grabar todos los grupos de luz ¡se comió la cinta! Puesto que «no hay accidentes», supongo que Kryon quiso que la información fuera sólo para aquellos que asistieron a la reunión, en una noche que fue muy especial para aquellas 115 personas.

Durante la canalización, sin embargo, Kryon habló de una nueva información magnética que recapitularé ahora. El tema fue la exposición de células completas a los campos magnéticos. Kryon dijo que los campos magnéticos afectan directamente a células completas, pero que para estudiar el fenómeno, la ciencia debería exponer las células individuales a un campo «enfocado» (y no a un rayo), para buscar luego las secreciones que produjeran las células en respuesta al estímulo magnético. El desafío que le planteaba a los científicos consistía en descubrir esta correlación, de modo que todos pudieran saber lo que ocurría.

Antes de definir lo que Kryon quiso decir al referirse a «campos enfocados», permítanme hablarles también del «por qué» implicado en esta correlación. Difícil de demostrar, pero canalizada de todos modos, fue la información de Kryon de que parte del sistema ADN consiste en fibras magnéticas invisibles que proporcionan la información magnética a cada célula. Esta información magnética ayuda a las células a saber cuál es su propósito (la diferencia entre una célula del «oído» y una célula del «pie», por ejemplo), así como a estimular las «propiedades regenerativas» de cada célula (¿se ha preguntado alguna vez por qué el hígado se puede regenerar por completo, así como la piel, pero en cambio no le puede crecer una mano nueva?). Esta nueva información también ayuda a explicar por qué algunos están convencidos de que recibimos más hebras de ADN para completar nuestro «cuerpo sin edad» en las formas ascendidas. Aunque estas hebras son invisibles, o no biológicas, ya tenemos algunas en su lugar. Recuerden que nuestro título, *No piense como un humano*, nos indica que es una pobre suposición humana el pensar que todas las hebras del ADN son como las demás, y tienen que ser forzosamente biológicas.

Esta nueva información magnética del ADN es la nueva fuente de la ciencia para el Templo del Rejuvenecimiento, del que Kryon ha hablado con tanta frecuencia, y que ocupa otras partes de este libro y del Apéndice A. Evidentemente, Kryon nos invita a revisar la ciencia de alteración de esta cadena magnética de ADN a través del proceso del Templo del Rejuvenecimiento, creando así una vida muy prolongada mediante el equilibrio de nuestra biología, y dando sus instrucciones para regenerarse con mayor frecuencia, a través de las fibras magnéticas. Disponemos al menos del «lazo de conexión» relativo a la mecánica celular que nos proporciona el motor del Templo del Rejuvenecimiento y que nos permite vivir durante más tiempo (para más información sobre el templo, véanse las páginas 107, 153, 160, y el Apéndice A).

Kryon habla del hecho de que las células son abordadas directamente por las fibras magnéticas, y que el magnetismo implicado en este proceso actúa como un código para las células. Eso se conjunta muy bien con el ADN biológico, que también actúa como un código. De hecho, el ADN se parece mucho a un código de programación de computadora, completo con sus secuencias de parada y arranque a base de aminoácidos, que identifican el principio y el final de los conjuntos de instrucciones para las proteínas. ¡Todo un sistema!

Según Kryon, ciertos campos magnéticos pueden tener un efecto sobre las células individuales y, a diferencia de los efectos de la radiación (que causan daño o un crecimiento inusual), la ciencia debería estudiar las reacciones de las células como si recibieran instrucciones biológicas, puesto que llegan a segregar realmente elementos químicos, en respuesta directa a la estimulación magnética de los campos enfocados. El punto principal de esta canalización fue que nuestra biología no reacciona ante cualquier campo magnético, sino sólo ante los de una clase determinada. Si nuestras células se usan para reaccionar ante un magnetismo polarizado diseñado específicamente, que ofrece instrucciones, entonces tenderán a reaccionar ante otros campos diseñados simétricamente, como si estos fueran también instrucciones. Los campos de dispersión magnética, aunque fuertes, pueden no hacerles nada a las células.

La diferencia entre los campos de dispersión magnética y los enfocados no es tan difícil de explicar. Un campo magnético enfocado es cualquier campo magnético que haya sido diseñado. Eso es a lo que se refiere Kryon al hablar de «enfocado». He aquí unos pocos ejemplos: un imán sencillo es un campo diseñado. Tiene líneas simétricas de influencia y una fuerza conocida que es constante. En consecuencia, constituiría una herramienta muy útil para un estudio de laboratorio. Pero todavía es mejor un electroimán, puesto que posee todo aquello que tiene el imán, además de la capacidad de variar la intensidad del campo. Por lo tanto, un buen experimento sería colocar clases idénticas de células vivas por separado, en la influencia positiva y negativa de tal campo, con diversas intensidades, y buscar específicamente las células que segreguen algunos elementos químicos como respuesta directa al estímulo magnético. Si yo tuviera que hacer ese experimento, también colocaría algunas células a medio camino entre los polos positivo y negativo. Naturalmente, el control estaría representado por un grupo de células similares situadas en una zona en la que no hubiera magnetismo de ninguna clase.

Otros ejemplos de campos diseñados que no serían buenos para el laboratorio, pero que a pesar de todo están con nosotros de un modo cotidiano, son:

1) Las mantas eléctricas. Las mantas eléctricas no están diseñadas para crear campos magnéticos, pero crean de todos modos campos diseñados debido a la consistencia de su cableado enroscado por el que fluye la electricidad (recuerde de sus tiempos de estudiante que incluso un solo hilo por el que fluye la corriente puede producir un campo magnético de alguna clase).

2) Los motores eléctricos son otro ejemplo de campos diseñados. Los motores crean campos fuertes, aun cuando el propósito del motor es el de ser un motor eléctrico. El campo sólo es un producto secundario, pero es «diseñado», puesto que refleja el diseño del motor en cuestión. Un secador de pelo es un buen ejemplo de un fuerte campo creado por un motor en la vida cotidiana.

3) Los imanes estáticos para los altavoces estéreo constituyen también una fuente oculta. Sólo son imanes y, en consecuencia, son campos diseñados. Si desea saber lo engañosamente fuertes que son, sólo tiene que conseguir una brújula normal y barata y ver hasta dónde puede acercarse a los altavoces que tiene en casa

para que los imanes hagan mover la aguja. Quizá le sorprenda comprobar la distancia a la que puede encontrarse de los altavoces antes de que la aguja empiece a oscilar. Recuerde que si puede hacer oscilar la aguja de una brújula, también puede afectarle a usted.

4) Otra fuente diseñada y peligrosa es una caja de transformadores de barrio (es la caja verde que suele tener el tamaño de un buzón del servicio de Correos de Estados Unidos, que suele montarse sobre una plancha de cemento alrededor de algunos arbustos, y que produce un zumbido). A menudo existe una de esas cajas a cada pocas casas en todas las barriadas nuevas. Mientras estén situadas en la calle, no pasará nada, pero ocasionalmente las he visto colocar justo al lado de las casas. Es definitivamente pernicioso tenerlas cerca de las habitaciones en las que se vive.

5) Finalmente, su monitor de computadora puede producir campos magnéticos de una frecuencia extremadamente baja, si no está protegido con los más recientes protectores de pantalla. Este campo es simétrico, diseñado y puede afectar a su biología. Debo expresar mi agradecimiento personal a las numerosas revistas de consumidores de computadoras que han expuesto este peligro potencial, obligando así a los fabricantes a hacer algo al respecto, antes de que existieran pruebas acerca del problema. La percepción pública puede llegar a cambiar las cosas. Quizá hasta este libro pueda suponer una diferencia.

Los campos de dispersión magnética son campos no organizados y no diseñados. Un buen ejemplo de ello serían las líneas de alta tensión. En este caso, los campos generados no son simétricos, debido al hecho de que hay tantos campos más pequeños que interactúan entre sí, que algunos se cancelan mutuamente. La corriente que pasa por los hilos eléctricos cambia continuamente, lo que hace que también cambien de modo continuo la intensidad y la simetría de cualquier campo. Es realmente una «suerte» que las líneas de alta tensión estén alineadas magnéticamente para producir un campo enfocado, puesto que algunos escenarios quizá no se hubieran producido de una forma organizada. En otros casos, la situación puede ser «la correcta» al azar para crear un campo fuerte con simetría consistente, emulando así bastante bien lo que sería un campo diseñado. En este caso, se encontraría usted con un verdadero problema, puesto que la fuerza potencial del campo es muy alta. Así pues, deberíamos considerar siempre las líneas de alta tensión como si pudieran constituir un problema, aunque no todas lo son. Esta es la razón por la que resulta tan difícil efectuar un estudio científico de los efectos de una línea de alta tensión sobre la salud. Las líneas de alta tensión no constituyen, por sí mismas, el problema. Es la organización al azar del campo magnético lo que constituye el atributo importante. No es nada extraño, por lo tanto, que no se hayan descubierto pruebas concluyentes. Se pueden tener en una casa algunas líneas eléctricas potencialmente «asesinas», mientras que un poco más abajo, en la misma calle, otro poste de aspecto idéntico podría ser totalmente benigno. La verdadera forma de demostrarle al planeta que podría existir un peligro para la salud sería aportando pruebas de que los campos magnéticos controlados afectan a las células humanas, para luego demostrar que hay campos magnéticos alrededor de ciertas líneas de alta tensión, sobre una base individual, caso por caso. El resto no sería más que pura lógica.

Otro ejemplo de un campo no organizado serían los creados por la caja de fusibles eléctricos de su casa (habitualmente donde se encuentran situados los contadores). En muchas ocasiones, esta caja de fusibles es la responsable de que se produzcan campos de dispersión magnética, que habitualmente son al azar y no enfocados, de modo que con mucha frecuencia están demasiado desorganizados como para constituir un problema. No obstante, tienen el potencial para causar daño, lo mismo que las líneas de alta tensión.

Lo más sensato es tener en cuenta todos los campos, los diseñados y los no diseñados. Realmente, debería hacer todo lo posible para no vivir cotidianamente cerca de los campos diseñados conocidos. He aquí una revisión de ejemplos: no instale grandes altavoces estéreo cerca de la cama. Utilice la brújula para comprobar esto. No utilice una manta eléctrica, que es, con mucha diferencia, la más problemática. ¿Se imagina pasar ocho horas cada noche en un campo diseñado? Utilice un secador de pelo sólo cuando tenga verdadera necesidad de hacerlo, y no lo haga durante más tiempo del estrictamente necesario. Ese motor situado cerca de su cabeza es realmente potente. Use nuevamente una brújula para verificarlo. Quizá le sorprenda saber que el propio motor tiene un campo magnético estático que es bastante potente, incluso sin necesidad de enchufarlo, así que guarde el aparato en el cajón más alejado de la almohada de su cama. Sea consciente de que todos los motores eléctricos son fuertes creadores de campos magnéticos. No duerma con un ventilador cerca de su cabeza. Utilice la «regla de los tres metros» para estar seguro, como ya se indicó en el Libro I de Kryon.

También hay algunos sistemas de campos diseñados que puede adquirir actualmente y que se supone que se encuentran en consonancia con su biología y que ayudan realmente a sintonizar sus células. Hay incluso algunos que se pueden adquirir para ayudarle a dormir (fabricados en Europa y en Asia). No puedo emitir ningún juicio sobre ellos. Utilice por lo tanto su intuición. Si compra uno de esos sistemas, utilícelo a modo de prueba. Su cuerpo le gritará si no es correcto, pero la cuestión principal aquí es si está lo bastante bien conectado con el funcionamiento de su biología como para «escuchar el grito». Una vez más, la respuesta aquí es la intencionalidad. Tómese tiempo para meditar, y deje que su preciosa biología sepa que usted la ama y la honra. Luego, solicite ayuda y proceda en consecuencia. ¡Eso no le fallará!

Con amor,

Leslie Carrol
EL ESCRITOR

¿De modo que no cree en todo ese tema de los lagartos?

Escuchar «Lagartita», si realmente quieres atemorizar el alma de un humano, sólo tienes que presentarte ante su puerta vestida como un inspector de Hacienda.

Apéndice D

Más sobre los oscuros

Del escritor

¡Vaya! De modo que algunos de ustedes han pasado directamente a esta página (está bien, adelante, admítalo). Todo el mundo siente curiosidad por los oscuros. Algunos de ustedes los llaman los «grises», el «Zeta» o «lagartos». Kryon canalizó un mensaje muy informativo y amoroso en enero de 1994 titulado «El único planeta de elección libre». En ese análisis había una sección sobre el Zeta. Puesto que transcurrirá algún tiempo antes de que se termine el Libro III, he incluido aquí esta información.

Canalización de Kryon en enero de 1994

Ahora les hablaré de algo más que está teniendo lugar, y que se ofrece a un tiempo como advertencia y como prueba. Aclararé ahora algo de la información sobre entidades que ustedes llaman los oscuros y que ha sido canalizada previamente.

Deseamos que comprendan y que se den cuenta de que los oscuros no son en realidad oscuros. Los oscuros, que les empujan e incordian, y que están aquí para interrelacionarse con ustedes, son simplemente otra polaridad. Como ven, ellos no tienen amor. Así pues, y para ustedes, muchos de ellos son aterradores, y sus formas de actuar son aterradoras. Algunos de ellos se limitan a tomar de ustedes, sin preguntar.

Aunque he hablado de muchas clases de oscuros, quisiera ser más específico acerca de aquellos a los que ustedes han llamado «los Zeta». He aquí información canalizada para ustedes en relación con ellos. Hay muchas clases de Zeta, pues se trata de una sociedad fragmentada. Los ven ustedes como oscuros, pero lo que sucede es que son simplemente sin amor. Sólo están aquí para perseguir un único propósito: sienten curiosidad por el amor, y desean desesperadamente las emociones que ustedes utilizan libremente.

Algunos de ellos tienen que comunicarse con ustedes, y algunos acuden ante ustedes y crean temor. Son aquellos que han entrado en los cuerpos de algunos de ustedes, sólo para ser percibidos como «espíritus malignos», creando desequilibrio (el desequilibrio es percibido por otros humanos como la posesión por parte de un espíritu maligno).

Algunos de ellos proceden de otra dimensión y son capaces de secuestrar su espíritu, de relacionarse con ustedes, de hacerles preguntas para luego devolverlos a la Tierra. Eso es algo muy desequilibrante, capaz de producir mucho descentramiento. Cuando lo hacen, algunos de ellos le pedirán antes permiso, y otros no. Ni siquiera pueden ponerse de acuerdo entre ellos acerca de qué es lo apropiado. Algunos de ellos ni siquiera se comunican entre sí, tal es la fragmentación de su sociedad. ¿Cómo deberían afrontar ustedes esto? ¿Cómo puedo demostrarles que está teniendo lugar algo insólito en la Tierra, algo en lo que intervienen los Zeta? He aquí la prueba.

Queridos míos, remóntense en sus registros y vean lo que ha surgido a la luz desde 1985 en relación con los Zeta. Ellos también son entidades universales, de modo que saben que la Tierra es el único planeta de libre elección. Son muy, muy intelectuales y tienen una gran inteligencia y lógica. Están enterados de la interrogación que se le planteó a la Tierra en 1987, e iniciaron pronto su campaña para canalizar información hacia ustedes, de modo que pudieran estar acostumbrados a su presencia y escuchar su lógica. ¿Por qué otra razón habrían dado a conocer una presencia visible (*mostrándose a sí mismos a través de la canalización en los últimos y pocos años*) a menos que comprendieran el período en el que se encontraba su planeta? *Están aquí desde hace mucho tiempo. ¿Por qué iban a empezar a comunicarse repentinamente en los últimos diez años?*

Como ven, ellos temen perderles. ¿Por qué temerían eso? Porque este es el planeta de elección libre (*algo de lo que ustedes apenas empiezan a tener conciencia*). Lo que les estoy diciendo es esto: si alguno de ustedes tiene trato con estas entidades, dispone de la posibilidad de seguir manteniendo esos tratos, o dejar de hacerlo, según elija cada uno de ustedes. Esta es la verdad, al margen de lo que ellos les digan. La información que les dan, aunque canalizada con exactitud, no es verdadera para los Zeta. Ellos desean hacerles creer que existe un acuerdo por el que ustedes *tienen* que ayudarles. Quisieran hacerles creer que existe un acuerdo en el que ustedes no tienen elección alguna.

Eso no es así. *Depende de ustedes mismos elegir si desean permitirles que lo hagan o no, pero el temor que crean les impide verlo así. Ahora, están intentando el enfoque intelectual con aquellos de ustedes que empiezan a despertarse a la verdad.*

Si se encuentra usted en una posición en la que ellos causan algún desequilibrio en su vida, díganles simplemente que se alejen. Tienen que hacerlo así. Porque usted conserva el control. Tenga en cuenta que este es el planeta de elección libre. Ellos tienen que retirarse. Pero, queridos míos, también existe una situación apropiada para aquellos de ustedes que deseen ayudarles, pues pueden hacerlo si así lo quieren hacer. Antes, sin embargo, tienen que interrogar a los Zeta y solicitarles que les pidan su permiso.

Eso es precisamente lo que más ayudará a los oscuros: el darse cuenta de *quiénes son ustedes* y gritar: ¡Honor! Forma parte de su período de aprendizaje. Como ven, el hecho de estar aquí es como su karma, y tienen permiso para estar aquí. Tienen permiso para pedirles cosas, para empujarles e incordiarles, del mismo modo que el karma tiene permiso para estar aquí, para que ustedes puedan caminar a través de las lecciones de lo que es apropiado, y hagan que en sus vidas ocurran aquellas cosas con las que tienen que enfrentarse para aumentar la vibración del planeta. Así pues, los oscuros forman parte de esta situación. Se visten *aparentemente* con máscaras aterradoras en su vidas, para crear temor. Esa ha sido su forma de actuar, pues, para ellos, crear temor produce resultados, y ellos lo saben.

Queridos míos, la primera emoción que pueden darles, si así lo eligen, es temor, y se alimentarán con ello. En lugar de eso, ¿por qué no darles amor? *¡Con el amor llegará el poder!* Pídanles que se retiren y así lo harán, o exíjanles que les pidan permiso, y vean lo que sucede entonces.

Kryon

Del escritor, acerca de los oscuros

Yo también sentí curiosidad acerca de los oscuros, y después de esta canalización quise saber más. Por ejemplo, ¿habla Kryon de los «Lagartos» o de los «Grises» Zeta? Me dijo que hablaba de ambos (pero particularizó su canalización sobre los Zeta). Ambas clases tienen algo en común entre sí. Ambas están aquí para poner a prueba nuestro lado emocional (interesante, ¿verdad?).

Por si acaso no captó usted el mensaje, Kryon dice que nos mienten (¿queda ahora lo bastante claro?). Los humanos que los canalizan se encuentran en integridad con las traducciones, pero los Zeta son listos y tratan de hacernos creer que tenemos que satisfacer sus deseos debido a alguna clase de compromiso universal previo, de modo que ofrecen falsa información para que sea traducida.

Cuando Kryon ofrece pruebas de su actitud engañosa, lo hace aludiendo a la forma lógica de sus acciones desde 1985. Saben que empezamos a captar la imagen completa, y que pronto les diremos «no» al hecho de estar aquí. En lugar de permitir que eso suceda, lo que han hecho ha sido aumentar las comunicaciones (echen un vistazo a los libros que ya existen por ahí), para implicarles a ustedes a participar. Tengo la sensación de que se encuentran casi agobiados por el pánico.

Todo eso está muy bien, pero ¿cómo decimos «no» si muchos de estos seres ni siquiera se encuentran en nuestra dimensión (al menos por completo) y por lo visto pueden sorprendernos mientras nos encontramos «dormidos»? La respuesta es la práctica del «sueño lúcido». No me lo he inventado yo, ya que este término es científico. Se produce cuando practicamos el control de nuestros sueños hasta el punto en que podemos elegir asumir el control sobre ellos, o despertarnos. Algunos de ustedes ya han adquirido tanta práctica con este método que ahora son capaces de moverse libremente dentro del ámbito de cualquier sueño, hablar, moverse de un lado a otro y decidir si desean soñar lo que están soñando (y hablan por ahí de realidad virtual, ¡uau!).

Mediante la práctica del sueño lúcido, podemos tomar un control firme sobre una situación en la que nos enfrentamos con el temor del secuestro, mientras nos encontramos aparentemente dormidos. Para aquellos de ustedes que hayan tenido experiencias que fueron muy reales y temerosas mientras estaban despiertos o dormidos, Kryon dice que tienen en sus manos el poder y el permiso para asumir el enfoque directo y decir, simplemente, «no». Eso, sin embargo, exige que utilicen ustedes su poder, y que realicen un trabajo serio consigo mismos para integrar su cuerpo con el Espíritu, que es precisamente el tema de todo este libro. Sin esa integración, permanecerán ustedes tan impotentes como antes; esa es la mecánica del temor.

No tenía realmente la intención de que estas fueran las últimas palabras de este libro, pero las cosas resultaron de esa manera. Una vez más, quisiera animar a todos aquellos de ustedes que hayan pasado por el proceso del implante y puedan describir sus experiencias, a escribirme para comentármelas. Quisiera que una parte del Libro III contuviera los testimonios de cómo fue eso, y cómo afectó eso no sólo a usted, sino también a quienes le rodeaban. Son muchos los que han escrito solicitando esta clase de información, y tengo la sensación de que los lectores de los Libros I y II pueden llegar a terminar por escribir partes del Libro III.

Finalmente, he aquí la respuesta a una pregunta trivial: ¿Cómo es posible que el Libro I tenga 168 páginas y cueste 12 dólares, y que el Libro II tenga 288 páginas y cueste el mismo precio? Cuando se emprende la autopublicación, se tiene control sobre todo: el precio, la comercialización, la cubierta, etcétera. El Libro I fue impreso originalmente en pequeñas cantidades, puesto que no teníamos idea de cuál sería la respuesta. La menor cantidad de libros publicados fue la que estableció el precio final, que luego no pudo cambiarse fácilmente. El Libro II fue impreso en mayores cantidades, lo que permitió que el precio fuera más bajo, de modo que lo que he hecho en realidad ha sido trasladarles a ustedes los ahorros así conseguidos. Menudo concepto.

Con amor.

Índice